营商环境微视角
商事登记首代谈

周文丽——著

海天出版社

·深圳·

图书在版编目(CIP)数据

营商环境微视角：商事登记首代谈 / 周文丽著. —
深圳：海天出版社，2020.2
  ISBN 978-7-5507-2765-6

Ⅰ.①营… Ⅱ.①周… Ⅲ.①工商企业 – 企业登记 –
案例 – 中国 Ⅳ.①D922.291.915

中国版本图书馆CIP数据核字(2019)第212541号

营商环境微视角：商事登记首代谈
YINGSHANG HUANJING WEISHIJIAO: SHANGSHI DENGJI SHOUDAI TAN

出 品 人	聂雄前
责任编辑	李新艳
责任技编	陈洁霞
责任校对	陈 军
	梁 萍
封面设计	龙墨文化藏 0755-83461000

出版发行	海天出版社
地　　址	深圳市彩田南路海天综合大厦（518033）
网　　址	www.htph.com.cn
订购电话	0755-83460239（邮购、团购）
设计制作	深圳市龙墨文化传播有限公司（0755-83461000）
印　　刷	深圳市希望印务有限公司
开　　本	787mm×1092mm　1/16
印　　张	19
字　　数	280千
版　　次	2020年2月第1版
印　　次	2020年2月第1次
定　　价	48.00元

我的"注册"之路

　　我是一位深圳商事登记的"老注册"，2000年就来到注册登记窗口工作，是深圳商事登记制度改革的参与者、亲历者和实践者。商事登记制度改革之初，我认为商事登记制度改革既是减轻企业负担，也是减轻我们注册登记窗口工作人员的负担；既是保护企业权益，也是保护我们注册登记窗口工作人员。就是在这样的理念之下，我积极投身到商事登记制度改革的大潮中。直至2016年，我重新回到注册登记窗口工作，担任深圳市市场和质量监督管理委员会驻市民中心行政服务大厅首席代表（简称"首代"）后，对商事登记制度改革的意义才有了更深刻、更全面的认识。

　　徒法不足以自行，任何好的法律制度，必须靠人去执行。但法律是具有滞后性的，面对日新月异的发展，任何法律制度都会显得捉襟见肘，制度的漏洞和缺位只能靠执法者去弥补。商事登记制度改革是一件大好事，商事登记制度改革的红利要落到实处，转化成企业实实在在的获得感、幸福感，很大程度上要靠身处一线的窗口工作人员。

　　我们的服务窗口就在市领导的眼皮子底下，称得上是代表全市最高水平的窗口，服务内容包括上市公司、集团公司、大型国有企业、金融类企业、敏感性行业企业等的商事登记，还办理股权质押、股权冻结。这是一个荣耀和风险并存的地方，市委市政府引入的重大项目，基本都是在这里办理商事登记。同时，若业务和服务上出了岔子，影响也比一般的窗口要大得多。记得 2016 年我刚到市民中心行政服务大厅不久，就遇到闹访——因对前一天办理的股权变更有不同意见，某公司股东带人围了窗口——我从没见过这种阵仗，当时虽然腿都吓软了，但是也只能硬撑着出去应对。随着在窗口工作时间的增加，我对窗口工作也愈发有了新的体会。

窗口工作需要工作人员业务精通，才能依法服务好企业。扎实的法律功底是良好业务能力的基础。回到窗口后，我没有停止学习，要求自己每天看最高人民法院的公报案例，了解企业登记审核可能产生的法律风险。有的工作人员精通业务、了解风险后，会将保护自己放在至高无上的位置。在登记制度不尽完善的情况下，当企业到窗口办事时，有的工作人员这也不行、那也不行，让企业不知道怎么做才行。我对这样的人不屑一顾，我对自己的要求是，研究企业登记的法律风险，在风险可控的前提下，尽可能为企业办事提供便利。记得在一次注册业务会议上，我指着一份辖区局的请示对大家说："各位都是'老注册'了，这种业务能不能办还判断不了吗？还需要请示吗？"说得大家都笑起来。

窗口工作需要敢于担当，才能服务到位。顺丰控股的迁入，就是这样。公司原注册地是安徽，注册资本已从 2 亿元增加到 42 亿元，所有档案资料都能证实这一点，但没有及时在原注册地变更，营业执照上注册资本还是 2 亿元。按照规定，顺丰控股应先回到原注册地变更注册资本，再办理迁入我市。但这样做，企业来回跑不说，还将耽误企业和我市某区政府签订的战略合作协议的实施。面对这种情况，我直接做出决定，让企业以 42 亿元注册资本直接落地。当有同事问起时，我坦言："心底无私天地宽，我不怕。"在顺丰控股借壳鼎泰新材上市在市民中心行政服务大厅办理股权变更时，遇到了规则变动带来的问题。按之前的规定，股权变更可采取见证或公证的方式，但在该公司此次办理股权变更前，深圳市市场和质量监督管理委员会取消了见证的方式，只能公证。不巧的是，顺丰控股只有见证的材料。适逢年末，鼎泰新材的外籍股东都已回国过圣诞，办理公证要拖到明年，将影响顺丰控股的上市计划。面对争议，我坚持认为，见证和公证都是双方真实意愿的表达方式，登记机关选择有深圳经济特区条例支持的公证方式，有利于提升股权变更的登记质量，减少纠纷，但是顺丰控股借壳鼎泰新材上市，已经通过证监会的审核，双方真实意愿明白无误，这份见证材料的风险可控。为此我力排众议做出决定，为鼎泰新材办理了股权变更手续，保证了顺丰控股如期上市。钟声响起，深圳为之骄傲，顺丰控股也专门送来感谢函。我将感谢函默默地放置起来，我觉得服务民企，服务本土企业，应该担负责任，不遗余力。

窗口工作要有大局意识，才能做好主动服务。美国硅谷一个顶尖医疗团队（美资公司）到中国创业，计划与南方科技大学合作，落户在深圳。该团队的学术带头人是一位美籍华人教授，他带着两位博士来到市民中心行政服务大厅，却对如何开办企业一无所知。对没有招商引资任务的注册窗口而言，公事公办无可厚非。但该项目的引进，对深圳而言是一件大好事。我和同事们没有选择推托，而是主动根据其意愿，为其明确了经营范围的表述，量身定做了申报材料，指导其到美国驻华大使馆和领事馆完成相关文书认证……全程跟踪服务，使这个公司在最短的时间内顺利落户深圳。目前，这个公司已成长为我市著名的生物医药企业。在从美国引进顶尖的医疗和生物技术受限的情况下，这个医疗团队的引进对中国而言十分难得。

但事物总有两面。制度的变革，在方便多数人的同时，也往往给少数人造成麻烦；给企业带来困难的同时，也给我们窗口工作人员带来很多的压力。比如，应用统一地址库登记，是一项提高登记质量的好制度，但会给"先证后照"的金融类企业、多个地址的连锁企业带来一些麻烦。在窗口工作时间久了，感觉窗口就像一个温度计，测量着深圳经济发展是一路昂首向前还是在与别的城市竞争中裹足不前；测量着一些制度改革后是落地生根，还是水土不服，甚至变成发展的桎梏；测量着深圳的营商环境是凤凰来仪，还是没有吸引力。

感谢微信朋友圈，让我有了记录日常工作和发表拙见的平台。这几年来，我陆陆续续地在朋友圈发了一些有关窗口工作的感言，讲了一些在窗口工作遇到的故事，提出了一些不成熟的、改善深圳营商环境的见解，得到很多朋友的鼓励和点赞。原本忐忑不安的我，在大家的鼓励下，渐渐地胆子大起来，以至于发表于朋友圈的文字越积越多，竟有数万言。

一位好朋友给我建议，为何不把这些年的感言和故事整理出来，为改善营商环境吐吐槽呢？

是啊，当前，全国上上下下都在议论如何改善营商环境，李克强总理每年的政府工作报告中，都对此提出了要求，甚至连企业注销的问题，总理都亲自协调，开会研究，足见高层的重视。作为商事登记部门一个与商事主体每天直接面对面接触的首席代表，把自己这些年来关于营商环境建设的心得体会分享出来，无论是对自己，还是对企业，对社会，都是一件非常有意义的事情。这位好朋友的建议，让我异常激动和兴奋，几个月的埋头苦干，我终于写成了今天这本书。但营商环境所涉甚广，我也自知水平有限，加之时间仓促，本所欲言，十不得一，甚或意有偏颇，词不达意，其纰漏处，则待读者朋友们批评指正。

是为序。

周文磊

2018 年 3 月

目　录

首代微言

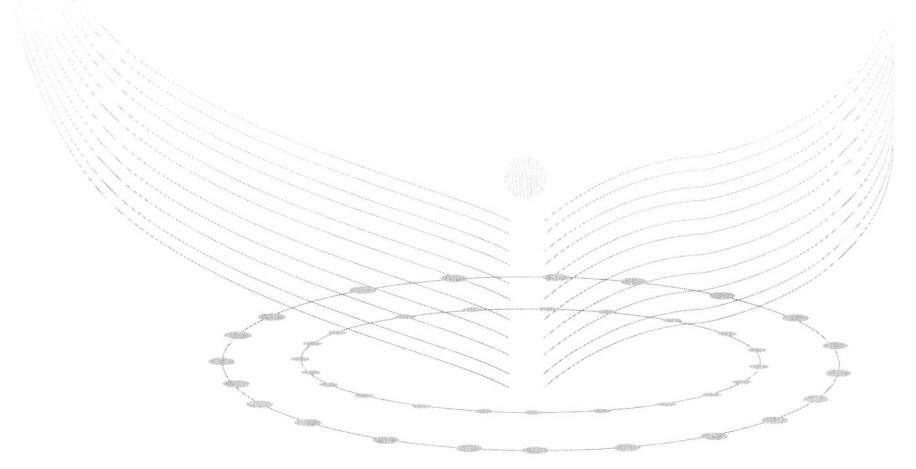

相信你，优必选

近两年，科创板潜力公司嗨翻天。"深圳市优必选科技股份有限公司"（以下简称"优必选"）就是其中之一。

但嗨归嗨，这个公司在由"有限公司"（有限责任公司，简称"有限公司"）变更为"股份有限公司"（股份有限公司，也称"股份公司"）从而进行科创板上市申报的登记申请中，却遇到了相当大的困难，申报材料与登记制度有相抵触的地方，更要命的是，这个问题出现在申报科创板的时间节点上。

原来，该公司中的股东有境外公司。按照《中华人民共和国公司登记管理条例》的规定，"有限责任公司"在变更为"股份有限公司"的时候，应按照有限责任公司设立的条件来进行登记。这里就出现了法律和规则缺位的问题，因为股份有限公司和有限责任公司在商事登记时，对股东的登记要求是不同的，股份有限公司的股东变化情况，无需到商事登记机关进行变更登记，而有限责任公司的股东若发生变化，应当在发生变化后的 30 日内去登记机关进行登记。为落实法律法规在这方面的登记要求，企业在申请企业类型的变更中，商事登记部门一般需要重新核定股东身份，境外公司需要提交股东的主体资格证明和存续证明。

作为境外公司，这些资格证明和存续资格证明是需要进行公证和认证的，且进行认证的周期非常长，因此对于优必选这样急着申报科创板的公司，等着认证一定会贻误该公司申报科创板的时机。如果优必选不赶在 2019 年 3 月 31 日之前完成股改，那么科创板的申报将会延期 3 个月左右。对智能产业的公司来讲，3 个月有可能错失了最好的商机，同时也有可能因技术的发展而被取代。

针对企业的这种困局，我抓紧组织人员研究。经反复论证，首先确认了该公司在登记系统内原来存有主体资格证明的数据，但对比现有文件的数据，几个股东的主体资格证明已经过期了。业务小组马上核查互联网的数据，发现实际上这几个资格证明"过期"的主体公司存续状态正常。

在这种情况下，我们窗口团队急企业之所急，敢于担当。综合研判认为，《中华人民共和国公司登记管理条例》在企业类型发生变化时，对相应股东的登记没有完全明确要求需要重新核定主体资格证明文件，而只是说参照。同时，从现有材料看，该公司股东的真实意愿已经表达，相应的文件也已经签署，约定的章程也没有问题，可以说排除了影响实质性审核的要素，应该可以给予容缺受理。该公司也承诺，将尽快把后续的认证文件补充完整，且该公司是申报科创板的公司，今后遇到的合规性审查也会非常严格，所以该公司完善材料的可能性、必要性是存在的。经过上述充分论证和合理推定，我们窗口团队认为该公司完全符合容缺受理的条件，给予了办理。

敢于担当，才能有所作为。窗口团队把容缺受理的理念和专业的法律经验、过硬的业务能力充分结合起来，使得该公司赢得了在 2019 年 3 月 31 日前申报科创板的先机，同时也为下一步申报科创板上市走出了关键的一步。

市民中心行政服务大厅在重大企业项目引进和落地时，政务局一再要求窗口工作人员要有服务的理念。首先是服务，最终也是服务。服务是窗口的核心要义。服务就是要设身处地地为企业着想，设身处地地了解企业的情况，并积极想办法。我们的专业水平和法律功底，不是用来驳回申请材料的，而是用来解决企业的难题的。窗口服务需要严谨，也需要担当，而这种担当是有解决问题水平的担当。

大检查来了

2018 年"五一"假期之后，全国开始营商环境大检查。这是国内的检查，先看看国际营商环境大检查的一组数字：世界银行发布的《2019 年营商环境报告：为改革而培训》显示，中国营商环境在全球的排名已从去年的第 78 位跃升至今年的第 46 位，提升 32 位，首次进入世界前 50 位，为世界银行营商环境报告发布以来中国最好的名次。

再说说国内的这次检查，各个一线城市都摩拳擦掌，都要冲上前去。不管怎么说，"营商环境"这个词是这两年的一个热搜词。而一切以营商环境展开的话题，以及国家围绕着营商环境出台的政策，深圳围绕着营商环境开展的各项工作都如火如荼。有一项指标，我一直想不明白，也就是营商环境有一个考核指标——企业开办时间。

做了这么多年的窗口工作，什么叫作企业开办时间？我不由得想起在 2010 年的时候，深圳市纪委给我们党组下达了"提高窗口办照效率"的建议函，当时我们就推出了——即来即办 24 小时发照业务。时隔多年，现在企业提出预约，我们办照不能超过 3 个工作日。

我觉得，企业开办时间的构成涵盖了很多因素：企业办理营业执照筹备了多长时间，为了开启场地筹备了多长时间，从材料齐了到办照的时间，在网上预约排队等待了多长时间，到了现场等待窗口受理人员看材料多长时间，同时办事人员为了这份材料跑了几趟才成功办成。我觉得这一系列复杂的因素都构成了开办时间。同时，企业取得了营业执照之后办理银行开户用了多长时间，刻公章用了多长时间，经营场所消防验收合格用了多长时间，有需要办证的项目办理各类许可证用了多长时间。

总之，企业开办时间应该等于企业迅速实现自己的经营愿望总共用了多长时间。目前，我们国家在考虑企业开办时间的时候，只瞄准了办执照用了多长时间，一张执照解决不了企业进入市场运营的所有的经营愿望，它只是一个主体资格证明。试问，企业在拿到这张执照之前折腾了多长时间，到了登记机关折腾了多长时间，拿到执照之后开户、启动场地、办许可证又折腾了多长时间，这三个时间段中哪一个时间段让企业费劲折磨，企业能说满意吗？企业能对营商环境点赞吗？

因此，营商环境的检查要解决好基本的概念问题，才能真正达到对一个城市营商环境的评测所要达到的目的。检查不是为了排名，检查是为了真正地促进政府审批制度的改革和监管制度的改革。

各个部门应该协同办事

我对在窗口工作中遇到的几单业务，非常不解，甚至愤怒。

第一单。一个从外地回迁的企业，也就是从深圳迁到外地又迁回来的企业。不出去闯就没有体验，经过外地与深圳的对比，进一步印证了深圳营商环境的优越，因此企业迁出后在外地生存不如意的情况下，又迁回深圳。在2018年两会期间，我们在营商环境的宣传节目中，这个企业还上了镜，讲了为什么回迁回来，主要是深圳的人才环境、知识产权保护环境、政府审批环境、政府监管环境都是外地没法比的。不久，我在窗口又一次遇到了这个企业的办事人员来找我，为什么呢？办事人员说，他们拿着我们窗口给的迁入深圳办结的迁移通知书，迁移通知书上明明白白地写明了该企业是从哪儿迁移到深圳的，迁移前后的信息的对比。但他们到银行办不了事情，他们是从清远迁过来的，银行要出具说明——地址发生了变化。我觉得通知书上写得非常清楚，清远迁到深圳，地址必然发生变更，要不然怎么叫迁入深圳呢？企业若不在深圳办公来找深圳机关登记做什么，不来深圳机关登记，我们的通知书上怎么会盖着深圳市市场监督管理局的章呢？这不是基本的逻辑和常识吗，为什么还需要证明呢？况且在我们的外网登记公示信息上也有显示，白纸黑字的通知书上也有显示。

接下来又跑来一个合伙企业的办事人员，来人一脸愁容。他说他这个合伙企业，其中有一个合伙人变成了香港身份，变成了香港身份后需要在工商登记系统内，将这个人项下的身份信息变更过来，因为不把工商登记系统内的信息变更过来，我们就无法将变更信息同步传输到税务部门，税务部门的数据不更新，企业那就报不了税。

我问"为什么报不了呢"，他又一脸无辜地说，因为这个人取得了香港身份证后，内地的身份证已经注销了。一旦注销了之后，报香港身份吧，系统通不过，报内地身份吧，系统也通不过。只有找源头信息来修改。可是去申请修改的时候，人家说这个合伙人变成了香港人，合伙企业类型要变为外资合伙。但根据有关规定实际不需要。窗口受理人员说，窗口不敢变更，因为有风险，什么风险不知道。企业办事人员说，他为了这事已经跑了大半年……

刚歇一口气儿，又来了一个企业办事人员。他说他的港澳通行证是个老证，是 11 位数字，但是税务系统要求 9 位数的新证号码。我说："11 位数的是老证，9 位数的是新证，都是有效证件啊，都是你的啊，无非是新证把老证后面的两个数字给分离出去了，这分离出去的两个数字只代表换证的次数。"他说："那我要换成 9 位的，可是我现在 11 位的还在有效期内，换不了啊！"我说："我们工商登记采集你的 11 位数的信息，是因为你手上的证件就是 11 位数。如果你一定要换成 9 位数的信息，才能满足税务报税的需求，你应该跟税务局讲清楚，你这 11 位数的老证还没有过期，暂时拿不到 9 位数的新证。"他说税务局那边说不行，一定要换成 9 位数的，报不了税很急，怎么说税务局那边都不认可。

一个没有过期的证件，非要换成新证也不合适啊。有一点可以说明，无论是新证还是老证，在个人认证系统、实名认证系统上都应该认可，因为他这个证不是假证，也是真实存在的。他嘟嘟囔囔地讲了半天，我说："你没有新证，我就是配合你做好服务我也帮不了你啊。"于是我和他大眼瞪小眼，直到他默默地走了……

刚一转身，又来一波。他们拿着我从来没见过的那么厚的一沓身份证来核验，原因就是股权转让，又要拿原来的转出方股东的身份证，又要拿受让方股东的身份证，但其实没有一条法律法规和行政规章，规定要把转出方的身份证也核验一下。转出方在通过我们实名认证系统的时候已经经过了认证，确实不该核验。因此，在窗口来重复进行核验不合理。规则制定的不完善、制定规则时法律常识的缺失以及法律经验的缺失，会给基层窗口工作带来一系列麻烦。我们要增强服务理念，审批不是办事窗口的核心要义。

不管怎样，窗口——深圳的窗口，在办事上，应该有一个合理的逻辑，严谨的规则。在办事上，各个部门应该有一个共识，而不是各管一摊，各行其是，各自看似是合理地依法行政，但实际上让老百姓跑断腿。这种事情应该有一个管理的部门，这种事情也应该有一个投诉的部门，这种事情更应该有一个问题梳理之后共同解决的部门。这个部门必须有力度，这个部门可直通国务院，又可直通深圳的营商环境领导小组。

当然，这种事情也可以直接分配给窗口负责人，以敢于担当的责任精神给予尽快解决。当年我做办公室主任时，我们的局长讲过一句话："你以为你很负责，其实你是最不负责的。"越想越有道理，不是吗？表面看没毛病，仔细想——服务精神缺位，更别提担当精神了。

专业上的事情也关乎公务员的前途

现在公务员队伍，领导干部任职都有经商环节的核查。确认是否经商就依靠在一定区域内（比如深圳）的商事登记系统的数据显示。

我就遇到了这样的事情，一位即将被提拔的公务员，在组织部门核查他的经商记录时，发现深圳商事主体审批及信用信息公示平台信息里边有其配偶的名字，其配偶是一个股份公司的股东。但是这个股份公司经过一段期间的变更，他的配偶已经不再是股东了，但是信息仍然没有变更显示在那里。那么按组织部门的原则，这就属于需要经商整改的范畴之内。

这是为啥？登记部门搞错了？没有及时更新数据？都不是！一般人都不清楚为什么会造成这样的一个情况。让我来说明一下：

根据《中华人民共和国公司登记管理条例》，登记机关只对股份有限公司的发起人姓名或者名称进行登记，股份公司设立后发起人发生变化，不属于登记事项，即无需向登记机关提交变更申请，登记机关公示的公司登记信息只显示发起人情况。同时，根据《中华人民共和国公司法》第九十六条，"股份有限公司应当将公司章程、股东名册、公司债券存根、股东大会会议记录、董事会会议记录、监事会会议记录、财务会计报告置备于本公司"。同时，《中华人民共和国公司法》第一百三十九条规定，股份公司的股东姓名及其住所经记载于股东名册即具备股东身份。日常登记工作中，常见股份公司向登记机关申请章程备案，在章程中置备股东名册或将现实股东情况在修改后的公司章程中列明。据此，查询股份公司股东的现实情况，应以股份公司置备在公司内的现实股东名册为准。

因此，如果你或你的家人做了股份公司的原始发起人，应该尽快进行申报和解释说明，并打印好公司的内档信息进行进一步的解释，公司置备的股东名册的记载才是有效力的，才是真正有力的证据。同时，登记机关在股份有限公司的系统上要尽可能地给公众做出提示，让大家理解股份有限公司的公示模式和有限责任公司的公示模式的最大区别：股份有限公司的股东永远停留在原始发起人的状态。为了避免这种事情的发生，同时也为了避免因为专业理念的不衔接，导致耽误个人的前途，建议商事登记部门有必要进行改革创新，给股份有限公司最新的股东信息结构以公示的渠道。

股权质押有那么神秘吗？

这几年由于经济下行压力大，股权质押成了热门的业务。因为股权质押要求效率，股权质押是企业获得融资的一个途径。银行想快点儿放贷，企业想快点儿拿钱，窗口办事的效率成为关注的焦点。股权质押办理模式和规则却常变，这也让企业无可奈何。

比如说，以前深圳的股权质押要求填报质押股权的比例，也就是某一位股东将名下持有的某一个公司的股权以百分之多少的比例质押给别人，提交之后，我们窗口就公示出来。质押股权的比例对我们登记机关办理来说非常方便，在质押比例范畴内，这部分股权就不能转出去。如果股权想转让，只要把质押的股权留下来，剩余的就可以转让了。

现在变了，填报内容改成了质押金额，这就折腾了。要把出资额的某一部分质押给别人，这个时候就会产生一系列的问题。比如一部分金额要保持在限定的状态，做股权转让的时候，要把这部分质押的金额计算出来，看对应多少比例，看剩下多少比例，再审核股权转让文件，计算时受理人员要很小心。

申请方式也变了，企业要把相应的信息从外网先申报进来，再来窗口交纸质材料。若外网出问题，企业信息报不进来，窗口也没法收材料，企业确实不满意。

我们核准企业信息之后，再在外网进行公示。那么这种公示，就起到了一个限定的作用，实际股权质押的本质属性就是行政确认。因此，如果你是办理股权质押的其中一方，特别是质权人，要时时检索外网的公示系统，也不能觉得是政府部门的网站就十分靠谱，有时候数据的更新和升级也会产生外网公示信息的误差。自己的事情，自己着急，一定要注意看，注意时时检索。

股权质押现在在解除的时候有一个大问题。当你解除某一个股东的股权质押，就要把其他股东的股权质押一并都解除了。这个问题是因为我们系统不完善造成的，不能单一解除。解除一个股东的质押，其他股东的质押都被解除，之后再重新给质押上，非常不合理。

我就遇到了一个企业，如果按照我们这样的业务规则，重新给质押回去时，这个企业在法院是查封的状态，没法质押。也就是说，股权质押是不能对抗法院查封的。在有股权质押的情况之下，法院可以对其进行查封。只不过将来法院在执行的时候，案外人可以通过其他途径进行一系列的救济。在企业查封的状态下，质权人和质押人双方的股权质押合同也是有法律效力的。

在当今，质权人为金融机构的，会在一定的阶段将质押解除，再重新质押，也是一个非常折腾的业务。还有，有些企业当时作为出质人的名称发生变化之后，也应该及时地变更股权质押的外网公示信息。而这种变更流程到目前为止，还要先解除质押，再以新名字质押，系统设置的规则也极不合理。

总之，这样一个重要的业务，这样一个涉及企业融资的业务，系统设置的规则包括系统审批的规则设置还是很不便利的，有待于大力地改进。也希望有一部分给金融机构的股权质押，通过第三方尽职调查之后，给企业或金融机构一个端口自我公示，因为质押业务，质权人占主导地位，而当质权人是金融机构时，他们可能比我们登记机关更严谨、慎重。鉴于此，深圳应该大胆改革，实现无纸化审批。但说一千道一万，股权质押核准最基本的核心要义是：股权没问题，质权才有意义。

高管的职务不要瞎叫

在日常窗口工作中，我们经常收到这样的材料。企业在做高管成员变更的备案登记中，任免文件上对高管的职务就叫总裁或 CEO，这个称谓与登记系统上的称谓不一样，与《中华人民共和国公司法》中的称谓也不一样。

往往这样的公司，还是一些知名的企业，出具和修改一个任免文件，流程都非常长，甚至有一些由于法定代表人常年出差，根本签不上字。

我们经常会看见"总裁"的字样，但"总裁"在《中华人民共和国公司法》和《中华人民共和国公司登记管理条例》中压根就没出现过。但是总裁是什么呢？百度一下："企业 CEO 制度是与现代企业制度相适应的。在现代市场经济体制下，现代企业制度的法人治理结构一般由股东大会、董事会、高层经理人员所组成的执行机构这样三个部分组成。其中，公司执行机构由高层执行官员组成。这些高层执行官员即高层经理人员受聘于董事会，在董事会授权范围内，拥有对公司事务的管理权和代理权，负责处理公司的日常经营事务。该执行机构的负责人就称为 CEO，也就是首席执行官。担任企业 CEO 的，可以是董事长或副董事长，也可以是总经理。"

由此可以认定，其实总裁一般在行使总经理的职责，我们把这种材料退回去让他重新修改吗？不。我们首先要从企业的角度来为企业办事。法律的修订，常常滞后于经济的发展。我们是这样把握问题的：有的时候会让企业出具一个说明，说明总裁自身的定位与总经理的等同性，或者提供内部的规章制度的佐证材料，供窗口人员确定总裁的称谓与我们《中华人民共和国公司登记管理条例》中总经理的称谓的一致性。我们就按照总经理变更来处理。当然为了避免这样的情况，也请企业重视外网公示信息，外网公示信息的称谓与企业内部管理任命的岗位称谓要相匹配，企业来办的是商事登记，不是在企业内部选举任命、下发执行。

窗口服务，微笑是远远不够的，尽可能地多告知企业，尽可能地在很多的门户网站上发布一些常识性的信息提示和一些小案例，这也是一种服务。先别急着说企业法律素养需要提高，大多民营企业以成本为主，有几个企业有那么多钱去请专业的法务代理、专业的中介去办事呢？又说回营商环境，如果企业在办事时获得信息咨询或者信息提示的渠道不畅顺，能说营商环境好办事很方便吗？

一颗善良的心就是窗口服务的硬核

我在窗口分别处理了一起拍台咆哮骂人的事件，一起投诉地址编码问题的事件，心中一片阴霾。下雨天，来办事的确实不容易，忍着。我注意到我们的一对窗口受理人员组合——两位年轻的妈妈。小苏在处理业务的时候，发现预约企业里面，有一个申报途径搞错的，本来是一个设立申报，错报成了分立申报。怪就怪我们这个申报系统，哪有几个企业分得清分立设立和一般设立？申报系统很关心地问，是分立申报中的一种合并分立吗？回答有"是"或"否"，企业一紧张会选择"是"，那么申报的路径就搞错了。如果企业办事人员冒着大雨赶到窗口，再告诉他申报错了，重新再申报，那不是白跑一趟？小苏一发现了这个问题，就马上打电话给企业，告诉企业重新申报，这样企业不用白跑，而且还能给企业赢得时间，小苏做得太好了。

再说说小周，她受理的是一个公司的法定代表人变更业务，办事人员是个孕妇，核查新任法定代表人是否属于税务黑名单时，调取数据显示税务端口失败……如果调取失败，我们就不能确认这个新任的法定代表人数据是否有效。下着大雨，让这个孕妇到哪儿去跑呢，最怕的是系统上的故障都找不到地方去问。小周找到税务的窗口帮她问，半天也没有明确回答。此时，我也把我的想法提出来：数据调取失败，你不能确认这个法定代表人是否属于税务的黑名单，数据不明确不能作为依据，把这个材料驳回。可以先把法定代表人的变更通过了。之后，如果确认属于税务的黑名单，再通知企业。企业也承诺愿意配合更改，毕竟事后如果是黑名单，还会影响到申报税务。在信用有问题处处受限的环境中，如果这个法定代表人真的是黑名单范畴之内的，自然倒逼企业第二次更改。

业务办完了，看着这个孕妇开心地回去了。两位同事的多想一步，多说一句，多打一个电话的服务，让我感受到了善良的暖意。如果说窗口的本质属性是服务，那么善良才是硬核。没有一颗善良的心，再严谨的办事规则，再规范的办事指南，也不见得能让申请人感受到服务的温度。在每日形形色色的窗口问题中，我愈发感觉到，优质的服务不可能是没有智慧，没有温情的。

给大家说说动产抵押

《动产抵押管理办法》距离第一次修订不到三年又进行修订，应该给国家市场监督管理总局点赞。在经济下行压力比较大的时候，企业的股权质押和动产抵押逐年增长。

深圳的动产抵押登记，目前办理的地点在市民中心行政服务大厅市场监督管理局办事窗口。动产抵押登记的本质，我认为其实就是行政确认。商事登记机关是抵押权的设立机关，用商事登记机关所具有的公示效能来保证抵押权人的权益。

在日常办理动产抵押时，需要注意：第一，企业要知道动产抵押目前基本都是全程电子化办理，都是网上申报。第二，动产抵押物的公示描述可以详细；也可以笼统，以保护企业的商业秘密。高科技企业要特别注意。第三，动产抵押的登记设立后，因为挂在商事主体的名下，对商事主体不产生任何运营限定，但迁移出深圳和注销时要先解除。第四，动产抵押完，权益实现后，应当及时办理注销登记，以防止抵押权人与抵押人就此抵押物而产生权益纠纷以及相关诉讼。第五，办理动产抵押时现在是要件审核，不对真实性负责，也就是对抵押物的所有权和使用权的界定，登记机关不做实质性审查。因此双方要进行详尽的市场调查和商业调查之后再来登记机关申报，以保证自己的权益不会受损。因为所有权和使用权有时也是分离的，情况也很复杂。

企业注销怎么这么难呢？

就窗口的业务来讲，我觉得这些年，企业注销的业务难度最大，难得过股改，难得过分立设立合并登记，难得过股份公司的新设立，难得过国企改制，难得过全民企业产权单位的股权划转。

为什么呢？在这里得先说一下"僵尸企业"这个概念。所谓的"僵尸企业"，就是长期不运转，处于关停状态的企业。一般这种企业有这样的特点：一是税肯定不交了；二是由于长期不运转也没人打理，所以没有年检，也没有年报（2014 年年检改为年报），所以一般就被施以最严厉的行政处罚——被吊销。

被吊销就麻烦了，被吊销的企业所有信息被同步传输到其他部门，企业就上了黑名单。到银行，企业在银行的授信受到限定；到国土局，企业持有的房产土地转让不了；到商事登记窗口，该公司法定代表人再开公司不行了，高管成员到上市公司或其他优质企业任职也不行了；更悲惨的是，有一些由于工作的需要，导致原来在某些企业任职，但现在已经转为政府部门公务员身份的人，也因为这类企业不能及时注销不符合组织部门的核查原则，而导致前途受影响，耽误了晋升……总之，不及时注销或注销不掉，只能是越来越麻烦。

既然踩到了信用的门槛，那就必须要想办法。当遇到解决不了的问题时，注销这个时候就成了痛点，逼着企业心急火燎地想方设法地前来注销，因为只有注销才能解困，才算合规地退出市场，归类为"正常死亡"。并且按照《中华人民共和国公司法》的规定，被吊销的企业啥也干不了，也只能去注销。

但要注销的时候又傻眼了，高管人员找不着了，账册不见了，公章、执照没有了。最要命的是有些企业自身的股东也被吊销了，这一系列的问题导致不少企业僵在那里，注销不了。

不过注销的门槛也确实太高了。首先，注销一个公司，按《中华人民共和国公司法》，必须要达到 66.67% 的股东同意，注销决议才有效力。再有清算报告，《中华人民共和国公司法》没有明确要求全体股东一致签名，但是由于公司的清算涉及股东利益的分配，因此窗口工作人员一般都要求全体股东签字。要是自然人股东找不着，可能有些中介会用假材料骗取登记，当然也留下了很大隐患，最好别踩雷；要是法人股东被吊销了，公章失去效力了，这个时候只能盖清算组的章，被吊销的股东也得先组织清算。那不又成了原点难题，他和所在公司遇到的困难一样啊，这不是屋漏又逢连夜雨，欲哭无泪吗？！

好不容易材料都齐了，也先别急着高兴。2015 年 7 月 1 日，工商和税务联网了。如果在注销的时候，信息流转到税务被卡住了，那麻烦了，还要跑税务吧，而税务注销需要核税。有的时候核税，需要把所有原始的资料都要找出来，作为佐证。但是如果一旦找不着丢了，他们说核税最久的核了四年多才核完。

有人说，不是有简易注销吗？对不起，简易注销不简易，适用的条件非常苛刻，门槛反而更高。也就是说成立不久的，没有债务的，没有任何处罚的，在公告期内没有任何异议的，才行。简易注销，简易到哪儿了，无非是不用清算了。

深圳在这方面倒是有一些创举，稍微好点儿。深圳于 2016 年 10 月，由市场和质量监督管理委员会和国资委共同出台了《关于市属国有"僵尸企业"办理注销的指导意见》，由于这个纲领性文件极具改革精神，才使得一批市属国有"僵尸企业"得以完成清退任务。

但是这种注销是不是安全呢？也有一些问题，有些企业有债权纠纷的，债权人缠访闹访，即便这个纠纷已经通过司法裁决解决了，加上这个企业常年都是被吊销状态，只要政府一动，给它注销掉，就有人跳起来闹。还有些企业由于员工内部的纠纷，也会来挑登记机关的毛病。但是，只要登记材料齐备，内容符合法定形式，并有相应的政策性文件支撑起来，就站得住脚，不能没有担当精神。在不能破产，法有缺位的情况之下，必须锐意改革大胆地补充规则，这样才能使传统的过罚不当产生的"僵尸企业"、国有企业管理不善产生的"僵尸企业"，以及其他因为政策性调整产生的"僵尸企业"，能够得以清退。

研究注销需要政策，更需要懂得这些政策的经济学和法学方面的专业人才，更需要引领改革的敢于担当的精神。热切盼望深圳能在"僵尸企业"清退以及企业快速注销方面，再一次引领全国，探索出具有技术含量，于法有据，能够借助深圳经济特区立法优势的改革措施。

谈谈信息跑路

如果信息堵路了，我作为窗口人员都不知道该怎么办。李克强总理提出了让老百姓少跑腿信息多跑路，这是"互联网 + 政务服务"的核心要义。深圳是市场化程度很高的地区，推动深圳经济发展，推出更加便利的政务服务，向智能化、信息化要审批效率，政府各部门，特别是许可审批部门应该努力探索。实体窗口必将萎缩，而互联网大厅必将日益繁荣，这是未来社会发展的趋势。

话说回来，信息在跑路的时候如果出现了堵塞问题，那该由谁来主导解决这个问题？我发现信息一堵塞，老百姓跑腿都不知道往哪个方向跑。这种事情，我在窗口经常遇到。

就拿一个生产蜡烛颜料的公司在深圳设立的德国代表处来说，往白色蜡烛里添加彩色的颜料，多么美好的事业！这个代表处的首席代表向我这个窗口工作的首席代表诉说了一件非常麻烦的事情。

原来，我们商事登记窗口登记的德国代表处的名称里有字母，我们登记机关在登记时有大小写，而且单词与单词间有一个空格，三个词互不相连。我们是根据该代表处的隶属外国公司的认证文件做登记并显示的，特别是外资审批证书上显示的名字登记的。

代表处注册完了后，这个信息就开始跑路了。跑到了银行，变形了，变成了都是大写，而且紧紧地粘在一起；后来又跑到了信用证书那里，又变形了；更要命的是我们自身的内网信息跑到外网公示时，也变了形，大小写混用，单词都粘在一起。

信息的源头生成部门是商事登记部门，源头采集的信息在跑路的时候，其实它不是直接跑到其他部门，而是跑到政务信息资源平台上，各部门前往订阅，一旦订阅之后，再回到自己的本系统。回到本系统之后，本系统自带的格式以及电脑系统生成的要求又各不相同，这就会给名称里含有字母的企业带来麻烦。

之前，我们刚解决了一个企业的问题，这个企业在名称里含有"括号"，到了别的部门变成了其他输入法形态的括号。电脑不是人脑，电脑英文输入法模式下生成的括号和中文输入法模式下生成的括号，全角模式生成的括号和半角模式生成的括号，肉眼看上去差别不大，电脑却认定为是不相同的字符。所以不管你企业怎么拼命地说，内部的系统核对都不能通过。

最后这个事情变成了什么样呢？变成了我们源头部门一筹莫展，企业经常会把火发到我们这个源头部门。这个时候我们能做的就是去打电话，有时候实在不行要给他们出具一个说明，如果还不行就给他们改成其他部门要的那样的符号。

因此信息跑路会出"车祸"，亟待有一个统一的解决渠道，亟待有一个统一的部门来收集整理，并且分配到其他部门，责令在规定的时间内找到解决的办法，而各个部门必须有一个技术小组来对接这个问题。数据的问题要让处理数据的技术人员互通有无，信息跑路途径的各个驿站就是各个技术部门。只有这些驿站联通了，信息跑路遇到的问题才能得到解决。话说回来，德国代表处的这个多彩蜡烛的公司名称问题，我们还得集中精力再想办法解决。

说服银行是一件非常不容易的事情

我在咨询窗口遇到了一位焦急的企业代表，他说他这个问题已经跑了好多的地方。原来，他们这个企业曾经做过企业类型的变更，变更完之后，营业执照的"注册号"已经自动变更成了"统一社会信用代码证号"。这是因为 2015 年 7 月 1 日，深圳实行了"多证合一、一照一码"改革，因此原来执照上的"注册号"都更换成统一的、全国通用的"统一社会信用代码证号"。一般极少有企业会单独换照，都是和其他变更事项一起来办。而我们的登记系统已经自动赋码，直接给每个企业生成了统一社会信用代码证号，放到该企业的名下，同时同步传输到银行等其他部门。

这本是一件方便企业的事，但有时适得其反，因为银行不这么认为。银行认为有一点儿信息的变更都是企业发生了工商登记的变更。因此，银行在变更通知书上没有发现原来的注册号和现在的统一社会信用代码证号这两个号变更的说明，就要求企业提交变更说明。

其实在我们的公示系统上已经公示了这两个号，都在这一个企业的名下，但是银行一定要一个变更说明，这让企业非常为难。银行对数据的"苛责"我一直很不理解，银行自身完全可以通过互联网认证数据，但银行一定要一张纸上的说明，甚至那张纸质还要盖有公章。在互联网时代，这种信息的确认模式已经发生了变化，不能用老一套的一张纸飘来飘去、一个公章飘来飘去来说明或认证一件事。银行这样的部门严谨度高，我可以理解，但是与时俱进也是必须的。毕竟在窗口，我看到更多的还是老百姓跑路，信息却跑不动。

不走出去，你咋知道你的想法是错的

　　为了解决窗口司法查封业务积压的问题，我跟着同事去了中院执行局。在与中院执行局的法官和技术人员沟通中，我们商谈了关于司法查封量越来越大，甚至出现了一定程度业务积压的情况下，该寻求怎样的办法，解决查封量太大、处理进度跟不上新业务生成的困局。

　　随着商事主体总量的增加，司法查封量越来越大，光靠大量的人力是解决不了现实问题的。何况缺人的问题在窗口是常年得不到缓解的，由于缺人而引发效率低下，或者缺人必然导致效率低下的推定，这是一个陈旧的思维套路。

　　我们窗口的定位就是一个公示机关，但是协助司法查封责无旁贷，必须高度配合好，否则我们就要承担一定的法律责任。对于我们来讲，准确无误地核定网上或纸质的查封指令，准确无误地进行快速的查封限定，准确无误地回馈，就是我们要做的。但现在的现实情况就是，无论从网上还是窗口递件来讲，我们已经忙得喘不过气了。怎么办呢？加人是一条难以实现的老路，或许我们只能向信息化来要效率。

　　怎么做呢？我的想法就是要有一定数量的智能化的机器人扒虫隐藏在我们的数据库里，接收了法院来的指令之后，虫儿结合我们的数据库，仔细甄别数据，抓取有效的数据传输给我们，如果数据匹配无误就可以形成"秒查"。这种"秒查"一定程度上节约了人力，也减少了人为的判断和核定造成的错误。实在是太好了，多么希望这种机器人扒虫尽快嵌入我们的系统。

　　在与大家交流的过程中，我也解决了几个问题：

　　第一，为什么我们的司法查封量越来越大？2018年已经超出了3万单，历史上从来没有这么高。说明什么？法院的司法查控法官会将所有的因为经济纠纷而产生的财产权利先查封，为个人信用惩戒做好准备。随着社会发展，信用惩戒机制越来越成熟，通过司法查封来解决保全当事人的财产问题是最直接的途径。

第二，一直困扰着我们的首封和轮候查封的界定问题，特别是属于系列案件不同查封案号的排序界定问题，都是在我们的交谈中得以明确的。"真理越辩越明"，常年在办公室里钻研自己领域的业务，而涉及其他部门领域的只靠函来函往，不如走出去大家坐在一个会议室里，开诚布公地研究问题、解决问题，更直观、更有效率。大家一起单刀直入地陈述问题，一项项解决问题，发生观点上的碰撞和争论，同时也有各自的吐槽。行政机关解决问题的一种方式，就是嘴勤腿勤，也是因为这种方式才使得问题浮出水面，才使得问题清晰化、明朗化，而不是陷入主观主义、经验主义，自己觉得自己对。

感谢中院执行局解放思想，对问题及时关注，为解决问题而穷尽思路，给我们以启迪。任何业务当效率成为拦路虎时，向信息化手段要效率，是最好的解决良策。

我至少可以认为你不够善意

一位来窗口变更法定代表人的经办人，她一开始很有怨言，对窗口的受理人员说她办的业务有一定的特殊性，需要见你们的上司。我与她沟通了一下，翻看了她提交的材料。受理人员悄悄地提醒我说，这个公司拟变更的法定代表人是一个 90 岁的老人，年事已高，身份证原件在经办人手上。此时我也注意到了，这个公司的营业范围是含有类金融经营范围表述的企业。

说起类金融企业，不得不多说两句。在深圳，这类企业的注册按照国家的规定，于 2016 年 6 月份开始实施了严格的政策，从那以后，这类企业的注册数量大幅减少了。但在此之前，已经注册的类金融企业，是否需要清理，怎样清理，谁来清理，其实是没有完全规范的。由于这种类金融企业很多，清理规则没有具体化，谁清理更合适，需要厘清职能边界，出台相应的制度。

90 岁的老人担任类金融企业的法定代表人，总觉得还是不对劲的。我让经办人稍事休息一下之后，在后台核查了这个公司。经过穿透性核查，该公司投资了 8 个企业，而这 8 个企业之中，有两个已经在中基协备案了基金产品，获得了中基协备案通知书。但是我又注意到，这 8 个企业都存在着股权司法冻结情况。没有诉讼纠纷就不需要司法冻结，这个类金融企业肯定存在着大量的法律纠纷。从这个公司投资的 8 个企业看来，这个公司应该是做资管平台的，但是让年龄高达 90 岁的老人来做这个公司的法定代表人显然不太合适，有逃避法律责任的嫌疑。但法律在这方面又没有明确的规定，怎么办呢？

如果以必须启动实质性审核为由，一定要见这位 90 岁的老人，万一让他们抓住把柄，恶意炒成新闻事件说登记机关不近人情又会陷入被动。设想一下，某个自媒体的大标题"深圳注册登记窗口，一定要一位 90 岁老人前来亲自办理"，这将会成为标题党们一个炒作的噱头。

实际上，法定代表人任职的最高年龄没有相应的规定。在现代社会，人的衰退年龄延缓，也不能说 90 岁的人就没有民事行为能力。但不管怎样，职业的直觉告诉我，这个问题必有隐情，一定要想办法问清楚原因。带着这样的疑问，我跟经办人耐心地谈。我说，90 岁的老人掌管着这样一个庞大公司，是不是过于辛苦，你们忍心给他带来这么大的工作量吗？就是冲着他德高望重，实力雄厚，也更应该爱护啊。

经办人迟迟没有吭声，也没有说出一个所以然。就是不停地说："他们让我来办的，他们让我来办的。"也许她是个中介，也许她是公司的员工，这倒不是我们一定要追问的，因为她有合法的授权。

见此情况，我更加怀疑，态度就强硬起来。和经办人严厉地说："如果您一定要这样，那您就先预约办理的时间，我要利用这段时间核查一下这个公司的相关情况，再给您一个答复。如果是驳回，您可以就驳回异议提起复议或诉讼。"此时，她想了想说："嗯，材料我还是带回去跟公司的人商量商量。"看她略显慌张和迟疑的样子，我只是淡定地看着她，问她是否需要驳回通知书。结果她说了一句让我很吃惊的话："我怕他们接下来还是要换个年纪很大的人。"我心里想：虽然我不能确认你有啥问题，也许我也拿不出目前法律法规、国务院决定设置的前置审批目录来驳回你，但我至少可以认定你有不够善意的商业目的。

我个人觉得，把控金融风险除了守土有责之外，相关部门也应该有"社会共治"意识。尽职尽责地做好自己的本职工作，这是我分内的事情。当然做好服务，不让经办人在服务态度上找茬和办事程序上找茬也是我们应该谨慎小心的（窗口人员压力当然大，有了投诉澄清起来特别麻烦，这也是体制内呼吁对敢于担当的干部不要打压的原因所在）。凡事都应有依据和标准，我也观察过暴雷的 P2P 企业，有些企业最大的特点是频繁地变更股东和法定代表人以及高管成员，有的一年变了 24 次。其实，通过数据的分析，我能看出这些企业的不安全性和不安全的倾向。

敬告朋友们，如果你在商海交易，或者购买基金产品的时候，如果你能充分检索该公司的注册信息并认真分析，其实是能看出一些端倪的。

以专业的法律素养维护法律权威

司法查封是财产保全的有效途径。市民中心行政服务大厅窗口自 2015 年承担这项工作以来，通过现场处理法院交件、鹰眼查控网接收指令进行网上查控的反馈模式来处理此类业务。

深圳某公司股权被司法查封冻结之后，首封法院又追加了一份查封，由于大量的轮候冻结已经在排序中，因此对于此类权益的股权冻结是位列首封还是轮候，窗口与承办法官的意见存在分歧。市民中心行政服务大厅窗口本着实事求是、依法执行的原则，带着问题前往中院执行局进行沟通，经与中院执行局业务处的沟通和承办法官的共同论证，终于确认了此次查封的首封效力，保全了当事人的财产，同时也维护了法律的权威。

随着商事登记制度改革的深入，商事主体总量逐年攀升，加之经济下行压力大，债权纠纷不断增多。2018全年，司法查封业务量已突破3万单，创历史新高。司法查封业务量大，时效性要求高，业务严谨度标准高，但由市民中心行政服务大厅窗口办理的业务无一单有质量问题。市民中心行政服务大厅窗口得到了中院执行局的高度肯定。

朱东波同志常年坚守在处理司法查封业务的岗位上，精细处理案件，加班加点，保证了司法查封的时效性和准确性。由于出色的工作业绩，该同志连续三年获得市民中心行政服务大厅的窗口服务标兵。

市民中心行政服务大厅窗口将进一步与中院执行局深入沟通，研究解决文书用语规范、公示要素、系统自动检索、系统自动加锁等问题，特别是司法查封中的业务规则与工商登记规则的衔接问题，建立起简单快捷的机制，确保司法查封工作有质量、有效率，为维护司法权威、建立和完善良好的社会信用体系服务。

股权质押的期限

我在窗口接待了一位调取证据的法官，事关一宗股权质押引发的案子。之前，我已经接待过他们的律师，那个女律师态度有点儿强势，给我留下了很深的印象。按照程序，我查验了他们调取证据的手续之后，很快就处理好了。

很显然法官对我们的业务很感兴趣，办完手续他问了一些关于窗口办理模式的常识性问题，我也顺便问起为什么股权质押会引起相应的官司，是质权设立的问题还是质权不能实现的问题。

他说，这个主要是关于股权质押的期限问题，到期不能偿还质押金额，才引发诉讼。听他这样说，我突然想到我必须要告诉他一件事情，就是我们的系统有一段时间出现过系统缺陷：任何股权质押都自动加注了一个质押期限——一年。质押期限实际上是企业自行约定的，合同内容各不相同，系统自动加注的这一年的期限与实际发生的情况会是不匹配的。

我发现这个问题后，向我们的技术部门提出来，信息中心很重视我这边窗口的发现和建议，很快做了纠正，但即便如此这个系统缺陷也存续了一段时间。大多数企业发生质押之后，金融机构钱给出去了，以出质股权担保了，被我们窗口锁定了，就感觉放心了，于是很多企业就不太注重外网公示信息的匹配性。

实际上，对于股权质押来讲，它具有明显的行政确认的属性。质权的设立机关就是商事登记机关，因为公司股东的姓名或名称、股东的出资额以及出资比例，是在我们这里登记的，由我们来公示相应的股权质押信息有一定的逻辑合理性。但是在日常工作中，我们也会发现一个问题，当一个公司名下发生股权质押之后，我们对股权质押的登记事项以及公示事项，应该公示些什么内容，是没有一个明确的法律依据的。

作为登记机关，从股权登记事项来讲，登记什么好呢？股权所在公司名称，质押的金额、比例，质押双方的姓名或名称，这些是比较基本的东西。但是对是否公示他们双方对此次股权质押合同约定的期限，没有明确的要求，股权质押管理办法上也没有相应的条文，这个就看各地公示机关怎么把握。我个人认为如果是公示就应该尽可能详尽和准确。股权质押合同约定的期限不属于我们审查的事项，从逻辑上说，我们就可以不公示，但是如果说企业双方对此有要求，并在合同中有约定，那我们登记机关到底应不应该去涉及这一块呢？我认为是可以商榷的。

总之，股权质押期限的公示，有利于交易安全、第三方商务调查等。此时，发生在眼前的这件事情足以说明股权质押期限也是很重要的，它决定了质押权人权利的实现。如果股权质押期限公示出去，法官也不用跑来了。看来在强调信息跑路、信息公示、信用监管的时代，登记机关对外公示的信息非常重要。如果你珍爱你的企业，珍视你的客户资源，请经常检索你的企业公示信息。因为政府的信息也不见得完全是无误的。有时候会因为数据的更新、系统的升级而产生误差。及时看到这些误差，及时了解这些误差产生的原因，并及时提出纠正的诉求，对企业的生存和发展确有必要。世界上最怕"认真"二字，我乐意这样去工作。

我们女神自己的节日

一大早窗口就收到一大堆鲜花，看来各路爱护窗口女神的男士早早就做足了功课！我带着灿烂的微笑，带着爱人送的勿忘我，在窗口和各位女神分享节日的快乐！3月8日是我们自己的节日，让我们来个白描！

【辅助岗位的女神】窗口的正常运转，离不开辅助岗位的后台支撑。档案的整理、表格的发放、台账的制作，以及信息的检索推送、咨询的解答，每天都充斥在辅助岗位的工作中。你们从活力青春到现在成熟稳重，把青春和汗水都挥洒在注册登记岗位上，见证了注册登记体制改革的整个历程。你们任劳任怨、勤勤恳恳、朴实善良，为窗口的正常运转默默地付出。这里，没有表白的聒噪，只有沉静的微笑。希望你们得到认可和关心，得到应有的待遇和尊重，勤劳的女神，我带着姐妹亲情，向你们致敬！节日快乐！

【商标受理窗口的女神】2017年3月，国家工商总局（2018年3月，组建为国家市场监督管理总局）向部分城市开放商标受理窗口，深圳作为发达城市得到授权。就在当年，深圳的商标受理总量就达到全国第一。商标受理窗口的开放是对深圳繁荣经济的有力支持。随着经营者知识产权保护意识的觉醒，"实施最严格的知识产权保护"已经成为深圳这座一线城市的标配。每天在这里更多的是解答市民对商标办理的咨询。咨询的人流量和递交商标申请的业务量给窗口带来了繁重的任务和极大的压力。有一次，为了一个政府对企业商标的扶持政策，这几个年轻的女神在窗口一个一个的给企业打电话，连续 1 个月加班到晚上 9 点！为的是申请人能领到一笔扶持补贴款。谢谢你们在深圳知识产权保护方面创造的业绩，年轻美丽的女神，如同深圳这座城市一样充满了勃勃生机，你们的微笑就是窗口的温度！节日快乐！

【司法查封、股权质押岗位的女神】这是一个严肃的岗位，也是对材料的质量和时效性要求最高的岗位。面临的是当事人的财产保全申请，需要高度的严谨性；面临的是企业急需资金支持的迫切，需要有高效准确的判断。在这个岗位，有时你会在大厅即将关门的一霎那看到冲进来一个企业办事员，他要求尽快帮他受理股权质押登记，以便企业在危难时得到一笔如同久旱逢甘霖一样的资金。在这个岗位，你会看到外地的法官千里迢迢赶到窗口一气儿拿出 27 份材料需要当场办结。这个事不能有一丝的耽误，人到即送到，司法查封面前，配合稍有不慎，就会被追责。就是那么一个瞬间，当事人的股权就可能被转走了。在这个岗位，需要不断地学习有关限定以及执行方面的法律知识和新规定，业务落伍，就会被动，无法解决经济发展中的新问题。你们年轻，你们美丽，有的是二胎的妈妈，照顾两个孩子都靠她一个人。有一次，小区物业公司给一位妈妈打电话说发生了火灾，请她马上联系家里的老人和孩子。她心里焦急万状，但还是克制住情绪，把手上的材料细心地交接给替补的同事，这才离开窗口。那坚强的背影，让人深记于心，于家庭，于责任，你们就是女神！

【核发执照岗位女神】2018 年，你们核发了商事主体营业执照、基金会法人登记证书、社会团体法人登记证书、民办非企业单位登记证书、机关事业单位统一社会信用代码证书、事业单位法人证书，共计 56336 份。核发出的每一份证照，都细心地留下核发的信息记录。你们兢兢业业，热情周到，5 年以来无一单投诉。有一次由于打照系统故障，申请人排成长队非常焦躁，你们给每个人端上一杯水，耐心地安慰，紧急地跟进后台技术部门抢修，等系统修复的时候已经临近中午，你们加班加点，把上午的企业执照全部发放完毕。你们有的人，孩子正值考大学，为了坚守岗位，没有请过一天假。在市民中心行政服务大厅发照，有个特殊的工作要求，记得当年市政府引进的重大项目落地时，为了保证第二天清晨如期发照，执照日期显示当日，为确保万无一失，前一日晚上12:00过来加班。还有时是上午10:00在五洲宾馆举办签约仪式，你们早上7:30就到达大厅检索设备，打印执照。但在镁光灯闪烁的签约现场，在媒体的宣传上，这些默默付出的身影是不曾出现的。在市民中心行政服务大厅核发执照窗口，全国首张新版商事主体营业执照、全国首张"多证合一、一照一码"新版营业执照、全国首张互保社营业执照、深圳全国首张"医院"有限责任公司营业执照、全国首创上市公司纾困基金营业执照、深圳首张国家市场监督管理总局2019新版营业执照、全国首张银保监合一后审批的第一家外资银行营业执照等都是经由你们温暖的手发出。女神，辛苦了，节日好！

【企业登记业务受理审核岗位的女神】在市民中心行政服务大厅，你们承担着全市最复杂、种类最多的注册登记业务。在这个岗位，会有两大箱子企业迁入登记材料，需要逐项审核；在这个岗位，会有历史悠久、情况多变的国企改制材料，需要你们把握；在这个岗位，有情况复杂、人员失联、账册不全的"僵尸企业"等着你们给出如何清退的路径；在这个岗位，有市区重大项目需要火速落地，你们要又快又好地办理；在这个岗位，有连锁经营的知名企业享受直通车待遇，需要你们一次性审核100多份材料……你们当中有子女升学在即的母亲；有因为长期得不到正常睡眠，早早就白了头发的二胎妈妈；有父亲住院，单位和医院两边跑，却不吭一声保证窗口值班的孝顺女儿。正是有了你们，亮出了与市民中心行政服务大厅相匹配的窗口服务，与深圳这个城市发展相匹配的窗口服务。温馨的笑容背后是意志坚强，是吃苦耐劳，是心地善良。你们的双手接到过无数的锦旗，赢得了市场和质量监督管理委员会在市民中心行政服务大厅标兵窗口单位的荣誉，打造了巾帼文明岗的金色牌匾，接过了深圳文明窗口的奖杯。女神，节日快乐！

又是一年两会时

两会时分，大政方针备受关注。在市民中心行政服务大厅，我们接受了采访，讲述窗口的故事，展示深圳的营商环境。

窗口服务当然是营商环境的一部分。简单的微笑服务已远不能匹配深圳的发展，窗口服务应该体现在有能力、有水平、有担当，能解决新的经济环境之下企业遇到的问题。在企业面临困难的时候，我们能伸出援手帮助企业解决注册难题；在股市低迷、经济下行压力大的时候，我们能为上市公司遇到的困惑来研究出一个解决的方案，或者力所能及地为它们在注册登记上能够减轻一些压力，真正推出一些办事便利化改革。

窗口属性不是审批，是服务，看材料不能苛责，搞处罚不能严厉。深圳虽然市场化程度高，但是民企也多有不易。营商环境上了这一年多将近两年的"热搜"，于窗口而言，有温度的服务、包容的服务、上心的服务、认真地观察和反思后及时改进的服务，能把问题说明白、能给个解决方向的服务，能勤快点儿替企业多打几个协调电话的服务，就是优质营商环境的一部分。

我无法不把这些写出来

——为了忘却的纪念

每年的3月1日，都不由得感慨万千，难以平静，以至于迟迟不敢动笔。这是一个热词，嗯，目前为止还是热词——商事登记制度改革。

2013年的3月1日，深圳启动了商事登记制度改革。直到现在还有人问我，这个改革深圳是不是引领全国之先啊？立项是不是全国最早的？我自信地回答——是，绝对经得起考证。

2010 年，商事登记制度改革被列入深圳市改革发展计划。经过 3 年的调研，2012 年 12 月，市人大通过《深圳经济特区商事登记若干规定》。2013 年的 3 月 1 日早上 08:20，在无数中外媒体的镁光灯下，由时任深圳市场监督管理局局长徐友军主持，时任国家工商总局副局长刘玉亭和时任深圳市委书记王荣现场给深圳市前海富德能源投资控股有限公司颁照，就在市民中心行政服务大厅东厅发出了全国首张新版商事主体营业执照。

版式在当时是全国独一无二的，虽然是国家工商总局批复启用的版式，但是新版营业执照体现了改革的精神。新版营业执照上的信息里没有经营范围，没有注册资本，似乎这些已不是政府管的事。还权于市场，还权于企业，给企业以自由，正是这种改革的精神，体现了对市场规则的尊重。深圳的商事登记制度改革引领了全国，并为《中华人民共和国公司法》的修订做了有益的探索。

商事登记制度改革的本义：第一，让你在办执照之前不用先办那么多许可证。第二，如果你暂时缺钱，先不需要真金白银地投钱，可以先约定。第三，经营范围你自己可以说了算。第四，除了 12 个保留的、需在办执照之前拿到许可证的项目之外，大多数人的经营愿望能很快地实现。

时隔多年，人们对商事登记制度改革的热议从没有停止过。在深圳经济特区改革开放 35 周年的纪念大会上，时任深圳市委书记马兴瑞说过，商事登记制度改革是深圳经济特区这么多年来在全国有影响力、拿得出手的改革！

记得一个企业是这么理解商事登记制度改革的：我想办公司，可是我没有那么多的注册资本，我在深圳找到的场地有历史建筑遗留问题，啥叫符合你们窗口的场地资格证明，弄不明白，我房子已经租了，也已经装修了，保证金也已经交了，要是要求前期办理各种许可证所费时间太长，我就迟迟不能拿到营业执照，而我的合作方要求我有了营业执照之后才能与我合作，我的银行开户也是办不了，没有营业执照，开不了户，签不了合同，也没人信任我，连工也招不了。商事记制度改革后，这些问题真的没了……

但商事登记制度改革并不是简单的改革，在制度设计上对宽进之后的后续监管有覆盖，年审改年报、权责清单、多证合一、全程电子化申报等后续配套改革措施不断完善，足以证明，商事登记制度改革是一个有规划的循序渐进的系统性的改革。改革也有遗憾，比如，取消个体户注册登记、只进行税务申报、商事主体的退出设计等没有实现或欠缺。

遥想当年，投身于改革，作为一名办公室主任，承办过国家、省、市各类现场会议，一年接待过多达259批全国各地的参观考察队伍。辛苦不必提，投身改革的过程当中也磨砺了自己。

我有幸作为这项重大改革中的一员，有幸见证了当年改革的领军人物，为了改革，挥笔操刀；为了改革，在会上据理力争；为了改革，无私心杂念地与上级争辩；为了改革，与其他职能部门激烈博弈，不畏权威；为了改革，数次求见领导，数次去省城和首都汇报，争取多方支持。

值得尊敬的还有那些默默无闻、为改革做出奉献和牺牲的同事们，他们身上更是有很多鲜为人知、可歌可泣的故事。有的为了改革，耽搁了给孩子看病，错失了最佳治疗时期；有的为了改革，年迈的双亲离世前未见到最后一面；有的为了改革，鬓染霜华而无怨无悔！

2015年11月，商事登记制度改革获得了民间的奖项——深圳创新研究院评出的"金鹏改革创新奖"金奖！

时任深圳市企业注册局局长钟文作为这项改革的领军人物之一，在深圳经济特区改革开放35周年座谈会上，做经验介绍，与选出的平安集团、招商银行、腾讯公司、大疆公司等企业的代表一起，讲述成长的轨迹，印证深圳经济特区的发展。在五洲宾馆大厅里，深圳市委市政府几套班子和各职能部门的一把手齐聚一堂。回想起来，这一切历历在目，让我久久不能平静。

全国首张新版商事主体营业执照，目前收藏在深圳市博物馆内，永久载入深圳改革开放的史册。我清晰地记得，在2015年3月全省商事登记制度改革的现场会上，时任深圳市副市长许勤发言后，随后播放我和同事们自己制作、自己配音的商事登记制度改革的宣传片——《改革扬帆启航，特区风华正茂》。至今，我还能全文背诵：

深圳经济特区的历史就是一部改革创新的历史，商事登记制度改革在深圳改革创新史上又翻开了崭新的一页……改革的步伐永不停歇，深圳经济特区的活力生生不息……

慷慨激昂、铿锵有力的话响彻在五洲宾馆的大厅，也响彻在我的心里。

你还是回来了

一天下午，深圳的一个做微电子的高新技术企业，过来办理迁入。仔细一看材料，不是简单的迁入，是迁走之后再回来。

这个企业是迁到深圳周边地区，当时是因为当地有一个招商引资的政策，结果企业迁过去之后，发现环境并没有当地政府宣传得那么好。遇到的第一个问题就是办理生产的环保审批卡壳。其实该企业的微电子项目是无污染的，在深圳只要求备案就可以了，并没有繁杂的手续，但在当地办起来非常繁琐，这个企业还请了中介，花了钱不说，也没办下来。因为环保批文没办下来，又导致企业没有生产许可证，面临着罚款，也已经被罚了。最重要的是，招不到人，原有的技术工人不愿意去，到当地干了没几天要回来，在当地招人，根本没有这样的高新技术人才。招普通的工人吧，当地的人流量又少，也是招不到。百般艰难，生存需要，又想回来。

说到此时，又想到另一个上市公司。这个企业是新年后上班的第一天，陈如桂市长来市民中心行政服务大厅窗口看望大家时遇到的。当时企业急切地向市领导诉说要迁回深圳的愿望。他们也是回迁，他们更痛苦，原来这个企业是从山东滨州迁到深圳的，为此我们窗口还派人到当地取回档案，为的是全力引入这个上市公司。但由于经济环境的严冬，公司有些支撑不下去了。

这个时候北京有一个战略投资者准备投资他们，但前提是要他们迁到北京去，但是他们办理落户北京的时候，股东之间发生了分歧，有的股东坚决认为深圳的营商环境是最好的，所以不想离开深圳，不配合落地，这个时候他们又想回来，但其实档案已经由我们这边发出了……

我清晰地记得，陈如桂市长听了办事人员的陈述后，说道："特别欢迎你们回来，相信你们在深圳所能够得到的政府支持，一定是在其他地方所没有的，在这一点上深圳是有自信的。"

民营企业的发展或上市公司的发展，都会遇到困难，而在共克时艰方面，政府应该跟企业站在一起。这样的例子不胜枚举，这两个例子是一大堆这样类似情况的代表，但这足以说明深圳的营商环境和深圳的实力，对企业充满了吸引力。

应该说，深圳不断推出的优质政务服务项目，规范的市场经营环境，以及优质的人力资源供给，是企业生存和发展的有力支撑。但另一方面，深圳土地资源的短缺、土地资源的挖掘不足，以及税负的沉重，还有就是过高的房价留不住高精尖人才，也打压了大量的制造业公司。

经济越发展越要讲法治，公开透明的政府运行规则，健全的法治发展环境，在一定程度上又弥补了深圳的不足。

参加一次演讲时的最后一句话，我还背得挺熟……张开双臂，与你同道，深圳仁立南国，窗口是有温度的服务，欢迎您！

我被地址问题整疯了

好好地办个银行开业登记，怎么会有3个地址？故事好精彩。

一家银行办理开业登记，摆在我们面前的材料里有3个地址。我心塞地问："到底哪个是你的地址啊？"

听办事人员娓娓道来，原来事出有因。事情是这样的，想开银行，得找个合适的地方，找房东，银行肯定要先和房东签个租赁协议，拿着这个租赁协议去房屋租赁办去办"租赁许可证"，租赁办就把房东房产证上的地址一抄，租赁许可证办好了。这是第一个地址。

拿着租赁许可证，马上装修，费好大劲可算装修好了，得去申办消防许可证。消防验收许可审批是很严格的，银行可不能着火！几经周折，消防许可证终于办好了，可这证上的银行地址是公安局的地址库里导出的地址。这是第二个地址。

有合适地方了，得申请开业批复去。开业批复谨慎啊，安全第一，抄的是消防批文里的地址，够严谨的了。批复下来后，还得去办最金贵的"金融许可证"。金融许可证需要确认地址的合法性，场地是否具有使用权，抄租赁许可证的地址就行！又回到了第一个地址。

这顿折腾，终于可以拿着开业批复和金融许可证申请工商登记了。工商登记系统启用了地理编码系统，地理编码系统不管三七二十一把地址规范翻译出一个地址。于是第三个地址诞生了！

就这样，开业批复抄了消防批文里的地址，消防批文里的地址是从公安的地址库里导出来的；金融许可证抄了租赁许可证的地址，租赁许可证的地址又是抄了房产证上的地址；工商营业执照的地址抄了地理编码系统的地址，地理编码系统的地址来自市政法委给的数据库，3 个地址都源于 3 个不同职能部门的系统。听到这里，先别忙着晕过去……

得解决啊，怎么办呢？银行开业时间都测算好的，讲究个大吉大利，财源广进。嘉宾都请了，营业执照没有。来到市民中心行政服务大厅窗口，我们得全心全意服务好啊，且看我们的十八般武艺——我们是这样做的：

尽量不让企业去改动金融许可证，因为金融许可证改动起来非常麻烦。尽量遵照金融许可证的地址来确认银行开业批复地址是否能基本吻合，确认基本上等同于一个地址之后，我们给予技术上的处理使之通过。

我认为，工商登记地址最重要的意义是法律文书送达地址，也就是住所。

当然，遇到 3 个地址描述悬殊，我们也不能确认的时候，这个时候银行办理业务就犯难了，我们不知道用哪个地址登记，我们也怕有职业风险。谁曾想到，银行开办起来难，竟难在地址上。

说实话，我个人认为，银行是最靠谱的，审批要过好几关，想假都假不了。第一确有此地，不敢子乌虚有；第二送达文件也一定能找到地方；第三日常监管也会发现。但恰恰就这么一个靠谱的登记，反而犯了难。而那些地址是虚假的地址，不实的或者地址的使用权存在缺陷的，有时倒能钻了空子。这不得不说各个机关在系统不能统一、数据不能兼容的情况之下，让信息跑路，比用腿跑路更麻烦。有时办事人员对我说，只要能解决问题，多跑腿都可以，怕的就是找不到部门解决问题，更怕的是谁都不知道这个问题怎么解决……

第一时间的牵挂

2019 年新年上班第一天，深圳市市场和质量监督委员会主要负责人总是首先到达市民中心行政服务大厅口慰问窗口的同事，深圳市市场和质量监督委员会新年开门红出的第一篇报导，就采用了这个场景的照片。在办事窗口，我们的邝兵局长除了肯定我们上一年度的工作成绩外，重要的一句话是让我们的窗口再接再厉，做全市窗口服务的标杆。

他的新年寄语对我们今年的工作是一个挑战，是一个担子，但同时更是一种鼓舞，一种力量。标杆，意味着业务研究水平的标杆，服务企业能力的标杆，改革创新的标杆，队伍素质提升、廉洁自律的标杆。

标杆对于我们——办事窗口的工作人员来说，一方面意味着对自身的自律程度做到苛责，另一方面对企业提出的各种问题，包括企业注册遇到的难题，营商环境出现的"堵点"，奋不顾身，悉心研究，敢于担当，用扎实的法律功底和高超的业务水平解决问题，关键时候要有两下子，这就是标杆的意义所在。

登记窗口的悬疑剧

要说我在登记窗口看到的公司内部纠纷，最激烈的当属公章和营业执照争夺大战。日常直接感受到的这种争夺战，比看案例更直观、更生动，跌宕起伏，荡气回肠，还有狗血反转……

我见过多个公司，法定代表人带着公章和营业执照走了，拒不交还公司，更不理朝政。公司无奈选了新的法定代表人，可是没有公章和执照，没法发起法定代表人变更的登记。工商变更法定代表人行不？不行，因为提交不了登记申请材料，提交的材料有个表格，表格处需要盖章。补个营业执照行不？不行，因为营业执补照的变更，需要法定代表人在申请表上签字。重刻一个公章，行不？不行，公安局只认营业执照上法定代表人是谁，营业执照上显示是谁，就把新的公章刻给谁，营业执照不先变，门都没有。那公章丢了，营业执照也丢了，补营业执照同时变更法定代表人，反正申请材料上新旧法定代表人签字都行，行不？不行，因为我们窗口人也学精了，这种情况，窗口也很慎重，随时可以依据《中华人民共和国行政许可法》启动实质性审查，一知道是涉及公司内部纠纷，不敢轻易核准，一般劝企业提起"公章证照返还之诉"。

实在不行，打官司行了吧？也难，为啥？我还经历过一种，是法定代表人突然因病去世了，他名下持有巨额资产。这个时候，原来的股东就马上趁人之危选举了新的法定代表人，人心叵测啊。既然是趁人之危的人，大多会践踏规则，利用虚假公章骗取了商事登记，补了营业执照又变更了法定代表人。原法定代表人的遗孀打官司，最后总算将对方趁人之危选举新的法定代表人的决议无效之诉打赢了。可是这个司法裁决又落不了地，因为没有公章和营业执照啊，为啥？且看：

撤销变更登记提交材料规范：1.公司撤销变更登记申请。申请应当载明公司名称、申请撤销的变更登记事项及登记时间、准予变更登记通知书文号、人民法院裁判文书文号、指定代表或者共同委托代理人委托的事项、权限及指定代表或委托代理人的身份证复印件等内容，并由法定代表人签字、公司加盖公章。2.人民法院的裁判文书。3.已领取纸质版营业执照的缴回营业执照正、副本。就是有裁决，没有公章和营业执照，那你也干瞪眼。

再有一个例子，就是原法定代表人因为诈骗罪被网上追逃了，且营业执照和公章属于不能正常使用状态，实际上这个公司对外的一切事务，公章和营业执照均不能正常代表公司意志了，这时公司就陷入僵局，原法定代表人也损害了股东的权益。

再说，我见过最奇葩的案例，就是好不容易司法裁决打赢了官司，公章和营业执照必须返还，赢了官司本是高兴的事，就在双方公章和营业执照交接的时候，突然一伙人闯进来，抢了公章和营业执照就跑。这下又完了，法定代表人变不了，公章拿不到，公司没法运营。最麻烦的是有物业的，物业用不起来，出租不能租，无法签合同，员工也发不出工资，"守着金山要饭吃"。

实际上，《中华人民共和国公司法》并没有规定谁有权保管公章和营业执照，大多数公司也不是那么有先见之明，在章程里明确规定谁有权保管公章和营业执照。但公章和营业执照肯定是公司财产的一部分，任何人无权私自占有。在公章和营业执照争夺大战中，去法院提起诉讼的时候也会有问题，当你提起"公章证照返还之诉"，对立方又带着公章和营业执照要求撤诉。这个时候，诉讼也成了一个死结。

一个公章、一个营业执照，其本质就是一个依托于纸质形式存在的一个凭证，真实的可以印证的信息才是王道，而不可篡改的电子数据更值得应用。遗憾的是，电子政务的发展仍然在路上，营业执照和公章问题又难住了多少企业啊，让多少企业的命运发生反转，让多少国有资产折损过半。

我个人认为，当营业执照和公章不能用于企业正常经营，界定为是恶意占有，返还无果，特别是对抗司法裁决时，公司原有营业执照和公章应该给予公示作废，由有权签字人签署相应的文件，必要时股东也可以以自己的名义处置自己的财产，任何部门不得"助纣为虐"，更不得"互相推诿"，这不能不说是很多时候各个部门应该深思的地方。

有人给我送到窗口一封信

我正在窗口看材料，一个同事进来告诉我："有你的一封信，那个人放下就走了。"我心里一紧，想起刚来注册局的时候，自己负责私营企业的审批业务，当时在窗口也是有一个人扔了一封信就跑了，那是一封中介的威胁信，我为此愤懑很久。

怀着忐忑的心，我接过了这封信。从信封，再到信里面的内容，都让人感觉很舒服。原来这是前一阵，我们一直跟进指导完成了落地的、国家银保监会合并之后审批的第一家外资银行发给我的邀请函。

历经沧桑，明白了很多辛勤的付出，并不是都会有一个良好的结果，但是如果你不把这个看得特别重，只是努力去付出，努力去帮助企业，这一切都会化作一种踏实和温暖存在。职位的升迁和自己个人成就得到的认可，其实经过一段时间之后回头再看，都是平淡的，而用自己的登记注册专业能力和法律功底能帮上企业，释放自己的正能量，真正的价值感会油然而生。

大年三十前来办事的都是啥情况？

我在市民中心行政服务大厅窗口工作多年，每年年前都是最忙的时刻，即使到了大年三十，也还有很多企业来办事。而大年三十前来窗口办事的企业经办人都是哪几类呢？简单分析一下，也很有意思。

第一类是年后的业务着急要开展，老板对员工说你办不成这个事情你就别想回家。这类情况，办事人员的装备是行李箱和想加急办理时作为证据出示的车票。

第二类是企业办事人员的家就在深圳，或者根本就没打算回老家过年，反正也放假了，大年三十也没啥事，手上还有这么个活，就当遛个弯过来，先过来审审材料，年后再按预约时间来。此类企业办事人员的装备：装着东西的超市购物袋，以及随行的家人。

第三类就是年前必须办完，不办完就没法安安心心地回家过年，因为老板说了，不办完你就回家，那过完年，你就不用再回来了。在这种重压之下，这类企业办事人员的装备是随时启动的吵架以及眼泪。此时的我们，如果给企业解决一个疑难杂症，看着企业办事人员安安心心地踏上回家团圆的归途，都觉得自己在做一件积德行善的事情，自己也会被自己感动了。

越着急，越会耽误在细节上

股权质押现在成了比较热门的业务，为什么？企业缺钱。质权的设立机关就是商事登记机关，而质权的设立意味着企业引入外援进来，得到了一笔救命款，也意味着金融机构完成及时放款的任务，企业能顺利授信。

据我们窗口统计，2018 年的股权质押业务量较上一年度上升了 60%。

这种大幅度地上升说明了在融资困难的情况下，民营企业特别是小微企业，选择股权质押不失为一个很好的融资渠道。但是自2014年《中华人民共和国公司法》修订公司资本制度之后，注册资本由实缴制改为认缴制，股权也不见得那么值钱。不过确实有一些优质的企业，股权的价值非常高。

一段时间以来，我从企业在窗口递交的材料中发现，企业在网上填报好信息下载资料表格时，往往没有下载封面。其实这个封面是很重要的，第一显示对资料诚信申报的承诺，第二还显示了质权人和出质人双方的意思表达的一致性。但企业忽略下载封面，其实登记机关也有责任。企业下载时鼠标停留的页面并非封面，企业点击下载忽视了最前一个页面，再有就是很多企业不注重封面，认为没啥用。登记系统应该改进一下，点击下载，就应该能完成全部内容的下载。

别看小小的封面，想当年，企业登记申请表封面作为企业一个庄严承诺，同时还有法定代表人的签字，也是公司意思表达的一个最重要的证据。"多证合一"之后这个申请表的版本改了，封面上没有这个承诺了。因为试行了网上申报，网上申报时有一个告知的条款，但是单纯从纸质的表格上已经看不到这个承诺了，我感觉这也是一个缺陷。因此，行政机关在系统优化上也要下功夫，下载时加注一个提示确有必要。

在此，提醒申请人：欲速则不达。你若是着急办理业务，前面费点儿功夫精细一点儿，对后面是有好处的。

我也晒点儿荣誉

又是标兵窗口！我懂，荣誉永远只代表着过去，翻过这一页，前方依然充满坎坷，依然有很多的不确定性。但是我和我的团队坚强不屈，绝不向困难和压力低头。

我们是法律的执行和应用者，同时更多的时候是企业的"服务生"，连续3年的标兵窗口，我们付出的努力和艰辛，是无法用语言表达的。

我们这个团队有很多的二胎妈妈，她们克服了怎样的困难和付出了多少辛劳，才维护了窗口的优秀形象。正所谓，生活实苦，为母则刚。

我们窗口是深圳市市场和质量监督管理委员会许可审批服务事项窗口，为深圳营商环境打造了一座城市接纳投资人最温暖的界面！

我们也为这新一届市场监管机构班子的风清气正和给力支持，而更加坚守，更加坚强。

为我的师兄打 call

实际上，越是搞懂了的人，越不会故弄玄虚，把道理往深刻里说。

我的师兄——投行经历25年以上，帮助过无数的企业进行并购重组上市，为深圳的一级券商创下过千亿元以上的业绩。我根据他的录音整理3分钟的讲话，他对我们现行股票市场的一些见解，绝不比证监会高层的水平差。

证券市场可以通过鱼和水的关系来理解，鱼就是IPO、再融资、并购重组等资本市场的工具和产品，水就是市场的资金面、投资面、疏导面以及监管面。证券市场的核心就在于要达到鱼和水的平衡，因此有如下建议：

首先，任何时候都应该保证任何产品的有序发行、供给，这是证券市场的基础。应该适应中国国情，通过渐进、稳定的方式，避免和杜绝一刀切、断崖的方式对发行节奏进行干预。只有保障市场中的鱼能够有效供给，才能使证券市场的主体——上市公司、投资人、基金、券商等，围绕这些产品开展一系列活动，为证券市场的发展增添动力和活力，使得各自都能够得到良性发展。

其次，市场中的水也需要结合宏观环境、国家资金面在制度环境下得到保障。而且这种制度环境也应该是一贯的、渐进完善的。例如，之前的去杠杆过快、过急，监管过严，导致市场资金面出版断崖式下跌，市场主体、投资人对市场预期不稳定，因而影响了二级市场交易的活跃性和一级市场参与的积极性。2018年普遍出现的市场股价大幅下跌、股票质押爆仓、违约风险事件，本质上是由于市场价格下降幅度过大所致。因此，市场监管的稳定性、资金面的疏导以及政策环境的连续性是证券市场的迫切需求，只有保障这些要素，才能为市场保障通畅、有序的水的环境。

微笑墙上有我们

临近年关，窗口的业务也越来越多。市民中心行政服务大厅窗口经常会遇到比较复杂的业务，因为覆盖业务品种比较多。

同事无意中告诉我说，大厅的微笑墙已经建好了，上面有你的照片……

我跑去看看，还没看到，两个企业代表见我穿着制服就过来咨询问题了，我耐心地给他们解答。

解答完，终于看到了！

看到了我们团队很多同事灿烂的笑容，瞬间让我充满了感动。一个有温度的大厅，才能提供有温度的服务；一个有温度的团队，才能焕发出奋进的力量。不管外部环境如何，我感受到了暖春在走近……

营商环境建设监督局

黑龙江省成立了"黑龙江省营商环境建设监督局"，而深圳市人大第六次会议，也把"坚持营商环境改革为重点，狠抓改革攻坚"作为深圳的重点工作。黑龙江省把这个局单列出来，可见营商环境改革和监督的重要，这个应该是全国独有的。

谁来监督很重要，百姓办事，政府审批，中间出现的问题，谁来收集、分派、督促、解决，成立这样的机构确有必要，但关键是要管用。

努力，不可辜负

一天临近下班的时候，工作团队上下同心，全力以赴，将管理资产达300个亿人民币的企业落户深圳。我们不彰显自己的工作，不彰显自己的业绩，但为了企业的成功迁入，我们这群小人物，在这个关键节点上，发着光……

机构改革与窗口发的营业执照

2009年第一轮机构改革是"三局合一"，原来的工商局和质监局还有知识产权局合成市场监管局。当时我们工商局发的营业执上照盖的公章是"深圳市工商行政管理局"，机构改革了，公章换了，营业执照上的显示也就换了。

记得当年空白营业执照套印公章时，程序有误，导致存在了一批需要核实时无法确认的营业执照。机构改革一举解决了这个问题，因为营业执照上的公章由原来"工商行政管理局"变成了"深圳市市场监督管理局"，营业执照都得换。当年为了这批公章失真的营业执照，我的工作压力很大，又正值怀孕，挺着大肚子大哭了好几次。机构改革，让我破涕为笑，问题一举解决，压力瞬间烟消云散。

2015 年 4 月，深圳市市场监督管理局"局升委"，改为深圳市市场和质量监督管理委员会。当时我的老领导曾讲过，说一个机构的名称里加上"和"不是那么合适，而且也显得突兀。现在好了，又变回了"深圳市市场监督管理局"，这对我们营业执照签发单位是个好事，没有太大的影响。因为按照机构改革的"三定"方案，商事登记部门是以"市场监督管理局"的名义对外从事商事主体登记，因此机构的升格包括现在的机构改革，即使又改回"深圳市市场监督管理局"的名字，也不受什么影响。这样就会使得我们营业执照的套印公章无需改，也少了一点儿折腾，也节省营业执照印制费用，也避免了用不同的公章而导致含糊不清，或者需要确认的说明工作。在这一点上，特别欢迎此次的机构改革。

愿这届充满活力、风清气正、搭配合理的班子，迎着 2019 年的东风，乘胜前进，为市场监管事业，为服务民生事业开创更好的行政管理的新局面。祝福我们的机构，祝福这届班子！

我是股东，竟然无权处置自己的股权？

公司在运营过程当中，股东间翻脸是很正常的事情。我在日常登记窗口经常遇到这种事。有时候股东在一起，不管经营情况怎么样，赚到钱和没赚到钱，都会有分歧。有限责任公司就是人合与资合共同并行的一种公司，可以说人合性更明显。所以人合性一旦破坏，就会出现公司控制权之争；而一旦出现公司控制权之争，就会发现谁抢走了公章、抢走了营业执照，谁就变成了有理的一方。而行政机关，特别是商事登记机关，因为碍于规制的要求，有时候竟然变成了"助纣为虐"的一方。也就是说若没公章、没营业执照，再有表决权优势、再有理、再有冤屈，也无从得到伸张。

要我说，股东当然有权处置自己的股权，比如说股东之间转让股权，按照《中华人民共和国公司法》的规定并没有提到优先购买权的问题，也就是说，股东之间转让股权没有破坏公司的人合性，没有侵犯其他股东的权益。而股东之间转让股权，协议一经生成，对外具有法律效力，并不应以工商是否登记为前提。也就是说，工商登不登记，股权转让的效力不受影响。

但有些公司出现了公司控制权之争后，也就是说有些股东恶意地占有了公章和营业执照，股权转让的确权登记和公示登记无法进行，导致一个公章和一个营业执照卡掉了很多企业继续生存的希望。又比如说，即便司法裁决已经胜诉，但是办理撤销登记时对立方拿走了公章、拿走了营业执照，也无从落实司法裁决。

我认为，当公司出现控制权之争时，特别是公司经营困难、无法正常运转时，此时的公章和营业执照已经不能正常代表公司的真实意志，就是章程的约束性也失灵了，在这个时候一个公章和一个营业执照，不能成为无法逾越的天堑。因此，在这种情况下，政府登记机关应在考虑公司股东诉求的合理性、合法性以及登记条例规定的立法本意基础上，协助公司股东处置自身的股权，否则就等于和恶意占有公章和营业执照的股东一样，起到了侵害其他股东合法权益的作用。

不能是谁占有公章和营业执照，谁就有理。为了一个公章，为了一个营业执照，侵害了多少企业几十年的资产，也使得多少企业几十年的资产被掏空，也使多少司法裁决无法得到落实。工商登记和企业运营如何更有效衔接，登记机关和司法机关规则如何衔接，这些探索一直在路上，难道还需要付出几代人的努力，才能将这个事做好？

民可告官，民多告官，社会才能进步！政府部门，如果不是渎职，又有何惧？

又谈股权质押

最近一年多来，民营经济的发展遇到了一些困难，有的人甚至说进入了严冬。在经济困难的情况下，民营企业股权质押越来越活跃，道理很简单，企业需要钱。

在《股权质押登记管理办法》正式颁布之前，时任企业注册局局长郭志斌，讲过一句经典的话："只有股权没问题，质权才有意义。"商事登记机关作为法定的登记机关，负有登记企业有关信息并公示的职责，因此股权质押也由商事登记机关来办理，商事登记机关是质权的设立机关。

股权质押越来越活跃，总有一天会造成的局面是大多数公司的股东名下的股权都有质押，这就不排除有时质押后，质权不能实现。股东自身债务出状况了之后，为了保全当事人的债务，法院会查封股权。

股权质押后，对公司会有哪些影响？

首先，减资是不行的，因为减资改变了股权的比例，也改变了股权质押时该股权所约定的价值。而增资，特别是同比例增资，在实践中就有不同的看法。有些股东或者商事主体认为，增资后，股权质押的权益得到了更大的保障，虽然股权的比例缩减了，但是股权对应的价值没有变，很多人也拿着最高院公报中的案例来作为依据。

但是作为商事登记机关，实际上在日常操作中，对上面增资的观点并不十分认同。首先，增资后，质押股权在公司整个股权中的比例缩减，缩减后的股权比例对应的股权价值是否依然没变，存在着不确定性；另外，虽然有些人说质权人和出质人都同意此次增资，你们商事登记机关就应该给办，我认为不然。既然质权人和出质人都同意，那你们为什么不能先解除质押，再增资，增资完之后再进行质押呢？这种情况一定有其深刻的原因，我认为就是质押当时所存在的那些约定的条件，如果解除质押之后再质押，这个条件就已经不存在，或者同某些金融机构谈妥的一些优惠条件已经不存在。不解除质押就增资，一定程度上对质押股权的限定内涵，做了一次变更。因此在此种情况下，商事登记机关不予办理也是有道理的。

当企业因此而对商事登记机关提起诉讼，如果法院判决商事登记机关败诉，商事登记机关就应以此为契机，出具相应的规则，供窗口执行，方能解决这个实践中的具体问题。在法律有缺位，特别是规则有缺位的情况下，到底能不能办，不是靠自由裁量，也不是靠领导一句话，而是靠法理探究和过硬的法律应用水平，还有精准服务的意识。

当窗口受理人员遇到批文

批文，你能把话说得更直白一点儿吗？你能把话说得更通俗易懂一点儿吗？你能把话说得让外行好把握一点儿吗？

"窗口人员深切怀念金融许可证"——以前我们在确定金融企业营业范围时是照抄金融许可证，因为上面有明确的经营范围，供我们的窗口受理人员照抄。但是现在改成批文了，批文上就简单一句话，我从这句话上能提取什么样的经营范围？100个人有100种理解。看那意思是让我们在总行经过批准的经营范围里边挑，还是要总行再授权，由总行说了算？如果要总行再授权企业，还得再多出具一份文件。那行业主管部门的批文，意义体现在哪儿呢？

你要投诉，那是你的权利

很多投诉从咨询开始，所以每一个窗口工作人员温和的性格都是磨砺出来的。就是一个平日里性格急躁的人，分配去了窗口工作，也不能随意给他定义为"不适合"，更不能随便贴上标签。我的团队有很多二胎妈妈，有一次一个同事告诉我，她得回去一趟，她家所在的那栋楼失火了，老人、孩子在家，还没联系上。我大惊失色，说："赶紧，赶紧！"但我也留意到，她是把手上的一单业务录入系统，给了申请人回执后，才和我请假的。

窗口工作人员也是人，平日里不管自己的生活在经历什么，不管有多么心急的事，在窗口工作时都保持了高度的克制和忍让，为了工作，必须做到性格温和，处事沉稳。你可以少点儿支援，但你不能对我们误解太多，更不能打压。这句话，对内我敢说，对申请人我也敢说。都有不易，多点儿理解和尊重，大家都好好的。

企业的迁入与迁出

2017 年早春二月，万物复苏的萌动释放着融融的春意，又一个希望的春天悄然走近。平凡的窗口，如常的业务，看似平淡的运转，却兴奋地弹出暖春的序曲，那就是迁入企业领唱的奋进之歌，它们走进深圳，满载希冀，为新的一年的崭新耕耘拉开序幕。

"我们在当地也是举足轻重的大型企业，政府对我们非常关注，也给我们很多优惠条件。就是迁走，我们对当地政府也很感激，保持着感恩之情。但我们的心在深圳，我们的 50 多个子公司在深圳，就遥相呼应的深圳 ×× 控股发展有限公司来讲，近几年他们在深圳运营的产值翻了几十倍，也于

2016 年被纳入税总务局的'千户集团'企业，也是广东省和深圳市的重点税源企业。商业环境好，我们能有更多精力和信心开拓市场，开辟智慧物流的天地。我们更希望我们集团优良资产组合和运营在深圳，让旗下的公司在共同发展的道路上凝聚到一起，对我们来讲再没有比这更好的规划设计了。"

以 42 亿元的注册资本迁入深圳的顺丰控股股份有限公司与窗口审批人员这样聊起来。这一次迁入，对该公司来讲意义非凡，在办理迁入登记时一次性解决了营业执照上记载的注册资本由当前的 2 亿元确认并变更登记为 42 亿元的注册登记问题，妥善完成了注册资本的宣示性登记。

来自山东滨州的北讯集团迁入时可没这么顺利。这个从成立到上市仅用了 8 年时间的企业，在迁入时遇到的问题是当地登记部门操作流程缺失造成的问题。当地登记部门没有办理过集团公司迁出的登记。深圳市民中心行政服务大厅的注册窗口第一时间与当地登记部门频密联络，深圳注册窗口接纳企业的诚意加上业务判断理念说服了对方，当终于协调好此事时，窗口工作人员和企业办事人员的手紧握在一起，愉快的笑容，好事多磨的感叹，让这个迁入业务变得那么有温度，那么难忘。"其实我们的全资子公司在深圳已经运营了相当长的一段时间，与我们滨州总公司的业务都是相同的，在深圳的发展速度显然是在不断加速。位于山东滨州的总公司必然会有所行动，这可不是一时激动，上市公司必须理智地决策。现在看来在办事窗口，我们就感到了这个城市的接纳度确实不一样，做法也不一样。"

两个上市公司迁来深圳的早春之行，无疑是对深圳的营商环境给予了充分的信任。

2016 年 7 月以来，市民中心行政服务大厅为大量重量级企业的迁入办理了登记注册，注册资本亿元以上的达到了 20 个，其中不乏国内知名企业和行业领军企业，如：恒大集团、广东威华股份有限公司（上市）、中建四局第五建筑工程有限公司、高新达安健康产业投资有限公司、华信安普（深圳）实业集团有限公司、ARM 中国总部等。

　　"没有不得已的原因谁愿意离开深圳呢？"××电气设备有限公司办事人员面有难色地这样对窗口的工作人员说。"我们是搞生产的，在光明租了一栋厂房，还进行了装修，想踏踏实实地做下去。没想到，物业租金涨了，价格没有谈下来，只能走了。随着深圳很多制造业企业外迁，我们也去了东莞看了环境。说实话，物业租金确实便宜了一半，但招人不容易，工人不愿意离开深圳，我们得重新招人，当地人力没那么多，好不容易招到人，成本也不比深圳低。"这是一个沉重的话题，离别总是伤感的。企业这样离开，要是有一个救济的办法，有个平台能求助，或许在深圳还有一个可发展的空间。

　　深圳×××智能车库有限公司是一个从事智能化立体车库的公司。这个公司的办事人员说："深圳市政府待我们不薄，给了我们很好的经商条件，中山市政府也想拉我们过去，答应给我们很多优惠条件。但我们迁过去之后，其中一个股东就是想不通，一直不愿意配合。他认为在深圳发展比在中山发展有保障，做智能产品产权保护很重要，交易安全很重要，深圳保护环境更好。总之我们在当地没有办理落户手续。再麻烦也要迁回来。"

　　而造成企业回迁的主要原因有：一是内地的招商引资政策虚无，没有真正落到实处，存在无法兑现的浮夸成分。二是企业在深圳高成本运营，获利无法达到预期结果，企业寻求到其他地方进行低成本运营，但到了当地之后发现当地的营商环境与深圳相比差距很大，在当地不能招到与企业的经营发展相匹配的人才，商业运营平台的资源也有局限。三是企业在电子商务平台获取资质或招标时，一线城市获准或中标的可能性比二三线城市更大。四是深圳在知识产权保护力度和保护企业权益不受侵害的力度大于其他城市，因此企业在交易安全以及市场运营方面，在深圳比在其他地方要有保障。

　　企业的迁入和迁出释放着新的经济信号。营商环境对一个企业来讲就像培育种子的土壤。适宜的温度、湿度，是这粒种子生根、发芽、开花、结果、成材的基本条件。优质的种子需要优越的培育环境。哪有那么多天时地利的自然优势，政策措施、改革红利、制度创新、高效能服务，都是营商环境的重要方面。

深圳企业迁入与迁出的数据可以说是深圳营商环境的晴雨表。比较2014年至2017年的统计数据，深圳企业的迁入总量和迁出总量逐年稳步提升。虽然就深圳商事主体的总量来讲，迁出的企业数量算是微乎其微，但这种数字的变动也反映出一些问题。就2016年和2017年两年的数据进行分析，我发现在2016年迁出深圳的企业数量有299个，注册资本总额为9545828.27万元。而迁入深圳的企业数量有180个，注册资本总额为7783855.69万元。2016年，迁入深圳的企业注册资本总额低于迁出深圳的企业注册资本总额。但是，2017年，企业流动的数据则发生了一些微妙的变化。该年迁出深圳的企业数量有484个，注册资本总额为1505561.64万元，而迁入深圳的企业数量有290个，其注册资本总额达1615886.41万元。相较而言，在2017年迁入深圳的企业注册资本总额高于迁出深圳的企业注册资本总额，实现了逆转。从数据上观察，2017年迁入深圳的企业的经济实力明显优于2016年迁入的企业。

深圳永远让你惊奇，城市在发展，一切皆有可能。打造优质的营商环境，每个人都身处其中，都是最终的受益者。但不容置疑的是市场活力是最重要的考量指标，而一个有活力的市场一定是由巨大商事主体总量来承载的。

南科征途，欢迎你

2018年2月，南方科技大学技术开发团队联系到我们窗口，表明其正在与美国一个2018年度北美生物科技的新锐二十强企业进行洽谈，计划共同在宝安区成立一个顶级的医疗科技企业，名称为深圳市南科征途有限公司（以下简称"南科征途"）。作为科技企业，南科征途在未来将致力于癌症早期诊断试剂盒及各类新型药、特效药、血液制品的研发，这一研发成果将填补中国乃至世界范围内癌症医学研究方面的空白。南科征途董事长葛东亮博士表示，希望通过市民中心行政服务大厅了解企业迁入的具体手续。

窗口工作人员在掌握情况之后，为企业量身定做了迁入所需的登记材料，并对其在美国进行州政府以及大使馆商事主体认证的过程中所遇到的问题进行紧密跟踪和及时指导，为企业的迁入之路扫清了障碍。

2018 年 3 月 23 日上午 9 点 30 分，在南方科技大学校园行政楼的会议室举行了南科征途成立的新闻发布会。在发布会上，美国科学院院士 Charles Cantor 对南科征途的成立给予了很高的期望。Charles Cantor 院士说："癌症早期，致癌基因的不稳定性和重组性都是偏低的，在早期的时候我们介入癌症诊断试剂，尽早进行测评，尽早进行治疗，能够有效地降低癌症后期的治愈难度。南科征途就是致力于此，将核心的科研团队带到深圳，将早期的癌症诊断试剂的研究开发更进一步，造福人类。希望在 5 到 10 年内，在座的每一个人都能在家里用上南科征途研发的诊断试剂，将癌症的风险防范于未然。"

南科征途董事长葛东亮博士在接受媒体采访时，给我们窗口的服务点了赞。在深圳选择成立这个外资企业——南科征途，旨在将美国硅谷科技企业 Apostle 公司的核心研发团队和技术人才带到深圳，把深圳作为研发的中心，从这里出发，将对早期癌症诊断试剂做进一步开发，造福每一个中国人。在这一雄心勃勃的商业和科技的拓展计划中，我们注册窗口的高效服务对这个生物科技企业落户深圳起了极大的推动作用。

深圳市的营商环境正是因为致力提高政务服务效能而变得生机勃勃、活力无限。2017 年深圳新增国家级高新技术企业 3193 个，全年共引进各类人才 26.3 万名、增长 42%；出台加强知识产权保护 36 条，获国家科技奖 15 项，获中国专利金奖 5 项、占全国 1/5，有效发明专利 5 年以上维持率在 85% 以上、居全国第一。创新能力建设取得新突破。在医疗领域，新引进高水平医学团队 100 个，新增执业医师 2300 名，取得不俗的成绩。

2018 年 2 月，深圳市正式出台《深圳市关于加大营商环境改革力度的若干措施》，着力率先营造服务效率最高、管理最规范、市场最具活力、综合成本最佳的国际一流营商环境。营商环境对一个企业来讲就像培育种子的土壤，就像南科征途的项目成员张飞博士所描述的那样，深圳就像美国硅谷一样，为每一个创业创新、造福人类的企业的落地生根提供最肥沃的土壤。

有温度的服务

2018 年春节后的第一个工作日，春风中还带着丝丝的寒意，而市民中心行政服务大厅窗口却暖意融融。两个外地的上市公司相继来到这里的注册登记窗口，提出迁入深圳的申请。窗口工作人员给予了详细的解答和指导并积极协助企业办理了第一步手续。"这真是一个企业迁入的暖春啊"，看到这样的情景，我不由得从心里发出感叹！

这个温暖的开启如同头雁带回来了纷纷南飞的雁群，恒大集团、正威集团、美国硅谷顶尖的医疗团队、全球著名的 ARM 中国总部、"一带一路"重要项目开泰银行总部等纷纷落户深圳。这小小的窗口，充满着暖意，充满着温度，体现着城市接纳的力度。

为上市公司的迁入，风尘仆仆的脚步，带着窗口工作人员的温度。北讯集团迁入深圳的时候，因为登记档案的集团登记证迁出在当地没有流程，也就是当地没有这样的先例。为了使企业的集团登记证和企业登记档案同时迁出，保证企业作为上市公司信息披露得及时和严谨，我们市民中心行政服务大厅窗口经过研究，当机立断派窗口工作人员赶赴山东滨州与当地工商局协调。当我们的窗口工作人员出现在当地工商局窗口时，当地窗口工作人员除了惊讶，更多的是感动和佩服。他们与我们的窗口工作人员一起审核提取档案，进行业务磋商，论证了法律合规性，终于允许我们的工作人员带着企业的登记档案赶回深圳。第二天，我们的窗口就将企业的落户手续办好了。北讯集团的办事人员非常感激，他们说："没想到来到这个城市接触的第一站就是你们的窗口，让我们感受到这个城市对企业张开双臂欢迎的温暖，我们对今后扎根于深圳这片热土充满了信心。"

以扎实的法律功底化解矛盾的勇气，带着窗口工作人员的温度。商事登记窗口，绝不仅仅是温情的服务，也有急风骤雨的紧急时刻。特别是企业出现公司控制权之争的情况下，注册登记能否顺利进行就成了企业生死存亡的关键一步。我记得有个公司由于公司股东间的矛盾，导致原法定代表人被罢免，新任法定代表人重新刻制了公章，原法定代表人签订的合同处于不被认可状态，数百家供应商情绪不稳定。公司处于紧急状态，被罢免的法定代表人要求撤销登记，不撤销就要求我们窗口在没有公章、营业执照的情况下，重新变更回来。对立双方来势汹汹，情绪激动。面对这种情况，再推出去找其他部门，事态、情绪、矛盾都会进一步激化，700多人的上访一触即发。来不及了，等不起了，市民中心行政服务大厅窗口迅速组成法律工作小组，与企业对立双方进行紧急商谈，论证法律的合规性，以及法有缺位产生的障碍，并将企业僵局对企业和法定代表人产生的法律风险动之以情晓之以理地进行讲解。深夜的市民中心行政服务大厅灯火通明，双方的法务最终与我们达成共识，并现场召开了股东会，对法定代表人变更事项进行了和解式处理，解除了企业的危机。企业送来的锦旗写着"似春风化解企业僵局，树公平助企业腾飞"。

严谨、勤勉、恪尽职守的服务，带着窗口工作人员的温度。在我们市民中心行政服务大厅有一个特殊的办事窗口，那就是司法强制执行和司法查控窗口，我的同事朱东波，这个大厅的窗口标兵，就常年坚守在这个岗位。要说这个岗位的重要性，最高人民法院的两个案例就足以说明，大连的窗口单位把法院协助执行干警视同普通办事人员让其排队，被罚款30万。南京的执行法官在银行办理查封业务时，银行工作人员拖延办理，于是5500万元就被瞬间转走了。这家银行被予以处罚。由于我国电子政务还不发达，经常有外地的法官跑过来当场递交纸质材料，如果我们不及时办结，法官也完成不了任务，窗口工作人员超时工作已经成为常态。有一次，一位南京的法官临近中午拿了 20 多份文书来到窗口，朱东波同志不厌其烦地帮他一份份地核对，发现一些语句上不严谨，或者属于明显的笔误之处都允许他当场更正，一个中午的时间都在忙活。法官非常感动地对朱东波说："这个案子涉及多地的登记部门，但是我来到深圳，你给我的感受是最深的，服务是最好的，非常感谢你。我父亲病了，谢谢您的加班加点，让我及时完成任务，可以尽快回家。""没事没事，快点儿回去照顾您的父亲。"司法查封工作是严肃的，窗口工作人员只有无条件配合。但这一席温暖的对话让这个法官带着一份温暖踏上了归程。

有温度的语言，有温度的指导，有温度的回复，有温度的办结，构成了每一个有温度的处理流程，构成了每一次与办事人员有温度的握手。

点赞你，有温度的服务，改革的步伐永不停歇，深圳的活力生生不息！

千里迢迢奔你而来

2018 年新年伊始，市民中心行政服务大厅就为深圳的 GDP 增长迎来了"开门红"。先后有两个上市公司成功办理了迁入深圳的业务，迁入业务办理的地点都在市民中心行政服务大厅进行。办理第一个迁入的上市公司是顺丰控股股份有限公司，该公司注册地址位于马鞍山市，其注册资本 42 亿元。位于山东滨州的一个上市公司北讯集团股份有限公司紧接着也提出迁入深圳的申请，注册资本 14 亿元。

北讯集团的企业办事人员一到窗口咨询，后台的科长和专门业务小组就已经"紧急启动"，指派专人，互留电话，全程指导等服务"整装待发"，有着长期办理迁入迁出的业务经验，市民中心行政服务大厅窗口对于迁入企业已具备很高的"敏感性"。果然问题来了，该上市公司是一个集团公司，集团母公司的登记档案和集团登记证是两套材料，迁出地登记部门表示，不知道集团登记档案如何迁出，系统没有设置流程，因此无法办理。面对各地工商登记部门规则不一致的情况，市民中心行政服务大厅商事登记窗口积极协调迁出地登记部门，将两部分档案合并寄出，为集团登记证迁入再造一个新流程。企业办事人员高兴地说："深圳真是不一样，凡事先从企业角度考虑问题，我们觉得跟深圳的政府部门打交道，受到优待和尊重。"

梧桐引得凤凰来，一个城市的营商环境对企业的吸引力，在于企业运营的获利基础、市场依赖性的建立和持续。在打造优质的营商环境过程中，高效能的政府服务是吸引优质企业必不可少的因素。自2016年至2018年，市民中心行政服务大厅多次重磅引入多个上市公司、总部企业、明星企业以及高税收贡献力企业，为深圳成为优质税源的聚居地做出了贡献。特别是在公司迁入的过程中，市民中心行政服务大厅工作人员不拘泥于因内地某些登记部门登记体制、机制改革的滞后现状，也不纠结于其历史档案的瑕疵，在不违反《中华人民共和国公司法》强制性规范的情况下，打破固化的思维，主动作为，把握好商事登记的本质属性，为企业倾力打造精准的、有法律服务水准的注册服务。

我还深深地记得一件往事。一个深圳的企业迁往外地，在当地落户时费尽周折，需要迁出地出具这样或那样的说明，我打电话过去帮企业协调，也被"训"了一通。办事人员说，他们企业是当地的一个副县长招商引资进来的，还存有那个副县长的电话。我实在气不过，给副县长打了电话，陈述了深圳企业在当地登记落地遇到的难处，以及企业诉求的合理性。找了副县长就是不一样，在副县长的多方协调下该企业顺利落户当地了。事成后，企业办事人员给我打电话真诚地说道："深圳是抢企业，我们一线城市企业去外地给当地做贡献，还不领情，要不是因为当地答应给我们'地'，我们真不乐意离开深圳，等我们强大了在深圳还要设立一个全资公司，相信我们。"

在迁入迁出业务办理中，窗口工作人员也发现有不少技术开发类企业、制造业类企业以及在深圳存续了 10 年以上的一些企业由于深圳高成本、高税收以及人力资源的高费用，迁往深圳周边地区。2017 年是深圳经济发展快速发展的一年，各区领导都对 GDP 指标提出了高标准、高要求，深圳各区为增长 GDP 以及为聚集优质资源都出台了一些符合各区实际的促进企业发展、优化营商环境的政策。目前，由于总部效应，外地企业集中迁往南山区的现象已经开始松动，有些迁入企业也和其他各区对接，在满足其需求的情况下，逐渐迁往宝安区、龙华区、福田区和罗湖区等。

让你的工作更有意义

忙累的一天！

头脑飞转，全力以赴。

虽然，

大厅每天都因为我们，

不能按时关门，

但是今天，

值得纪念，意义非凡。

一个是资本 40 多亿元的上市公司，

一个是资本 6 亿元的上市公司，

成功迁入深圳！

看我深圳，对这些，永不嫌多！

深圳欢迎你！

同志们，加油！

深圳奔跑的速度里，

有我们的助力！

有我们的汗水！

同志们，加油！

让你的工作更有意义！

啥叫窗口工作人员的底线？

一场激烈的讨论会后，时间已是接近中午一点。

午饭吃不上了。同事怕我饿，把早餐打来的饺子放在热水里过一下拿给我。我就着我喜欢的咖啡，吃得我无限感动。

迫于国务院国资委的文件考核要求和国家审计署的审计不合规风险，央企改制工作压力巨大。但各种各样的问题摆在面前。会议上，当为了某些人嘴里说出的"底线"概念勃然反击，据理力争时，不得不深思，什么叫作窗口工作人员的底线？

没有法律依据的无端驳回不叫底线，不体恤企业的诉求不认真分析其法律逻辑的可取性不叫底线，以一夫当关、万夫莫开的惯性思维把持当场决定权不叫底线，我没见过的业务就是不能办的业务不叫底线，行政权力大过法律可行性不叫底线。

窗口工作人员的底线是依法服务企业！

央企改制与其说是改制不如说是规范登记，这次规范登记是按照国务院办公厅关于印发《中央企业公司制改制工作实施方案》的通知（国办发〔2017〕69号）要求，结合公司登记的有关规定办理。因为此次规范登记涉及的国有资产的属性、出资人均未发生变化，故按照现行《中华人民共和国公司法》和《中华人民共和国公司登记管理条例》中对国有独资公司登记的相关要求，予以规范登记，就可以了。

不同地界的政府部门

一位操着浓重的河南口音的办事人员要找领导。

出示了工作证——河南工商局的工作人员，陪一个上市公司来办理一单迁出深圳的业务。谦恭，诚恳，材料都没问题，就是想快点儿。我说："你们那么忙，还放下工作陪企业办理事务，可见你们有多重视这个工作。""谢谢，这是大事，是大事。"

我受到触动，又想到，有个深圳的企业迁到外地，为档案里一丁点儿瑕疵当地就不给落户。企业办事人员再找回深圳的办事窗口，已经很难确认相关情况，毕竟档案寄走了。我打电话为企业协调，虽自报家门，也被"训"了一顿，心里非常不服气。企业办事人员挺有意思，告诉我他有招商引资副县长电话。于是我打过去，还是副县长好沟通，说马上安排处理，并说要批评具体办事的工作人员。

企业的迁入迁出，体现了各地的服务水平。说明一个问题，规则有缺位时必定造成标准自定，各说各的。营商环境好坏，政府服务的效能和理念，是由企业来评价的。如这方面太费劲了，必然占据了企业的经营和开拓市场的精力，再说营商环境好，他们也不觉得了。

你要的我还真有

有一个深圳的企业属于类金融企业，也就是说企业名称或经营范围中含有"交易所""交易中心""金融""资产管理""理财""基金""基金管理""投资管理""财富管理""股权投资基金""网贷""网络借贷""P2P""股权众筹""互联网保险""支付"等字样，他们准备从深圳的前海迁到上海。

2017 年的下半年是企业迁出量剧增的一年，甚至 3 个多月的迁出量就超出了 2016 年一年的迁出总量。为了防止这种类金融企业在国家政策的影响下，迁出到当地无法落户，再回迁回来，毕竟回迁手续非常麻烦，需要我们重建数据库，企业再重新申报，而且两地的流转，企业有时也会有规避监管的责任风险。我跟企业办事人员说，你最好先确认一下上海的金融管理部门是不是能接受你们，如果能接受，请你拿出相应的佐证材料，这样也避免了回迁的风险。我心里认为他是拿不出来的，因为这个太难了，这样也就一定程度上留住了企业，省得企业随意地迁出，落不了地再迁回来，浪费两地的行政资源。看来我错了，话音未落，他真的拿出手提电脑，打开 pdf 文档给我看了，上海金融管理部门同意接受此类企业落户上海，意愿表达明确。

突然想到有些外地的类金融企业想迁入深圳，我们也是这样指引的，也曾经指引他们去金融办询问相关的政策，如果能获批再来找我们，结果是——再没见他们回来过。看来各地对类金融企业或其他企业的管理规则确实是不同的，也许你认为不行的，正是我所需要的。欢迎企业，欢迎的姿态是不同的。记得刚来到市民中心行政服务大厅窗口工作时，我写过一篇小文，最后一句是："张开双臂，与你同道，深圳欢迎您！"看来"深圳欢迎您"还有很多事情要做。

诚愿深圳敞开大门，少设二道门，打碎玻璃门，与"市场化程度最高的城市"这个称号越来越匹配！

不要用吓唬人的方式敦促企业换照

深圳的"多证合一"起步绝对是全国最早。2014 年 12 月 31 日实现了"四证同发"（营业执照、组织机构代码证、刻章许可证、税务登记证），2015 年 7 月 1 日就已经实现了"多证合一"，统一社会信用代码最先启用。

同身份证一样，统一社会信用代码，一码走天下，一码伴终身。

说起换照，各类标题，搞得企业一片恐慌。其实本质就是，"你手中的营业执照没有载明统一社会信用代码"，而商事登记机关的系统里已经给你的企业赋予了"统一社会信用代码"，并同步共享到其他部门。这个有点儿要命，因为你拿着老版营业执照去别的部门办事，电脑系统里的营业执照号和你手上的不一样了，你不换也得换。登记部门也有问题，换照只能通过全程网上申报，没有别的渠道，遇到申报不上去得急死你。

别慌，就这几样，你看有没有你的事。法定代表人身份证升级换代了、存在登记部门的是第一代身份证，老企业主管部门变了，等等，总之申报不上去。这时申请勘误可能来不及，有一条路你可以想想——"搭车换照"。变更任何一个照面信息（名称、地址、法定代表人），顺带都可以换照。再有问题，只能"一事一议"了。

总之，政府部门应该换位思考，敲锣打鼓催换照的同时，换照模式和服务要做好，资源要给足，要接地气，否则，这种催法，不可取。

您关心过您公司的公示信息吗？

我在窗口时遇到一个企业代表，他急得快不行了。

他所在企业是一个外商独资企业，正拟完成收购，需要办理外资转为内资的变更登记。企业递交申请时发现，公司外网公示的股东出资额为 0，外国投资者的商业登记证书编号也为 0，与企业申报的材料不符合，外资没法转为内资。

我安排人紧急查历史档案确认，属于系统几次升级后的数据导入疏漏。但企业此时发现这个问题比较麻烦，去勘误，影响收购进程；不勘误，需要确认这次申请与历史数据的关联性……

虽然最后事情解决了，但是值得企业重视这个问题。企业应该时时关心自身外网公示的信息，及时发现错误，到登记机关申请修改错误数据，确保信息的准确。如果等到有急用的业务才发现错误，非常容易贻误商机。

走进摄影棚

第一次走进摄影棚。

我是谁？我的工作是怎样的？我的喜怒哀乐、酸甜苦辣，我的工作情怀，我的岗位艰辛……

参加节目录制时，我感慨万千，有多少熟悉的身影，多少个珍贵的瞬间，多少委屈的泪水，多少隐忍的时光挥之不去啊！

注册登记工作的一代又一代"受理人员"，一代又一代"审批者"，当"推进工商便利化改革"写进十八大报告时，注册登记工作备受关注，小小的窗口释放出强劲的经济信号。

注册登记工作对受理人员、审批者的法律素养，经验积累，审核缜密，案例研究都是全面的考验。设置一个有温度、有水准、有质量的窗口，难度永远在，挑战永远在。

说说企业的回迁

2018 年下半年，窗口有越来越多的企业提出回迁的申请，也就是迁出深圳又要迁回来，说实话真是件麻烦事。

回迁的流程如同迁入，数据要激活，还要协同信息部门一起办理，时间久了企业也有避税和监管缺位的法律风险。迁走了又回来（有些档案还没拆就要求迁入地给退回深圳来），为什么这么折腾啊？

不少回迁的企业认为外地的营商环境比深圳差，外地政府有些答应的事不兑现，企业交易安全存在不确定性，招标或进驻天猫商城时非一线城市没有优势……

企业的发展需要土壤，政府对市场的"无形之手"的干预程度也决定了企业的生存环境和质量。

进来容易出去难

"生意我不做了还不行吗，退出怎么这么麻烦？"

现在，办个营业执照确实没那么难了。办结期限提速，由原来30天，减到15天，后来减到10天，5天，3天，再到即来即办（当然预约排队也等得急人）。但生意散伙，项目不成，合法退出有点儿难。

就说简易注销改革，简易注销推出的时间节点是多证合一改革推出后（深圳是"多证合一、一照一码"，简易注销同时于2015年3月1日获国家改革试点批复），虽然税务与工商登记两套规则不同，但是系统已经合一，从系统运行规则看，税务变成了前置，这直接导致了简易注销运行不畅。

从《中华人民共和国公司法》关于公司解散的规定上看，其实简易注销并不简易，比普通注销条件要求更为苛刻——无债务，无诉讼，无违规，无异议，无分歧……有这么多"无"，谁还散伙啊？

我要去深圳了

深圳营商环境持续改善，特别是自率全国之先实施商事登记制度改革以来，深圳的商事主体数量巨幅攀升。尽管迁入迁出的量在商事主体总量面前占比不大，但2016年重磅引进多个总部企业和上市公司，包括前海的多个"百年老店"持牌金融公司以及已经提交申请的多个资产过10亿元的公司。虽然深圳2017年迁出的企业比2016年同期增长了95.4%，迁入企业比2016年只增长了24%，但迁入了一系列大企业，充分说明了深圳的巨大吸引力。

营商环境的提升需要高效能的政府，在服务水平和服务效率竞争趋同的大背景下，高智能的信息化水平，以及超前的改革创新理念显得尤为重要。我深信，在改革的制度设计方面，深圳永远都是博士生水平，愿其他方面也达到匹配的水平。作为一个窗口工作者，我期待政府部门不断推出优质公共服务品种，制度红利才是招商引资的底气所在。

说点儿别的

假期翻看孩子的一本课外书《我不是胆小鬼》，老师将这本书列入假期作业单中，还是要重视的，而且是冰心文学奖的获奖之作。孩子只顾得正文的好玩，我却认真地看起文中的序言。这一看，真是感慨。序言中说到韩素音老师当年创办冰心文学奖时要注册企业，而注册必须要有场地，韩老师于是不惜把自家的四合院隔出一间作为办公室……

说起注册场地，注册地起到的作用无非是三个。一个是法律文书的送达，一个是特别事务的联络，再有就是对场地有行业规范要求的达标约束。其实，如同人居家一样，通信发达了尽量少上门打扰，请尊重别人的私人空间，联络的方式有很多种，没事非要见真人吗？！有个当年挺火的 A8 音乐，每个工作室都是艺人自己打理、自己创作，非要把自己的斗室注册成公司也没必要，所以负责托管大批公司的商务秘书公司应运而生。

作为企业，凡事必须有底气，有底气申报的事项就肯定是经得起监管的，而这种底气来自于底线——诚信经营，不去诈骗，依法纳税。地址的审批理念，还是从深圳率先实行的商事登记制度改革才得到了最大的颠覆，但至今为了监管，和其他部门仍然需要不断地沟通，很多问题的争论仍在继续。

商事主体的地址申报和审批如何才能适应经济发展，真正做到简政放权，尊重市场？我觉得改革之路要持续，虽然实践中可能会走点儿弯路和回头路，但是有一点是肯定的，一切不方便申请人、不方便企业的做法，都不会有生命力。

真正意义上的证照分离

近年来，深圳率先实施的"先照后证"为"证照分离"奠定了基础。我一直不解证照分离的真正涵义，觉得它充其量就是先照后证的升级版。

商事登记制度改革后，"大门敞开二门难进""准入容易准营难"，工商容易税务难，拿照容易开户难，登记容易退出难等问题，都要面对。

在此需要回顾的是，国家工商总局 2013 年 10 月在深圳召开了全国部分改革实验区注册登记现场会，对深圳的"先照后证"做法进行了肯定，会上有 10 个城市的工商局长发言。

但真正的证照分离恐怕还路漫漫，需要不断努力前行。

企业为什么要迁出？

企业迁入迁出深圳市的登记业务在市民中心行政服务大厅办理。2018年，迁入迁出企业的数量较 2017 年同期都有所增长，总体来说迁出企业多于迁入企业近百个。

就迁出企业来说，迁往东莞居多，其次是江西和西藏。这一方面说明深圳企业具备了"走出去的实力"，另一方面说明其他地区特别是周边地区在土地、人才安居、税收，特别是贫困地区 IPO 申报优惠等政策方面，有很大的吸引力。

资源的流动是正常的经济现象，就如同我一位在证券业投行奋斗 20 多年、助无数企业成功上市的师兄所言，"别把市场在资源配置中的决定作用说得那么玄乎，说白了就是保证大家都能赚到钱"。

的确，大家都能赚到钱，营商环境不过如此而已。各类企业对营商环境都有自己的要求，深圳重磅引进的恒大集团、中国电子，以及即将引进的总部企业更值得我们期待。但毕竟深圳是市场化程度很高的城市，除了让大企业赚到钱，对民营中小微企业的扶持，政府也必须有相应的政策。

商务秘书公司的"巨无霸"

我想世界上没有一个商务秘书公司能托管这么大体量的企业，但前海做到了，虽然并不太正常。

2013 年 9 月 9 日，前海发出了第一张商事主体营业执照。在 2014 年，注册局就提出过商务秘书公司走社会化、市场化的思路。从"无利不起早"的商业运营性质来看，零收费也带来零义务和零责任。托管的真正意义是定期联络，梳理信息，掌握动态，商务秘书公司利用托管平台自带的功能履行社会责任。从目前来看，即便新办法出台了，市监委除了收到报送数据外，根本性的问题依然没有解决。前海，不是为了政策去挂个名，也不是前海企业花开四处，散落民间，各区乃至各市都在为前海的 GDP 做贡献。

股权质押

商事登记机关是法定的质权设立登记机关，职责是依法公示。日常工作中，我们的工作内容是将质权人和出质人的质押合同内容与登记系统内的信息甄别确认，然后公示在标的公司的外网信息上。原则上，质押的股权受到限定，不能转让，以免当事人特别是银行的资产轮空。虽然增资后，质权人的优先受偿权利仍然能受到保障，但是行政机关的理念有失偏颇，在诉讼领域认可的，在审批领域反而不敢触及。因此，增资和减资在股权有质押的情况下，行政机关一般不予不受理。解决的办法很粗暴，可以先解除，完成增减资申请后再质押，以避免出质人与质权人的争议和诉讼风险。

这件事和这句话最先出自深圳

"商事登记制度改革是中国市场准入与监管史上最重要的理念创新、制度创新和服务创新"，这句话多次被引用，我有足够的证据证明这句话出自深圳。

2013 年 3 月 1 日，在深圳发出商事登记制度改革后首张商事主体营业执照的发照仪式上，国家工商总局副局长刘玉亭讲话稿里的一句话，如今成为商事登记制度改革的一个定义性语句。

由此想到，深圳的注册登记部门于 2016 年 11 月取消了股权转让办理见证的前置，2017 年 3 月又取消了办理公证的前置，公司的股权转让运营成本低了，几乎是零门槛，而登记机关如何规范留痕并没有做好充分的法律论证和有效措施的施行，由此股东权益的保护，名为股权转让实为资产的权属转让等纠纷随之动态增长。虽然公司登记是宣示登记而非设权登记，但是保证交易安全，公示的效力还是人们所依赖的。

多理解别人的不易之处

已经下班了，换下制服正想离开。商标受理窗口的小美女叫我，说一个老人要查一个企业，想要开一个证明。其实注册企业的情况网上公示系统都能查得到，无需重复出具证明。但循声望去，一个背着包、衣服穿得略厚的上了年纪的人站在窗口，眼睛红肿，脸部浮肿，脸上满是风尘仆仆的疲惫。我顿时心生不忍，走过去细细询问。

一问得知，是为工伤讨说法，从重庆远道而来。他在一个深圳总公司设在重庆的分公司干了 7 年的油漆工，此前，已经在深圳总公司干了 10 年。但现在申请工伤赔偿时，重庆分公司不承认其在深圳总公司的 10 年工龄，让我们出具这个公司注册的情况。此时，说网上可以查到，说信息共享等是没办法让他理解的，他只会说，重庆到深圳一千零六十元的机票钱。听到这些，我只有心酸。

我马上请没有离开办公室的同事行动起来，一个负责找业务章柜子的钥匙，一个负责查询登记系统，一个负责心理安慰。很快，公示信息的纸质件打印出来了，并加盖了"注册业务专用章"。老人两眼放亮："是的，就是要这个红章，我该怎么谢你们啊？"

送走他，我们几个都沉默了。

我只想呼吁有关部门，信息共享能确认的请自己登录看看吧，别老折腾这些穷苦的人！劳动纠纷，工伤补偿，对于这些人，他们为自己讲理能说到点子上吗？被公司的一句话支到哪儿去了啊……

就该较真儿

一个证券公司因为变更注册资本的事情向我咨询。我随口说，证监局审批。企业举证自2014年开始，变更注册资本就已经变成备案事项，即"证券机构变更公司形式，增加注册资本且股权结构未发生重大调整（指证券公司增加注册资本且持有5%以上股权的股东，实际控制人以及证券公司第一大股东、控股股东、实际控制人均未发生变化的事项）进行事后备案，事后备案指取得营业执照后五个工作日内"。

说明什么？改革得再多，相关部门得切实执行了才是真的见效。

正确理解多证合一的"合"

多证合一，合就是减，合就是共享和替代。

深圳的多证合一改革，实际上不能不说的时间点有以下几个：

深圳2010年将商事登记改革纳入改革计划，立项调研内容包括三证合一；

2014年12月1日率先实现"营业执照、组织机构代码证、税务登记证、刻章许可证"四证同发，但审批上已经合并；

2015 年 7 月 1 日，实现多证合一，一照替代，之后又纳入其他部门的审批备案事项，扩大"合一"的内涵。

门槛要降低，申请模式也不可忽视

《行政许可法》颁布之时，就提出了"统一办理集中办理""为申请人提供高效快捷服务"等要求。

2013 年 3 月，深圳率先施行了商事登记改革，注册的门槛进一步降低。党的十八大将"推进工商登记便利化"写进报告之后，全国铺开了商事登记制度的改革。

此后，办理营业执照的注册登记近乎"零门槛"（深圳只保留 11 项前置审批），但全国各地申请模式五花八门，有些看似便利，实则"高难"，附带条件很多。

企业快速进入市场运营的需求，从宏观的制度设计上是乐观的，但在微观的实际操作层面并不便利。信息共享变成多证合一办理时，网上"信息流转互相制约"，解决渠道不明晰，法律缺位，规则缺位，这是值得政府主管部门关注的。否则大政方针再好，申请人的获得感并不多。

法官也不容易

我们这里有块业务是股权强制过户和股权冻结，在这一点上深圳的鹰眼查控网是真正的"互联网 + 政府服务"。通过网上指令完成查控，覆盖深圳市 40 多个单位，不折腾法官也不折腾执行部门。但仍有些业务需要跑到窗口，常有法官送达书面《协助执行通知书》。一天临近下班，一位法官急匆匆跑来递交书面文书，我的同事耐心地把业务办成了。

同事告诉法官"事办好了，您可以走了"。可法官半天没动，憋了半天，来一句"出发太匆忙，我能不能微信给你 10 块钱，换点儿现金，我好坐地铁"。我的同事连忙拿出 10 块钱，"没事，不用转了，快回去吧"！

望着这位法官匆匆离去的背影，我们几个都没做声，过了一会儿，不约而同地笑了。这是善意的笑，也是沉重的笑，没有一份工作是容易的，多点儿理解，多点儿协同，多点儿支持……

我该怎么办？

早年间，深圳有些办事处、工作站、记者站都持有一种登记证，是一种有别于营业执照的经营许可证。后来，登记政策进行了调整和规范，这种登记证不再发放，也不再延期，到期自然消亡。但这类主体作为一种其他类社会组织办有组织机构代码证，以便其在银行开户，登记证没有了，但仍然"活着"，银行账户也正常运转。

曾几何时，为了响应国务院"多证合一"以及统一社会代码证的要求，代码证不再发放，代码库自动转型升级，强制赋码，记住是不打招呼地强制赋码。信息共享到银行，数据库随之自动更新了。那这类机构手里的组织机构代码证瞬间作废了。号码对不上，账户别想用，想去换成新码的组织机构代码证，对不起，代码证不发了。

该怎么办？该怎么验明正身？有的是运作了 30 年的银行账户……这类商主体或不以"商主体"面目出现的组织，它们该怎么办，怎样才能走出窘境，这是个问题。

电脑系统规则的制定也要讲理

《中华人民共和国合伙企业法》第二十六条规定："合伙人对执行合伙事务享有同等的权利。按照合伙协议的约定或者经全体合伙人决定，可以委托一个或者数个合伙人对外代表合伙企业，执行合伙事务；作为合伙人的法人、其他组织执行合伙事务的，由其委派的代表执行。"

这个规定合伙企业肯定是认真执行了。营业执照上记载的执行事务合伙人处标记了两个人，记住，是两个——外资合伙企业对此更有需求，常常是一个外国人，一个中国人，两个人共同作为委派代表，图个运作方便。但问题来了，银行系统里这个项目的设置只能写一个人，只认一个人，另外一个人是谁不管。

"多一个人能不能加上？备注也行啊。"

"那可不行，那得改全国的系统，征程漫漫实现不了……"

于是合伙企业的办事人员又回到注册窗口，只能改成一个，否则寸步难行。实际上，核准的规则设置不难，应该于法有据，法有规定必须为；法无禁止、法有缺位，如何为也可商榷。但不管如何商榷，各职能部门系统的开发不能游离于法律法规以及注册登记条例的规定之外。简言之，要讲理。否则，法有依据，操作系统做不到，这是对企业申请意愿的伤害，也是对营商环境的破坏。

可敬的同事

好的服务从来都包含着换位思考。

2017 年清明节前最后一天，大雨来得正猛。这时候来办事的申请人，都是一个想法：节前办好，省下一桩心事，省得老板催促。

恰逢一早来的企业，由于网上预约系统识别失误，一个坪山局的业务被派到市民中心行政服务大厅。转办回去，理所当然，有凭有据，办事人员也没啥可说的。可是路途太远了，折腾回去今天也不见得能办成。

只见你轻声地说："等下，我去请示下，看能不能有更好的解决办法。"

商量的结果是作为特例留下处理，填写特殊情形处理申请，报经审批后备查。企业办事人员很开心，不停地说着"谢谢"。你诚恳地说："对不起，我们的电脑系统也在加紧完善，尽量减少出现预约识别错误。可错误出了，就要从方便企业出发尽量解决。"

温暖的对话，和谐的氛围。

小长假前的温馨扑面而来……

对工会持股的担忧

《中华人民共和国民法总则》（最新版）来了，工会作为非营利性法人的定位已经明确。很多工会组织想以工会代持股形式在公司参股，但其行为是否合规，也有点儿担忧。整理起来，判断如下：

一、工会可以取得社会团体法人资格。《中华人民共和国工会法》（2009）第十四条规定："基层工会组织具备民法通则规定的法人条件的，依法取得社会团体法人资格。"《中华人民共和国民法通则》第三十七条规定："法人应当具备下列条件：（一）依法成立；（二）有必要的财产或者经费；（三）有自己的名称、组织机构和场所；（四）能够独立承担民事责任。"

二、工会属于非营利性社会组织。《社会团体登记管理条例》（2016）第二条规定："本条例所称社会团体，是指中国公民自愿组成，为实现会员共同意愿，按照其章程开展活动的非营利性社会组织。"

三、工会具备特定条件下的投资主体资格。《中华全国总工会关于工会企事业单位资产监督管理的暂行规定》（2007）第二条规定："本规定适用于各级地方工会、产业工会和基层工会所属登记注册的企业、事业单位以及职工互助、合作组织（以下简称'工会企事业单位'）中的工会资产的监督管理。"第三条规定："本规定所称工会资产，是指工会企事业单位依法占有和使用的资产，包括各级地方工会、产业工会、基层工会对工会企事业单位各种形式的投资、拨款所形成的资产和权益，政府拨付使用的不动产、专项补助资金以及社会各界对工会企事业单位捐赠形成的资产和权益。"《最高人民法院关于在民事审判工作中适用〈中华人民共和国工会法〉若干问题的解释》（2003）第一条规定："人民法院审理涉及工会组织的有关案件时，应当认定依照工会法建立的工会组织的社团法人资格。具有法人资格的工会组织依法独立享有民事权利，承担民事义务。建立工会的企业、事业单位、机关与所建工会以及工会投资兴办的企业，根据法律和司法解释的规定，应当分别承担各自的民事责任。"《中华全国总工会、国家工商行政管理局、国家税务局关于工会兴办企业若干问题的规定》（1992）第六条规定："工会兴办企业，应经县级以上工会批准，向所在地工商行政管理机关申请登记注册。"

以上规定均未直接表明工会可以成为公司参股股东。但从上述规定来看，条文表述为"工会所属登记注册的企业""工会投资兴办的企业""工会兴办企业"，完全可以理解为工会投资只能以工会独资的形式。

值得参考的是，唯一直接规定工会可以成为公司参股股东的规定是《国家工商行政管理局关于企业登记管理若干问题的执行意见》（1999 年发布，已于 2006 年失效）。其中规定："六、社会团体（含工会）、事业单位及民办非企业单位，具备法人资格的，可以作为公司股东或投资开办企业法人，但依照中共中央、国务院的规定不得经商办企业的除外。"也就是说，工会在公司参股在一定期限内曾是可行的。

四、工会不得作为上市公司的股东。《中国证监会关于职工持股会及工会能否作为上市公司股东的复函》（法律部〔2000〕24 号）："根据中华全国总工会的意见和《中华人民共和国工会法》的有关规定，工会作为上市公司的股东，其身份与工会的设立和活动宗旨不一致，可能会对工会正常活动产生不利影响。因此，我会也暂不受理工会作为股东或发起人的公司公开发行股票的申请。"

五、所谓"职工持股会"不具有法人资格。《民政部办公厅关于暂停对企业内部职工持股会进行社团法人登记的函》（民办函〔2000〕110 号）规定："由于职工持股会属于单位内部团体，不应再由民政部门登记管理。关于 1997 年四部委文件应停止执行问题我部已提出书面意见，国家体改办将综合有关部门意见后上报国务院。在国务院没有明确意见前，各地民政部门暂不对企业内部职工持股会进行社团法人登记；此前已登记的职工持股会在这次社团清理整顿中暂不换发社团法人证书。"

综上，法律未直接禁止工会在公司参股，但我认为工会作为社会团体法人属非营利性组织，参照证监会的上述复函的理解，投资入股属于营利性活动，与工会的设立目的不符，所以工会不能在企业中投资入股，上述工会投资兴办企业的规定则属于特别例外的规定。

托养与托管

2013 年 3 月 1 日，深圳实施商事登记制度改革后，前置审批项目中没有"老年托养中心""托管中心"这类商事主体，属于先照后证。

但这类商事主体的合规经营活动需要取得民政局等部门的相应许可，同时对于场地的消防、环保、卫生等也具有一定的要求。特别是 2016 年 10 月外商投资企业由审批制改备案制，以及 2015 年新修订的《外商投资企业产业指导目录》中对于养老产业界定为鼓励类，但同时对用地的性质又做出了相应限定。

　　企业合法经营，需要科学有效的监管，更需要完善立法，避免出现监管真空地带或法有缺位的审批和监管疏漏。

从另一个角度看城市竞争力

　　有个办事人员老是来找我，拟从石家庄迁入 70 多个公司，值得注意的是这 70 多个公司除了营业执照上记载的名称有所区别外，其他"长相一致"——法定代表人、地址等都相同，经营状况正常，设立时间为两年以上。

　　这是为啥？就因为深圳是经济特区？新办个营业执照在深圳不难啊？（特别是商事登记制度改革后深圳办照的材料很简单啊！）带着这样的疑问，我同办事人员进行了交流。原来，这些企业是为了进驻天猫商城，但由于企业所在的石家庄非一线城市，考虑到客户和受众群体问题，通过率很低，且受制于成立两年以上的限制，急需整体迁入深圳。

　　问题又来了，一址多照，一个人同时为多个公司法定代表人或股东，一个办事人员同时办理多个公司业务，又要与深圳现行的商事登记制度和信用监管政策对接，要协调！

　　虽企业生存不易，但国有国法。虽然深圳的吸引力非同一般，但是投资环境的改善和办事的便利度提升无止境，审批制度改革注定是一项持久的工程。让我们办事窗口在服务效能上继续努力。

国内企业办事机构注册证

有个早年注册驻深的办事处代表带着办事机构注册证过来办事。这个证书有浓郁的深圳特色，是原来工商局颁发的"国内企业办事机构注册证"，注册窗口谁认识这个证谁暴露年龄，更彰显资历。后来，由于《中华人民共和国公司法》的颁布，这种商事主体的组织形式不规范，已不再延期，让其"自动消亡"。

这个办事处代表来办事的原因是外网公示信息显示这个办事处还在"正常经营"，实际情况是 1995 年证书就过期了，这个运营主体也处在停业状态。由此想到，商事主体要时时关注自身的外网公示信息与现实状态的匹配性。在信息共享时代，不正确的信息会对相关部门造成误导，并让企业在办理事务时受阻。

最后，我要做的就是协调信息中心和技术部门确认情况后，规范此公示信息。

股权质押业务并不神秘

严谨对待公示内容，有效保护当事人权益。

企业注册局注册科提出办理股权质押登记后，外网公示系统自动默认了质押期限为一年。而股权的质押是基于出质人和质权人的申请而设立，也是基于出质人和质权人的申请而注销的一种登记行为。如果公示内容不能准确反映质权内容，造成信息不对称，对质权的实现也造成了一定的不确定性。

就这一问题，市民中心行政服务大厅窗口第一时间与深圳市市场和质量监督管理委员会信息中心进行沟通，信息中心与系统开发公司迅速响应，经排查找到系统优化的方案，以最快的速度将系统这一默认功能解除，并做好精细服务，将已完成的存量股权质押的外网公示数据一并做了修改。

股权质押自 2006 年启动以来，已运行成熟，并不是一个神秘领域。其实质是出质人以其所拥有的股权作为质押标的物出质给质权人，从而获取融资的一种行为。在深圳市，股权质押行为较为普遍。2013 年深圳市商事登记制度改革后，商事主体量大幅攀升，资金流转活跃，此类业务增长迅速，每年增长率达到 40% 以上。

办理股权质押的多为金融、房地产类企业，这些企业质押担保的金额较高，少则几百万元，多则几千万元甚至几亿元。出质人和质权人在操作的过程中，特别是在合同订立和质权内容表述上要极为严谨。否则，细微的错误，就会导致质权人无法实现质权。

"只有股权没有问题，质权才有意义。"作为公示机关，不仅要严格审查质押股权与登记系统显示的匹配度，还要审理所质押的股权是否处于正常状态，是否存在互为冲突的限定情形。同时股权质押对信息的及时录入也提出了更高的要求，窗口服务要效率，也要质量，更要制度健全，保证廉洁从政。

股权质押系统还需要进一步优化，提高申请的快捷度，充分释放民间资本的资源，促进多层次融资渠道的活跃。此次事项的顺利协调解决，为质权人解除了后续隐患，对质押的期限公示更加准确，提高了窗口服务水准，获得了企业的赞誉。

信用画像

谁都喜欢好看的，选交易合作对象也一样，先看企业信用画像再决定吧。

深圳市市场和质量监督管理委员会依托深圳企业信用数据库资源优势，集中分析了 97 项信息指标，按照经营、风险、关联、贡献、鼓励等五个指数维度，参考标准普尔的做法，对在前海注册登记的数万个企业按 ABCD 四个大类等级进行了信用画像评价。企业信用画像项目在节约成本、提高监管效率方面表现出独特优势。通过大数据的分析比对，深圳市市场和质量监督管理委员会可比较精准地给企业画像，快速定位风险企业。同时，还可高效地筛选出优秀企业，利于政府开展培优扶良政策，并对企业实现高效监管，开创事后监管新模式。

想说再见，没那么容易

一个从深圳迁往武汉的企业，反映说由于准备迁出深圳，没有人在实际经营地址运营，以致工商所监管发现后，界定是无法联络，将公司纳入异常名录。

异常名录，也就是企业存有瑕疵，一定意义上说跟上了黑名单有点儿近似，但又没那么严重。市民中心行政服务大厅窗口以前遇到过类似企业，企业身上带着异常名录的痕迹迁走，当地登记部门不予接收，认为这是有瑕疵的企业，而让企业回迁原籍移除异常名录后再来落户。回迁企业的处理是非常麻烦的，涉及多个部门共同协作，对企业来说也是一种折腾。

怎么移除异常名录呢？一般来说，因地址异常而被纳入名录的，可通过变更地址之后，在网上提交移除异常名录申请，就可以移除。但这只限于因地址异常被纳入异常名录的情形，其他原因造成的不行。可是企业已经准备迁到武汉去了啊，再在深圳做一次地址变更，那等于造假。3 个来办事的小姑娘拉着行李箱很为难，这该怎么办呢？如果窗口给这个企业办了迁出，这个企业在我们登记系统里就是一个迁出的状态，不属于深圳的商事主体，那还能申请移除异常名录吗？企业不想带着异常名录走，因为这毕竟是一个进驻天猫商城的企业，如果对外公示上有瑕疵，这就会影响企业的业绩或者影响消费者对企业的信任，且这个异常名录数据同步传输在全国信用信息公示平台上。还有武汉当地是不是能接受这样的企业呢？我打通了武汉局的电话，确实应该为当地的服务点赞。对方说异常名录是因为地址异常导致的，那么地址已经变更了，到了武汉，他们确认企业有实际的经营地址，这个事由就应该是消失的，他们不在意这个，同意接收。

从企业考虑，我也觉得应该跟工商所沟通一下，这个事能不能做一个特殊处理，比如说企业拿武汉同意接收的函，能不能作为企业要迁址的意向性证明，同时拿着窗口的迁移通知书，就给予移除异常名录。窗口的事情总能反映出规则的缺位，而规则的缺位需要及时补充。看来当下最实在的，就是先帮企业去协调一下吧，毕竟是自己部门的事，要不就成了投诉，给自己部门抹黑的事。

营商环境不在于报纸上怎么说，网站上怎么写，遇到事实际跑一趟，再来评测更真实。不管是雄心勃勃，还是无奈转移的企业，敬告一下，注意信用记录，及时申请移除异常名录。

到底是谁不讲理？

此前在市民中心行政服务大厅窗口接待了从上海远道而来的一个办事人员。

这个办事人员说，企业从深圳迁出之前已经拥有了统一社会信用代码证号，原来使用的注册登记号已经不再使用了，可是这两个号同时属于他们企业，让我们出个证明。

这时候，我说，其实上海当地可以通过互联网上的公示平台和各地登记机关门户网站上的公示平台就能够确认这两个号同时属于他们企业，为什么还要开证明呢？

他说不行，一定要开这个证明。

这个时候，我才发现窗口给企业出具的变更通知书也只显示统一社会信用代码证号，注册登记号都没有。这事讲起来得从2015年7月1日深圳多证合一改革开始。那一天，深圳率先实行了"多证合一、一照一码"的改革，每一个企业都对应着一个国家统一赋码的统一社会信用代码，就如同人的身份证号码一样，一般伴随终身，不会改变。以前执照上用的注册登记号，会因为企业迁出某一个城市而发生改变，也会由于当地注册登记的改革，发生改变。但使用了统一社会信用代码后，这个号码就稳定了，基本不会改变，如同你我一样，名字可以变，但身份证号码一般是不会改变的。既然政府部门自己不查，让窗口来出证明也得出啊，因为进投诉室也是很难受的（虽然我常被叫去）。

我让同事在登记系统内确认该企业原来使用的注册登记号之后，给企业做了一个说明加盖了一个业务专用章，这种小的需求是时常会发生的。当然证明"你妈是你妈"的奇葩证明不见得一时间就会消失殆尽，还会时不时地冒出来，数量估计也不会少。

出于职业敏感，我让同事们查一查外网公示的网站。将政府的信息公示平台和民营的企查查来比较，发现企查查的内容更丰富一些。可能民企做市场确实比政府做市场来得更投入，做得更细致。虽然如此，老百姓看企查查之后还是觉得不靠谱，这个时候他们会有进一步的需求，还会到政府的网站来查询。

2018年，一个北京的企业迁入深圳，我们发现在国家工商总局（现为国家市场监督管理总局）公示网站上竟没有它，在河北省的公司网站上也没有，最后在北京市工商局（现为北京市市场监督管理局）的门户网站上找到了这个企业，搞得我们虚惊一场。因为这毕竟是深圳市政府签约引进、获得市长批示的一个企业，在网站上查不到相关的信息，确认不了档案内的某项信息，我们还真有点儿紧张。

看来公示问题是一个大问题，而公示项目信息的全面性，也是一个大问题。如果有公示，如果能从政府信息公示平台确认的信息，还不厌其烦地让我们开纸质的证明材料，这也是一个令人烦恼的问题。

要么说，窗口服务，内涵真是大着呢。

别稀里糊涂地被报了名

有一个已经从企业离职的财务负责人前来窗口诉求，要求做变更。原来事情是这样的，这个人已经离开了供职的企业，但是这个企业当时在设立的时候把他申报成了财务负责人，而现在这个企业已经被列为失信被执行人，这个人怕连累他个人的信用，因此要求变更。

关于个人信用问题，这话得从头说起。在 2015 年 7 月 1 日，深圳启动了"多证合一、一照一码"改革，也就是说由工商登记窗口负责采集多个部门的信息同步传输到其他部门，一次受理代替其他部门的受理，一处审核代替其他部门的审核。这些改革是方便了申请人，但是在采集信息的时候，有些企业不太慎重，不理解申报信息的法律意义，有时候是随意填报的。比如说对于税务那块的信息，我们需要申报一个财务负责人；对于社保的信息，我们需要申报一个社保联系人。这种负责人或联系人的产生，企业无需去经过一个法定的程序，这就使得很多人并不知道企业在申报信息的时候都填报了什么，具体办事的人，自己就把张三或李四，或者王五给填报上去了，这就为将来可能存在的各类风险埋下了伏笔。比如财务负责人重不重要呢，财务负责人很重要，当这个企业偷税漏税或者被税务立案稽查的时候，财务负责人是负有一定的法律责任的。因此，不论是你投资过哪个企业，还是你的朋友投资过哪个企业，你都需要密切注意一下外网公示的信息，如果违背你个人意志，同时并不是你真实意思表达的信息，你就要特别注意并及时申请更正。

刚才说的这种情况怎么解决呢？那就必须要到税务局申请变更财务负责人，工商部门只管初始采集，不管后续变更。并且这种财务负责人变更也是由企业提出的，企业也得配合才行，要不也愁死人。政府改革是为了方便申请人，但是其实更方便申请人的事，是尽可能地提示不诚信填报所涉及的法律风险。

政府办事清单，你看得懂吗？

深圳市重磅引进一个优质企业。这个企业从北京启程来一趟不容易，很多材料需要远程沟通。在将所需的材料告知企业的时候，我发现清单上描述的语句，如果不是长期搞注册或者是干我们这行的人，确实有点儿难懂。总感觉政府部门外网公示的一些办事指南和服务指南，如果只是自己写自己看得懂的话，那么其实服务性是不够的。我跟我的同事说，你把这个清单改成接地气的话，果然改前和改后完全不一样。

请看迁入本市所需材料政府版清单：

1. 法定代表人签署的《企业变更（备案）登记申请书》原件 1 份。

2. 经办人身份证明（复印件 1 份，验原件）。

3. 公司关于变更事项的决议或决定（公司决定由法定代表人签署，盖公章）原件 1 份。

4. 修改后的公司章程（由股东签署，加盖公章）或者公司章程修正案（由公司法定代表人签署，加盖公章）原件 1 份。

5. 公司迁入本市涉及企业名称变更的，在申请书中填写《企业名称预先核准通知书》编号。

6.原公司登记机关移交的经封存的公司登记档案原件。

7.企业法人营业执照正本和全部副本（原件）。

修改后迁入本市所需材料接地气版：

1.法定代表人签署的《企业变更（备案）登记申请书》原件1份（这个申请书其实就是申请表，可以在深圳市市场监督管理局网上下载，也可以到窗口领取）。

2.经办人身份证明（窗口留存复印件1份，验原件）。

3.你们公司关于迁入深圳的决定（本决定由法定代表人签字，公司盖公章）原件1份。

4.公司修改后的公司章程修正案（一般章程中都有地址和名称的描述，现在改了，改成什么样，叙述一下，然后由公司法定代表人签字并加盖公章）原件1份。

5.企业法人营业执照正本和全部副本（原件）。（备注：如果执照被当地登记机关收了，封存在公司登记档案里寄过来了，则无需提交。）

营业执照怎么就打不出来了？！

在市民政局办理了民办非企业法人营业执照的一位美女到市民中心行政服务大厅东厅的窗口来领取她的营业执照。窗口工作人员很快地核对完身份，但营业执照就是打不出来。为什么呢？原来在打印营业执照的过程中，打照系统提示，她被纳入了非正常纳税户，也就是进入了税务系统的黑名单。

"这是为啥呀，我怎么就进了纳税黑名单呢？"看着她一脸无辜的样子，我连忙安慰她不要着急。经过仔细回忆后，她终于猜到了个中缘由。原来这位申请人曾在2003年注册了一个企业，并担任法定代表人，而这个企业由于疏于打理被主管部门吊销了。担任过被吊销企业的法定代表人，是不能再担任其他企业或机构的法定代表人的。在深圳，市场监管部门的系统与税务部门的系统是联网的。一方的信息会及时地传递到另一方。

怎么办呢？看着她着急的样子，我一边安慰她，一边帮她梳理了一下混乱的思绪，并给出了解决问题的建议。首先是要将这个被吊销的企业再履行一次注销，合规地退出市场。然后再与税务机关沟通，退出黑名单，从而工商和税务信息共享联动，黑名单才能一并解除。

各位，当你按照李克强总理的要求，准备投入到"大众创新，万众创业"的滚滚洪流中去的时候，当你满怀信心投资一个新公司或者新官上任到一个新公司担任法定代表人时，首先要认真检索一下以前自己曾注册的企业状态是怎样了，不要弃之不管而使之成为"僵尸企业"；否则，有一天就会给你设置障碍，带来麻烦。

公司股东的股权被法院冻结了，
有那么可怕吗？

随着市场经济的活跃，商事主体总量的不断攀升，资金流动的加快，商品交易的频繁，股权被冻结是非常正常的一个现象，也是司法机关财产保全的一个举措。很多公司一发现自己公司股东名下的股权被冻结了，就会非常恐慌。事实上，真有那么可怕吗？

先别紧张，搞清楚状况再发呆。商事登记机关配合司法机关协助执行股权冻结，商事登记机关作为行政机关在这个过程中实际上没有什么"料"，只是协助法院进行及时、准确的公示。原因很简单，股权是由登记机关公示的，那么对股权所做出的各种限定也归登记机关公示，窗口工作人员必须确认股权权能的完整性和准确性，这个工作是公示机关的权利也是责任，是必要的、合理的。登记机关在日常变更业务中，对公示出去的冻结股权，也有义务协助法院进行限制，也就是不能转出去，不能办理转让登记，这是职责所在。

股权冻结的有效期一般为3年。3年之后，如果不续冻，此项股权的冻结，应该是失去效力。对于失去效力的股权冻结，如何在登记机关办理解除的手续呢？一般我们是这样解决的。首先由冻结股权所在的公司提交申请表，在申请表上填报相关内容，然后再提交一份营业执照复印件加盖公章，由经办人过来窗口当场办理。通俗地说，就是公司先到登记窗口来点个卯，确认知悉这个事并表达解除的意愿，我们就在系统内手动给解除。因为到目前为止，深圳商事登记系统没有那么便捷，不能自动识别过期股权冻结，无法由系统自动解除，还是需要手动解除。

被冻结的股权，除了不能转让之外，其股东的表决权和公司其他方面运营均不受影响。一些公司的股东认为股权冻结会影响公司运营，这个观点是不对的。当然有些资质评审部门，对这个还是有其他看法，有的公司申报奖项、资质和奖励过程中因为股权有冻结而未能获批，也有公司因为股权冻结而在商誉上被打了折扣。目前还没有听说，因为公司有股权被冻结，而影响公司参加项目招投标的情况。

为上市公司做点儿什么

我国现行《中华人民共和国公司法》第一百四十二条的修订主要是增加了公司回购股份的情形，并对股份回购的办理程序做了进一步简化。股份回购在国外已经运行成熟，境外立法对回购股份采用了更为市场化的立法思路。我国此次回购制度的修改，在优化资本结构、稳定公司控制权、提升公司投资价值、建立健全投资者回报机制等方面具有重要的作用。

深圳市市场和质量监督管理委员会驻市民中心办事窗口一直是办理上市公司业务的专项窗口，曾受到许多知名上市公司法务团队的肯定。经过分析整理上市公司对股权回购问题的咨询，该办事窗口也发现大量的上市公司在办理登记业务时存在几个普遍性的问题：一是上市公司登记业务普遍较复杂，与上市公司对登记业务办理的时效性要求形成矛盾。当前，市场竞争非常激烈，市场机会稍纵即逝，上市公司为顺应市场变化，办理各种登记业务的时效性要求比较高。到登记窗口办理业务时几乎是几项登记业务叠加起来一次性来办理，工作的复杂性和时效性矛盾突出，对窗口受理人员的要求非常高。二是上市公司存在对商事登记的重视不够的情况。很多上市公司以为在证监会进行备案和信息披露之后，办理商事登记是顺理成章的，因此造成报送的登记材料与商事登记规则不符合。三是由于近年来一些上市公司的发展不够稳定，工作人员的变动也比较频繁，每一次材料准备均由不同的团队来承担，材料准备的质量参差不齐，因此也导致业务办理的一次性成功率不高。

面对这些问题，该办事窗口认真学习领会《中华人民共和国公司法》第一百四十二条修订的时代背景、法理依据等，以问题为导向，加强基础制度建设，补足制度短板。在业务规范化建设上下功夫，组成了上市公司业务研究小组专门对接上市公司的业务，并与深圳部分上市公司法务团队定期学习交流。窗口办事人员凭借扎实的法律功底和精准的服务水平为每一个上市公司量身定做工商登记的材料，同时指导上市公司进行材料的准备。

该办事窗口在核准上市公司的业务时，中心理念就是鉴于上市公司已经在证监会完成了有关的审批和信息披露，企业运行的规范化已经得到了一定的保证，因此在审核上市公司的商事登记材料时，在不影响实质性审核标准的情况下，以容缺受理的审核理念，对不完善部分，让企业尽可能提供相应的辅助材料或者有关说明。以包容的态度，在保证登记材料严谨和质量的前提下，尽可能为企业排忧解难，尽可能从企业的角度来思考和解决问题。同时，针对现实登记系统业务规则的不健全以及电脑系统规则设置不合理等情况，积极为企业开通特殊渠道。比如上市公司在申请高管成员变更时需要所有的高管成员都具备 U 盾，方能进行全程电子化申请，这一规则的设置导致很多上市公司无法及时高效地完成高管成员的变更业务。在系统尚待优化的情况下，该办事窗口积极为上市公司想办法开通线上办理的渠道，配合上市公司高效完成高管成员的变更登记，保证商事登记系统外网信息的及时披露，以及向有关部门的及时备案。该办事窗口还不断加强理论探索，研究的专题"深圳营商环境的实践与探索"也被深圳公共服务人才学院选为全国多地经济系统和招商引资干部的必修课程。

打造优质的营商环境绝不是嘴上功夫，商事登记窗口的本质属性终归是服务，做好服务就应淡化"审批"的本位思想。接下来，该办事窗口上市公司业务研究小组将主动"走出去"，与上市公司深度对接，对企业商事登记业务专门授课，主动服务企业，高质量服务企业，打造"有品质"的商事登记窗口。

从吵了一天的民企老者说开去

一个民企的投资人，一位老者，来到市民中心行政服务大厅。其实他已经来过一次了。第一次是临近下班的时候，他匆匆忙忙来到窗口，情绪激动，向窗口工作人员咨询问题，看起来对窗口人员的答复极不满意。第二天一大早，市民中心行政服务大厅门一开，这位老者又过来了。他声音很大，情绪激动，难以平复。他想用手机拍我们，还要现场录音，但是，没有录音软件，对电子设备不熟悉，还让我帮他在手机上下载一个录音软件。看到我在帮他的忙，他情绪稍有好转。我细细听他的诉求，原来他整个诉求的焦点是他所投资的公司之前在招投标的时候，由于进入了经营异常名录导致投标没有成功。这次又有一个投标，他坐飞机过来想把这个公司从异常名录中移除，但由于对网上申报的流程不知晓，加上自己注册的这类公司都是用于参加投标的壳公司，实际并不经营，在办理移除异常名录进行变更时不熟悉办理流程，不懂如何上网操作，导致最后一站到了市民中心行政服务大厅窗口后情绪一触即发，把气全部撒在窗口工作人员身上。其实普通的有限公司业务也不属于市民中心行政服务大厅窗口办理。由于他身体欠佳，又是办事人员，对于他过激的情绪表达，我们除了忍让没有别的办法。

等他讲完自己的经历，其间夹杂着给我们上了一堂党课后，基于党性和责任，我们提出愿意帮他申报或者协调解决一些问题。这时候他情绪显得十分低落，又不肯了。之后絮絮叨叨地谈人生，谈理想，谈领导的讲话，谈国家的经济形势，在我们这儿待了整整一天。怕他身体出状况，我中午也陪他吃了饭，下午也陪他在办公室继续聊，主要是怕他一个人来深圳出差，年纪大，血压高（自述），又怕没有个照应，出啥事儿。

从我的内心来说，他所反映的民企生存状况让我深思。现在的民营企业运营成本以及其他方面的压力都比较大，比如说用地的成本、用工的成本、融资的艰难。特别是社保拟将由税务统一征缴之后，很多民营企业认为社保的费用将急剧增加，就觉得人工的成本更高了，但如果不严格按照规定交社保，又会受到相应的处罚，就纷纷把企业注销掉了。而对于工人来说，首先保住有份工作是最重要的，至于老板是否给他交社保，反而是退而求其次来考虑的事，活下去是关键。

除了社保等劳动保障方面的问题，还有一些规定比较"苛刻"，甚至可以说脱离当前企业运营的实际情况，走得太超前了。比如民营企业参加招投标的时候，对民营企业一些信用上的瑕疵，没有给予一定的包容。其实从"瑕不掩瑜"的理念上来讲，一些微小的瑕疵应不至于影响企业资质能力的认定，但实际上很多民营企业因为一些信用上的微小瑕疵而失去了很多对生存意义重大的招投标机遇。民营企业的生存空间问题、生存条件问题以及发展所遇到的瓶颈问题，包括资金的支持、政府服务的支持等，观点漫天，每天打开手机，看到各类文章也比较多，但是接地气的东西很少。

总体来说，从在窗口遇到的民营企业的情况看，就深圳而言，我觉得民营企业的发展环境是相对较好的。个人认为在窗口服务中，如果不认清窗口的本质属性是服务，而倾向于认为有更多的行政许可或行政审批的性质，那么在思想观念上就难以把办事人员放到平等的地位上来，窗口就难以做好服务。深圳是市场化程度很高的城市，民营企业和中小微企业占有绝大多数，甚至占到 95% 以上的比例。深圳出台的一些政策更应该倾向于民营企业，考虑民营企业。同时对民营企业的生存状况应该有一些专门的第三方机构去评估，定期地去研究。同时，对于政府施行的一些便利措施要有第三方机构去评估每一项措施的效果，没有客观真实的数据做支撑，这些措施是会受到质疑的。

总之，作为办事窗口，就是思想上要贯彻以人为本，服务上要注重用户体验。便捷的当然是好的，申请模式复杂的也要规则透明，于法有据且有挽救途径。话说回来，再好的改革，申请模式复杂，效果就会打折。

迁出迁入与环境

熙熙攘攘，成熟的市场经济总是意味着企业在市场中的进进出出。检索 2016 年迁出深圳的企业，猜一猜一共有多少？ 242 个。但 2018 年第三季度深圳迁出企业的数量就达到 278 个，比 2016 年一年迁出的数量还多。深圳中小微企业的迁出，是窗口每天都在做的业务。我们已经注意到每天在深圳至少有 10 个小企业，大多为制造业或普通贸易类的小微企业迁出深圳，迁往二三线城市。迁出的数量每个月也呈上升的趋势，其中 2018 年 8 月迁出的最多。

对这些迁出的企业做个粗略的分析，发现这些企业大都迁出到二三线城市，同时这些迁出的企业大多是从事实业或者制造业，企业的运营成本主要来自于人工工资和厂房的租金等。这些企业的迁出充分说明，深圳企业在这些方面的运营成本在逐年大幅度增加，在这种高成本的压力之下企业迁往二三线城市是理性使然，也有利于深圳产业结构的调整，完全是市场经济规律发生作用的结果，不能简单归结到政府部门的失职或者不作为等。

与此对比，有些天猫商城的企业，由于行业的调整和商城容量的限制，使得有些行业的进驻不再扩大审批，那么原有的进驻天猫商城的企业变得高冷，很多企业去买这些天猫商城的企业，花费多达60万元。但是这类企业却长期零纳税，值得税务部门重视和关注。

当然我也注意到有大量的做资本运作的私募行业的企业迁往广州等地，同时有一些做实业的前往东莞，大量做房地产和建筑行业的迁往清远。这说明深圳的阶段性政策调整使一些企业受到打压，影响了他们的生存发展。企业的迁出和迁入都是企业正常的选择，但2018年的数字足以印证深圳民营企业生存的经济环境正在发生变化。

热门的注销业务

注销业务从2016年到现在变成了窗口的一个热门业务，同时"僵尸企业"的注销更是热点和难点业务。国有"僵尸企业"的注销，深圳已经走在前列，这得益于深圳企业注册局原来的老局长，也是我的老领导，在临退休之前的一个力作——《关于市属国有"僵尸企业"办理注销的指导意见》的出台。这个指导意见也得到了省里有关部门的充分肯定，使得深圳的市属国有一级"僵尸企业"注销问题得以实质性地向前推进。

但是民营"僵尸企业"的清退则相对非常困难，在破产不能的情况下，不论是在司法方面还是对商事登记部门都是没能破解的问题。国务院"放管服"改革协调小组调研深圳时，我们窗口就深圳的"僵尸企业"的清退，以及"僵尸企业"在市场上存续的一些问题和危害性也做了汇报，并将香港的一些好的制度，比如除名制度等可以借鉴的地方也做了汇报。他们对这个专题表现出了浓厚的兴趣，相信领导们对基层的呼声能够给予高度的重视。在现在的经济环境下，企业注册注销本是一个正常的生生死死的过程，但是当认缴制等注册制度改革产生的宽进效应使得大量的企业主体涌入市场的时候，企业的合理退出、合法退出、便捷退出，都是政府应该在制度顶层设计时应该关注的。

但由于一些企业担心社保对于企业来说变成一个强制性的征收，同时社保的成本费用再提高，企业的成本压力非常大，在这种情况下，大量企业注销是难免的。当然也有好处，一方面企业自主注销能减少随意性地把企业扔在那里不管，变成"僵尸企业"；另一方面也使得一些存续质量不高的、没有任何业务需求的企业能尽快自主退出市场。当然最重要的是，如果企业赚不到钱，要求其承担更多的社会责任，恐怕是一厢情愿的空想。"仓廪足而知礼节"，也是可以用到这里的。

奇葩证明

注册窗口存在的奇葩证明有：

第一，公司资产中，国有资产不占主导地位的证明。

第二，统一社会信用代码与取代原来的注册登记号的证明。

第三，企业从外地迁入的证明，迁入迁出前情况对比的证明。

第四，商事登记制度改革后，深圳的营业执照与全国的营业执照不一致，同时经营范围不做照面信息的证明。

第五，关于股份公司股东的变更，不做登记，股份公司的股东结构只停留在发起人状态，并对外公示的证明。

第六，公司的股权存有质押或者司法查封的情况，不影响企业正常运营的证明。

第七，某年某月你局曾经使用过这类公章现在不用了的证明。

第八，最奇葩的是，新系统上线后地址编码的上线，使得地址编码生成的地址的表述和企业存在其他部门的地址的表述，确认为同一地址的证明。

太多人问我这个问题了

太多人问我这个问题了，我都没力气重复了！我深深地感到，企业获得有效的信息指导和一个全面严谨完善的业务平台是多么必要啊！

这个问题是——公司的股东或者投资人身份发生改变时需要办理怎样的手续？身份发生改变常有，但深圳遇到最多的是香港和内地身份的互换。首先在注册登记材料上，需要"同一人公证"（移民香港），还需要公司的决定（公司表示知悉并呈报该人的身份发生变化），然后填申请表，在网上通过法定代表人变更的路径提交材料。这些材料的提交，目前只能通过半电子化来完成，也就是还要到窗口提交纸质材料。所谓"同一人公证"是由香港委托公证人协会具有委托公证资格的香港律师出具的，证明香港身份证及回乡证上的人与内地身份证上的人为同一人的公证文件。凭借这份公证文件，当事人就可以回到内地有关部门或机构办理相关的变更登记手续。香港委托公证人的服务是非常完善和主动的，不明白的直接电话连线，就会得到非常周全的服务。同时按照目前税务实名申报的要求，我们需要采集的香港人的身份证信息只限于回乡证的信息，其他登记的身份证的信息，在税务局已经不被认可。也因为税务机关强制性规制的改变，使得我们商事登记窗口法定代表人变更身份信息的登记业务量激增，让我们商事登记窗口为了配合别的部门的要求，做了很多无用功。

我为啥要回迁?

很多迁出深圳的企业在我们这儿办理工商登记迁出手续其实并不复杂,但迁出一段时间之后又愁眉苦脸地要求迁回来,真是劳神费劲,耽误时间。

为什么要迁回来?是因为税务迁不走。

为什么税务迁不走呢?是因为核税的周期过长。

我想起来了,有一个从东莞迁入的企业,当时核税核了四年半。在实际工作中,我总感觉税务机关还是一个强势的部门。明显感觉到有一些税务应用的数据,在信用受限的应用领域比商事登记和市场监管的数据还有用,还有威慑力。虽然商事登记中企业的迁入迁出不以税务的清结为前置,但是实践过程中税务是否清结还是最终起了决定性作用。

商事登记涵盖的范围很广,营造良好的营商环境,办照效率在信息共享和联通的情况下,各部门的制度设计都得给力,部门间密切配合才行。

事后诸葛亮也要说两句

金融去杠杆以来,暴雷的 P2P 公司不断刷新。对于这些暴雷的 P2P 公司,经检索注册登记系统,基本上都是 2016 年 6 月份以前注册的公司,尤其是 2015 年注册的公司占了将近一半。由此可以看出,在市金融办联合评审机制未启动之前,也就是政策未拉闸之前,这些存量的企业所带来的金融风险是一个重灾之地。

进一步分析一下这些企业的注册登记情况,基本上登记之后变更次数比较多,特别是投资人不够稳定,有些企业 3 年内投资人变更达 14 次之多。投资人的频繁变更使得资金链条变得复杂和脆弱,一旦发生断裂,相关的责任追索也将变得异常复杂。因此对 P2P 行业加强风控，加强前端的审批和事后的监管，应该是一个永恒的话题，也是一项持久的工程。

但不管怎样，监管不能与金融的本质属性背道而驰。金融的本质是信用，但股权投资行业如果一味强调低风险，也失去了股权投资行业的属性。投资有风险，评估和规避风险则考量智慧。

什么样的企业热衷于迁入深圳？

翻看窗口工作记录，看看迁入深圳的企业情况时，我发现有很多小型企业迁入深圳。因为岗位原因，我常关注和跟进市、区作为重大战略项目引进的知名企业和上市公司的迁入，对这类小型的企业没有过多分析。这类企业的迁入目的是在天猫商城运营，大多从青岛、无锡、武汉等城市迁进来。从这些企业的纳税情况来看，纳税额非常低，有的几乎没有纳税。从成立的时间看，这些企业一般都成立一年以上，深圳的投资者用几十万元或者近百万元的价格买入之后，再从外地迁入深圳。从企业的经营范围来看，没有什么高难度的（指的是有政策障碍受限或法有缺位而批不下来的经营范围），主要是经营服装、鞋、帽、家电小商品等。这类经营范围的企业在深圳 320 万商事主体中比比皆是，完全可以在深圳本地通过股权转让的方式获得，但是为什么一定要从外地迁进来呢？

好奇心促使我做进一步的分析。通过与相关企业交流，总结了企业自己诉说的原因：第一是进驻天猫商城的企业，如果位于深圳，深圳的购买力比较强，在深圳周边进货也比较方便，物流比较发达。第二是深圳的企业在天猫商城有一定的地位，商品售价高点儿，也容易获得认可。第三是进驻天猫商城具有一定的门槛，需要自身有商标有自己的品牌，对营业执照上的时间有要求。第四是深圳作为一线城市，在知识产权保护上虽然严格，消费者的维权意识也高，但是深圳是个规则透明的城市，大量的深圳企业进驻天猫商城，在管理和运行上都是受到规范且公平的对待。

这类企业大量涌入深圳，给深圳的市场监管带来一定的压力，需要主管部门引起重视。同时，这类企业的大量涌入，也会给深圳城市经济带来活力，并对周边制造业和深圳本土制造业带来促进作用，需要政府各个相关的部门做好引导和研究。市民中心行政服务大厅窗口也为深圳重磅引进了诸如恒大、顺丰、北讯集团、ARM 中国总部、硅谷医疗、威华股份等大企业，因为市场是鳄鱼和青蛙并存的市场，一个有活力的市场需要有巨大的商事主体量来承载，迁入迁出企业所释放的经济信号值得认真研究。

深圳的企业都迁哪儿去了？

工作闲暇时，翻看了 2018 年 6 月 27 号到 7 月 27 号深圳迁出企业的记录。在这一个月时间里，深圳已经迁出了 61 个企业。这 61 个企业从整体规模上来看都是小型企业，连中型都算不上。从行业分布来看大多数是做实业和贸易的企业，还有一部分是做房地产的。企业经营成本的提高包括劳动成本在内的一系列运营成本的提高，是企业迁出的主要原因。

迁入外地，花落谁家了？这些企业迁出主要是因为：

第一，当地的税收优惠政策。

第二，地价便宜以及用工成本低。

第三，对于轻资产，一些地区还没有对类金融企业的注册做出过多限制。深圳为了防范金融风险，对类金融企业的注册设置了诸多的门槛，存量企业由于变更受限，迁出深圳。有一段时间省内的企业基本流向东莞，但 2018 年值得注意的是外迁至广州的企业比东莞多。

第四，贫困地区的 IPO 排队优惠。

第五，新疆霍尔果斯等地区避税、免税的优惠政策。目前不征税，诱惑很大。

深圳有两大政策需要三思。一是房地产企业的注册，2016年10月对房地产企业进行设限，比如要求取得地块证明，要求注册资本实缴，要求法定代表人亲自到场签字，把房价的提高和房地产企业的注册扯到一起。另外一个就是类金融企业的注册，自2016年6月份类金融企业需要联合评审审批之后，没有金融办评审，类金融企业一概不予注册。而未拉闸前审批过的大量类金融企业，作为存量企业未经清理整顿，卖壳市场一直低调疯狂，这也是一个值得关注的问题。

汹涌的集团业务

市民中心行政服务大厅商事登记窗口都被集团登记业务给淹没了！

集团登记，实际上深圳的注册标准在国家工商总局（现为国家市场监督管理总局）的标准基础上做了大胆的突破和改革。集团母公司的注册资本达到1500万元，项下有3个子公司，母子公司注册资本加起来达到3000万元即可成立集团。

从深圳的实践来说，目前在集团登记业务时，办理的程序上有点儿别扭。即要求先办集团登记证，再办母公司名称变更（名称加注"集团"二字），二者还不能同时完成，因为深圳的登记系统不支持，而其他地方大多是同步完成的。母子公司的关系认定，只要是母公司对下属子公司有参股即可，并未要求51%以上的控股地位。

站在企业的角度，我常常思考集团登记的意义所在。集团登记，回归到企业的运营来说，实际上是企业的一个经营模式问题，因此我个人觉得集团登记其实不应该作为一个准入的项目来进行审批。从某种意义上说，我甚至认为集团登记没有任何意义，因为集团登记证不能作为经营凭证，集团母公司变更名称之后，只是满足一部分受众的心理感觉，提供一种心理上的暗示和满足，使得不了解的人认为这个公司的规模比较大，参股的公司比较多，如此而已。

那为什么有这么多企业还热衷于所谓的集团化运作，要求进行集团登记呢？无利不起早，进行集团化登记虽然在登记方面没有什么实际意义，但是近年来实施的增值税优惠政策，有一个"统借统还"，决定了母子公司之间，子公司与子公司之间有一些征税优惠，致使市民中心行政服务大厅商事登记窗口集团登记的业务越来越多。我个人认为这种统借统还政策对集团母子公司的运用，实际上也不科学。企业往往为了一些税务上的优惠，把原本不相干的关系都变成母子之间的关系去争取入围，享受税收优惠。一定意义上来讲，商事登记部门做了大量的没有任何经济价值的注册登记业务。从税务征收来说，也造成了一些税源的流失。

同时在办理集团注册登记业务时，窗口工作人员也注意到集团公司往往因为母公司的名称变更或集团登记证的办理，对知名企业的名称造成一种侵犯。加之按照现行名称登记中名称权限的划分，不同名称库的内容不同，致使很多集团名称在国家局核准之后，在各地方落地时，造成一些困难。除此之外，商事登记窗口在核准时应该兼顾到对知名企业名称权的保护。

从行政许可和行政确认的本质关系来讲，集团注册登记完全可以转为行政确认，也就是说母子之间的关系和成立集团公司企业可以自行进行外网的公示，公示它们之间存在某种关系，公示它们自己的经营模式，而不需要行政机关来许可。

几乎革灭殆尽的代表处

外国企业在深圳设立的代表处，它的作用非同小可。表面上来看，代表处是所隶属公司的联络机构，不具体从事经营，但是通过了解深圳的市场，有很多代表处可以让别的国家来深圳投资，并转化为设立独立的商事主体。

在深圳，这种代表处的商事登记业务主要集中在市民中心行政服务大厅，但是近年来数量出现了较大幅度减少。

为什么呢？因为在实践中，代表处不知不觉就成了一个无人知悉且没有人能搞得懂的一个商事主体。其实从法律上来说，代表处的法律地位跟国内的公司在各地设立的分支机构地位是一样的。但是由于近年来实施各项改革措施的时候对代表处的关注度不高，很多时候一些改革没有将代表处考虑进去，比如说全程无纸化电子申报改革，对代表处是一个真空地带。又比如代表处在退出和变更的时候又有诸多的门槛，特别是代表处的自由进入、自由退出，都变得非常繁琐，甚至所谓深港两地互认的简化文书的改革都没有将代表处纳入进去。

几年时间，深圳的代表处由 5000 多个萎缩为 2000 多个，我们不得不反思。代表处的作用不容忽视，它是其他国家来深圳投资的一个瞭望哨和一个窗口，如果它们萎缩了，实际上对我们引进外资是非常不利的。

审批过的也保不准

又一个类金融企业跑路。通过一则新闻，我感受到金融风险确实不能完全靠审批来降低。

　　跑路的是一个存量企业，注册地在深圳前海。初始注册的时候是在2016年6月国家十七部委的政策出台前，也就是深圳开始实行类金融企业注册需要金融办评审这种模式之前，但该企业于2017年又进行过股权变更。原来深圳市设置评审的前置条件主要是评审股东的实力，进行资金穿透式的核查。一旦评审通过，股东的股权转让便不受限制。这就给一些风险资金带来可乘之机。一些企业通过股权转让，使得不靠谱的股东得以规避监管核查涉足相关领域，增加了金融风险，原来金融办核查后存有的风控能力降低或甚至完全没有了。

　　对于上述存在的问题，不知道有关部门是否注意到，也不知道投资人和消费者是否注意到。2016年6月政策拉闸之后，原来注册的存量类金融企业该如何规范？用怎样有效的手段来规范？这是深圳目前面临的一个问题，也是一个有着潜在金融风险的领域。

怎么迁入深圳？

　　企业办理迁入深圳的手续，需要分两步走。

　　第一步，需要在市民中心行政服务大厅开具同意迁入的函（办理地点在市民中心行政服务大厅东厅），办理这个函件需要提交的材料有：公司的营业执照复印件加盖公章，经办人的身份证复印件加盖公章并核对原件，同时提交公司关于迁入我市的申请报告（在申请报告提交前应确保股东之间不存在争议）。

　　第二步，拿到我们的准迁函后，企业就到当地登记部门调取档案，由当地登记部门发出档案，市民中心行政服务大厅收到后（遗憾的是目前没有告知程序，需要改进），企业再来申请办理下一步落地手续。

　　落地手续：要填申请书（深圳市市场监督管理局网上可以下载），经办人的身份证，公司关于迁入深圳的决议，修改后的公司章程或章程修正案，需要对公司章程中关于地址的条款进行修改。

真诚对待华为

华为出于业务布局、业务拓展以及内部资产整合的需要进行了一些公司架构方面的调整，旨在提高公司的竞争力，更好地应对变幻的市场环境。市民中心行政服务大厅商事登记窗口高度重视华为的业务需求，与华为的法务部密切沟通。该公司内部企业规划一经生成，市民中心行政服务大厅商事登记窗口就与企业共同完善注册登记材料，对其提交的登记材料的合规性提出意见，并组织专门的业务小组为华为提供优质的服务，提前量身定做注册登记材料，使该公司以最快的速度完成近期的业务整合，为该公司顺利进行业务拓展做了很好的保障和服务。

近年来，市民中心行政服务大厅窗口在重磅引进大企业的同时，还经常对华为、腾讯、顺丰等知名企业进行跟踪回访，及时与这些公司的法务部门联络，对公司运营遇到的一些问题，及时研究并为其提供法律方面的咨询服务。有一次，华为在外地招标时，当地招标中心对华为经营范围的认定不清晰，做出了不切实际的主观判断。市民中心行政服务大厅窗口的业务负责人积极为企业进行沟通协调，从注册登记的核准规则上与当地招标中心进行沟通，对华为股权架构的设计提供法律见解，很好地解决了遇到的问题。

在为大企业服务的过程中，市民中心行政服务大厅窗口的业务工作人员深有感触，大企业的法务对于法律条文的应用是非常专业的，但是企业在法律条文与注册登记规则的衔接上缺少相应人才。市民中心行政服务大厅窗口组织专门的业务小组与大企业法务建立沟通机制，不仅能了解大企业运作时遇到的问题，而且能了解到需要政府改进服务的地方，提高政府部门服务的水平。

　　"打造优质的营商环境"不能是一句空话，"零见面"审批也不能只是模式概念，服务企业的能力和水平是窗口服务品质的主要表现。在解决了华为的业务问题后，在华为从事法务工作10多年的业务经理这样说道："我在全国都跑，在政务服务方面，深圳在高端业务研究上显示了非常高的法律素养和业务应用水平，没有对比就没有切身感受。华为谢谢深圳！"

别拿公司控制权之争吓唬我们

　　有限责任公司是人合和资合皆具的企业组织形态。在公司日常的运营中人合方面或资合方面发生矛盾、出点儿状况，这是正常的。一般公司控制权之争主要表现为公章、营业执照争夺大战，由公章、营业执照争夺大战引发的后续股东纠纷，有关公司的诉讼，原因多种多样，专业人士更是见多识广。但严格来说，不能不说审批机关没有责任。

　　公司控制权之争到了我们窗口经常演变为法定代表人变更和补发营业执照。法定代表人的任免变更决定了后续谁拥有营业执照，谁拥有公章。登记机关在法定代表人变更登记时，是要件审核，形式审查，材料不缺项就行了。新旧法定代表人都可以在提交的材料上签字。而材料上加盖公章这个问题，公司的公章一旦被控制，就有可能被非法中介利用假公章骗取工商登记。

　　这就造成了大闹剧。我常看见两波人到窗口来闹，但登记机关没有问题啊，我们是要件审核，只要内容符合法定形式，要件齐备，我们没问题。公安机关只认营业执照的法定代表人是谁，公章你说丢了，他们就认为你是丢了，就把公章刻给营业执照上那个人。于是，谁拥有了公章，谁就拥有了账户，谁就控制了公司资产。

　　实际上，公司变更登记，整个申请材料，只有一处要盖公章。那为啥申请表一定要盖公章呢？我没有见到相应的法律法规和国务院决定，以及规范性文件有明确要求。只是国家工商总局（现为国家市场监督管理总局）关于提交材料规范性文件中的附件里有个表格模板，上面显示有一处要求加盖公章。最要命的是申请法定代表人的变更，新旧法定代表人都可以签字，那旧法定代表人是否同意，旧法定代表人哪儿去了，登记机关不管。从最高人民法院发布的案例中，对公司控制权之争，从没有提及过哪个行政审批部门对公司法定代表人变更提交材料规范和日常材料审核上存在的缺陷，以及杜绝后续法律风险的一些前端防御措施。因此所有的公司控制权的案例都是提醒预先提防为主，亡羊补牢为辅。我在窗口，要么见到双方吵成一团，要么见到一方欲哭无泪，要么为泄私愤诬陷我们。控制权之争多年难以破解。在法有缺位的情况下，呼吁能有更好的渠道解决，而不是只指望诉讼。

让人又爱又恨的工商中介

工商登记的历史，是一部改革创新的历史，是一部登记体制、机制不断优化的历史，也是一部与工商中介纠缠、斗争的历史。说实话，从我坐在窗口的那一天起，我就面对着中介，现在我重新回到窗口，满眼也仍然都是中介。中介的生存与我们办证的机制息息相关，中介生存的空间和利益空间也与我们的制度息息相关。

在注册资本实缴制的时候，中介生存的空间大多数是垫资。大量的前置审批存在的时候，中介的生存空间是搞批文或搞假批文，那是黑中介最愿意干的事。由于他们没有法律底线、道德底线，只是为了攻陷审核人员那道关，所以增加了我们的窗口工作人员的廉政风险，注册窗口曾灾难深重，也曾有窗口工作人员因此沦陷。

2013年3月1日，企业注册局牵头实施商事登记制度改革之后，商事登记的门槛大幅降低。申报材料更加简单，强有力地减少了一些不必要的材料。特别是大量的前置审批后置之后，一般性的经营项目可以迅速进入市场。场地证明材料几乎不要，只是自行申报。特别是注册资本实行认缴制，不要验资报告，不需要银行的询证函，因此中介代为垫资的空间已经压缩到最低。但是从目前窗口办证的情况来看，前来我们窗口办证的申请人员三分之二还是中介，中介市场为什么会这么火爆？政府部门应该反思自己设计的申请模式。

申请的实质内容简单了，但是申请模式仍然非常繁琐甚至高难。比如申请虽然是全程电子化申请，但是需要满足的条件还是很多，需要付费的地方还是很多，需要电脑操作的地方还是很多，网上排队还是存在等待周期。特别是当系统的设置规则与窗口的理念和登记条例规则不匹配时，当系统规则不断变化时，当一些阶段性的调整政策不断推出时，当规则不透明时，当法有缺位没有及时研究时，仍然给中介带来了巨大的利益空间。

中介的存在是正常的，存在就有其合理性，中介能够使企业节省一定的成本。说实话市政府重大的项目落地，也有中介协助，大量知名企业也外包给中介打理办照办证业务。大量的外国企业在深圳从事经营时几乎全部委托中介。合法的中介存在，大力扶持中介市场，这也是政府不容忽视的地方，不需要掩耳盗铃，需要正视现实。

政府应该反思自己设计的申请模式，百姓以及这些高端的企业人员为啥不会办，说明我们的改革空间还很大，不足的地方还有很多。还有一个问题，当窗口大都是中介来办事，受理人员打铁还需自身硬，受理人员的法律底线、廉政底线要保证。还有一点就是，不能因为登记窗口收取了中介的材料，就想当然地推导说我们窗口工作人员和中介有所关联，有权钱交易。中介的问题必须正面去研究，开放式地研究，以阳光的心态来研究。有序的中介市场，政府有责任建立和扶持，对深圳的招商引资力量是有力的补充。

没法完成年报的原因

年报开始了。

我的朋友圈里经常能看到要求企业快点儿年报，呼吁企业快点儿年报，不年报你就吃大亏了等内容。敲锣打鼓，各种文案频出。但是为什么有些企业没法登录系统完成年报，不得不到窗口来求助呢？

细细想来，有这么几个原因：

一是新旧系统的交替，导致对数据的要求不同，没法申报年报。举个例子，外国企业代表处或者其他企业在老系统时，有些录入缺项，老系统可以通过，但是换了新系统，老系统造成的这种录入的数据缺项就登录不了没法年报。

二是企业没有办理多证合一换照的没法年报，登录不了系统。

三是证件号发生了改变没法年报。

四是从外地迁入进来的企业生成了两个统一社会信用代码证号的，没法年报。

五是系统提示审计报告的号码不存在，这个很莫名其妙，但也导致没法年报。

六是在当地两年没有年报又新迁入的企业也没法年报。

这些问题，需要有相应的协调机制，相应的指引公示，要不企业真的要急死了。

深圳，要成为一个讲理的城市

每天在窗口工作就跟打仗一样。

市民中心行政服务大厅窗口确实处理的都是复杂材料，但我们窗口每天大多数时间不是花在解决企业递交材料复杂性的问题，而是把大多数时间花在解决面临的历史积案问题、电脑系统规则和现实的登记规则不匹配的问题、外网发布的指南不明确的问题等，更多的是企业拿着营业执照在相关部门办理事情的时候遇到的一些障碍问题。

深圳有很多口号。深圳是要成为一个创新城市、一个具有核心竞争力的城市、一个国际化城市。而我觉得，深圳首先要成为一个讲理的城市。

遇到的一件事情让我觉得有点儿气愤。一个企业在我们这儿迁出，到了当地发现当地的营商环境说得挺好，实际到那里并不是那么回事，坚决要求回迁深圳。回迁回来之后呢，深圳由于"坪山新区"已经升格为"坪山区"，我们的登记系统就自动将"坪山新区"设置为"坪山区"了，企业打出来的营业执照地址这里就少了一个"新"字。这样到了银行，银行就不认了，一个"新"字之差，银行就认为企业变更了地址。我们都知道坪山新区和坪山区是一个行政区划的升格问题，这是一个常识性的问题，但是按照银行的逻辑，严丝合缝一字不差才属于没有变更。因此企业就来了，让我们出证明。我觉得这种常识性的东西和证明"你妈是你妈"是一样的，一个没道理的事情。但看着企业非常焦虑，还是给出了一个证明，很气愤地加了一句"并请结合常识，给予办理"。

刚一转身，又来一个企业。

深圳市一个企业迁出到外地之后，走前没有申报年报，那么迁入当地之后，当地工商局说不行，一定让企业报完年报再迁过来。可是深圳的商事主体系统里企业已经是迁出状态了，在这个年报系统中就没法再申报数据了，当地又坚持这种理念，我打电话协调根本不搭理我。看着快哭了的办事人员，我们只能再找后台的数据部门，给企业特殊处理一下，允许企业在我们深圳数据平台上申报完年报。如果像当地讲的那样，让企业迁回来申报了年报再迁出去，这不是折腾人吗？万一年报过期了，企业进了异常名录，不就是害人吗？

中国人总是说，有理走遍天下，无理寸步难行。我们的做法是一个讲理的做法。我总在反思，其实各个部门先别说它的效率有多高，它的便捷程度有多好，改革力度有多大，单就办事人员遇到问题，能别老拿法条、规则说事，处理逻辑上，首先讲理，老百姓应该能满意一大半儿了。

企业吸收合并时，应该知道的常识

吸收合并商事登记业务的办理一般在市民中心行政服务大厅东厅商事登记窗口，深圳市下面的各区不开展此项业务。

从日常与企业的接触看，大家总觉得吸收合并登记是一个陌生的领域。随着商事主体的活跃，吸收合并的业务也越来越多。但我发现大多数企业对吸收合并的申请业务，尤其是核准之后的一些必要的常识还不是很清楚。

一般企业发生吸收合并是被吸收方办理注销手续，作为吸收方的企业办理变更手续，两个手续一并交到受理窗口才能办理。被吸收方办理注销与普通注销会有区别，我们的审核意见中会写明因被哪个企业吸收而办理注销。吸收别的企业的公司因为表面上看起来没有发生任何变化，所以在系统中申请变更便成为一个很大的问题。由于我们现在登记系统的缺陷，这个办理变更的手续，一直没有专门的申报端口，只能从变更联系人或者是变更其他项目路径申报进去。也只有在审核意见中才能体现出某年某月吸收了某个企业，因此而办理变更。

另外，由于现在网络系统的局限，发生了吸收合并的企业——作为被吸收方和吸收方的企业，在外网公示上都显示不出来发生了什么变化，这给企业带来了很多麻烦。企业吸收合并的目的，除了企业战略调整、资产重组之外，更多的原因是为了办理资产上的转移以及资质上的共享。因此企业在办理后续业务时，企业吸收合并的情况只能从内网系统受理人员的审核意见中反映出来，在商事登记显示平台上则看不出这两个企业究竟发生了什么变化。

但这个审核意见企业又无法通过打印获得相关的档案，这就对企业在办理相关业务时造成不必要的不利影响。

为了解决企业的困难，目前为止，市民中心行政服务大厅商事登记窗口对办理过吸收合并的企业，都积极配合帮助其人工出具个案的证明。虽然给企业带来了不便，但是也算解决了企业的问题。当然办理吸收合并的企业，在前期办理咨询以及后续办理其他业务时，市民中心行政服务大厅窗口都尽可能提供了服务。

值得关注的案例

深圳商事登记制度改革之后，年检改为年报，企业要按时诚信完成年报，商事登记机关核准后要正确地进行信息公示。这两项在新的法制环境下，都需要积累新鲜的案例。

实际上，商事登记的本质属性就是宣示性登记。企业日常在外网查询的一些信息，特别是营业执照的照面信息，都是我们登记机关需要核准的，并且若要换发营业执照，一些备案信息需要在商事登记公示平台上获得确认。但日常工作中，我们也发现一个问题，就是有一些非公示事项，登记机关也予以公示了，这是需要纠正的。同时企业在发现有些公示事项与自身的情况不匹配的时候，也向我们提出过更正需求，但目前这个纠正机制不是很畅顺、合理。注册资本由实缴已经改为认缴，但是认缴不等于不缴，也不能任性。所以虚报注册资本的处罚案例在实缴制下比较多，但在认缴制下虚报注册资本的案例还需要多多积累。

知识产权质押来了

中小企业融资的渠道是多样的。

知识产权的质押融资这个在全国领先的模式在深圳开启了。此种融资模式在国外虽然已经很成熟，但是在我国才刚刚起步。

目前，在市民中心行政服务大厅运转的股权质押，是中小企业用得比较多的，也是一种常见的融资方式。从 2008 年以来，股权质押窗口业务还是很热闹的。随着商事主体总量的攀升，经济的活跃，企业融资的需求也越来越大。

从法律性质上看，我认为股权质押，实际上是非常典型的行政确认。商事登记机关是股权质押的公示机关，将股权质押的申请，在系统内检索股权的性质和状态之后，予以确认并在外网进行公示。目前，股权质押的质权人多为金融机构。通过股权质押的这种方式融资，虽然看似并不复杂，但是实际上容易引发一定的金融风险或者经济纠纷。知识产权的质押，刚刚起步，但是其前景应该是非常广阔的，其隐藏的风险也需要进一步的研究和关注。

需要提醒的是，股权质押，股权没问题，质权才有意义；知识产权质押，逻辑是一样的。

法院，你欠我们一个奖章

有一个公司从深圳迁到外地，但是由于当时我们的数据限定系统升级改造，数据转换的衔接失误，导致受理人员在办理此份材料时，系统没有显示出这个公司的股东股权处于法院查封状态。公司迁出后，法院的续冻查封又已经送达到我们窗口。在这种情况下，我当即与迁入地的工商局进行联络，将这个情况告知对方，并请当地工商局紧急采取限定措施，承诺随后将法院的文书寄达至当地，并一并通知深圳实施查封的法院，将目前情况的背景和我们的行动进行说明，也请法院采取紧急措施。

司法查控窗口是一个对严谨度、时效性要求很高的窗口。要说这个窗口的重要性，最高人民法院的两个案例，足以说明一切。大连市的窗口单位，由于让司法协助的干警排队，被罚款 30 万元；南京的一家银行，司法协助人员在办理查封时，由于柜台人员无端拖延，致使 5500 万款项被划走，该银行被界定为违规，予以处罚。因此。市民中心行政服务大厅的司法查控窗口，连续多年保持零差错率，是非常不容易的，我为我的团队点赞，为同事们的敬业精神点赞！

我琢磨着法院是不是该给我们发个奖章才对……

投诉室的故事

我又被叫进投诉室了。

投诉人是一个女孩。进了投诉室，女孩情绪激动，说我们给她寄到武汉市的登记档案有问题。原来，武汉工商局审核档案时发现了一张营业执照，这张执照生成的日期与这个企业的登记档案反映的逻辑不匹配。为什么呢？当企业对高管成员做变更时，企业只需要领取备案通知书，不需要更换新的营业执照。但实际上，档案里确实有一张与高管成员变更日期同步产生的一张新的营业执照。我一开始坚决否认是我们的问题，也在领照系统里证明了这个企业确实领了变更通知书。那这张营业执照咋会跑到档案里去呢？经过仔细询问和分析，原因就在于我们的系统。

我们在系统里搞了电子营业执照，企业可以自行下载电子营业执照。这一下载麻烦了，有些不需要换照的项目，电子营业执照却可以生成一张新营业执照，恰恰日期就发生在不需要换照的那个项目日期。企业打印了一张电子营业执照，这张电子营业执照就随着登记档案走了，所以当地认为该企业的营业执照有几个落款日期不同的版本，就认为这个档案有问题。

当然，双方都有责任。

第一，深圳登记部门有责任。系统电子营业执照，不应该生成。

第二，企业有责任。应该拿现有的纸质执照去复印，而不应该拿打印的电子营业执照去代替纸质营业执照复印件放进档案。

解决的方法很简单。由深圳登记部门和武汉工商局对接一下把事情说清楚就行了。不能因为是你先来函，还是我先来函这个问题去纠结，企业闹也有企业的道理，政府应该反思自己的责任，应用系统开发要与业务模式对接，各干各的，肯定是不行的。

要不要做这种"无用功"？

港资企业因为税务启动的实名认证问题导致变更登记的行为特别多，特别没有意义。

商事登记制度改革之后，营业执照的注册登记号已经变更为统一社会信用代码号。企业有了属于自己的身份证号码，这个注册登记号也会像自然人身份证号码一样，无论走到哪里，号码不变，伴随终生。港资企业比较"倒霉"，因为工商登记时港资企业法定代表人登记的证件号，可以是香港身份证号，也可以是回乡证号。但是实名认证只认回乡证号，回乡证号是在动态变化的，换一次证后面加一次"_"。

问题来了，后面的数字发生变化，那么存在税务机关内的回乡证号也要变更，不变就申请不了税务事项。找谁变更，自然是信息共享的基础——工商登记窗口！看看回乡证号的定位：方便识别的出入境号码！但前面的方便导致换证就对不上税务号码，时时要更新工商登记号码。企业可受折腾了！

试问一下，如果各部门对于数据质量都各扫门前雪，准入登记和窗口业务总是在这种无用功上周旋，最终受折腾的只能是申请人。

李克强总理说，让信息多跑路，百姓少跑路，但实际上信息路不通，那只能百姓多跑路。可见，数据质量提升，需要共识，需要从方便申请人角度出发！

我的企业怎么就成了"僵尸企业"？

无论央企，还是地方国企，甚至包括一些集体企业及其名下的企业，都出现了一批的"僵尸企业"要求清退的现象。应这些企业的主管部门的内部督察规则要求，都纷纷来市民中心行政服务大厅申请办理"僵尸企业"的清退。同时一些民营企业因为早年被吊销之后一直没有及时办理注销，致使法定代表人进入黑名单，名下的资产无法清理，有些高管成员的授信以及在其他部门个人信息的应用受到限定。

实事求是地讲，这个情况在深圳非常常见。其原因，我认为首先要归咎于曾经存在的传统的年检制度。也就是说，只要企业不来工商机关进行传统的年检申报，工商机关就进行批量吊销，而这种吊销是一种不正常的退出，也是一种行政处罚。这种行政处罚就等于把企业强制拉出去"枪毙"了，而企业实际上并没"死"，主体资格尚在，并可以进行诉讼活动，只不过经营活动受限。在这样的制度设计之下，被吊销的企业一定要来办理企业注销登记，否则后果严重。不来注销，名下的资产不能清退，因为只有成立清算组之后，清算组才有处理资产的职能。另外，由于大家的法律常识以及登记规则的薄弱，这种被吊销的企业都还大量存在，除了占有大量的名称资源不说，很多企业还处于一种僵尸状态，沉睡了一二十年之后，我们国家供给侧改革的号角吹响，信用约束启动，这时候才来办理。

"僵尸企业"如何依法予以清退，一直是注册登记部门研究的重要课题。2016 年，在时任深圳市企业注册局局长钟文教授的主导下，深圳出台了市《关于市属国有"僵尸企业"办理注销的指导意见》。根据这个意见并结合 2003 年市工商局出台的系列政策，我们清退了一批市属国有一级"僵尸企业"。当然，也有些人指责我们，说"僵尸企业"这样清退是一种违规的清退。那么试问一下，如果没有清退政策，那么所有的清退都是违规的，如果所谓的违规就是没有规则，在法有缺位的情况下，还让"僵尸企业"尽快清退，不清退部门内部绩效处罚，那不是把人逼上绝路吗？

现在市场上存续的大量的二级三级，乃至四级"僵尸企业"，该如何清退仍然是一个问题。同时民营企业在"破产不能"的情况下，企业的清退在我们国家目前还没有破题。我个人认为改革提倡立法先行，在于法有据的状态下进行，当然是完美的。但是如果要想改革，就要敢于突破，敢为天下先！我认为大多数实行的改革，首先就要突破现有的修订滞后的注册登记法律法规。

烦人的系统升级

很多企业申请进行变更登记的原因是留存在政府信息系统内的身份信息经过共享，流转到各个部门，而原来的身份证号码是一代身份证的，现在手中持有的身份证为二代身份证。还有些企业的营业执照仍然是老的注册登记号，现在登记机关的系统已经"简单粗暴"地直接赋予了统一社会信用代码，这个代码号也已流转到各个部门，霎时间手中的身份证在政府系统内不予确认，手中的老版营业执照在政府系统内也不予确认。

　　这种出于统计和升级换代的需要而产生的证件号码和营业执照号码的变更，使得申请人必须来登记机关进行变更，从信息源的发出处重新申请调整号码。平心而论，不应该把这种折腾强加于申请人，这是政府主导的事项，而信息的更新应该是一种自动的更新。如果让申请人必须主动来申办这项业务，这种变更属于无用功，不仅增加了窗口工作人员的压力，同时也使企业颇有微词。另外，最不能容忍的是这种号码的不匹配，使企业许多急需办理的业务如银行贷款、申领发票都办理不了。这种强制驱使企业必须变更的行为也让企业和服务窗口沟通不畅，解释工作耗费了窗口工作人员太多时间和精力，而急需投入精力研究解决的历史积案、新业态问题、行政效率与营商环境等重要的问题却被搁置了。

实名认证得把人急死

　　税务机关实行了实名认证的政策，也就是说企业在申领发票的时候先要实名认证。这个政策，对港资企业来讲，简直就是如临大敌。因为回乡证每一次换证，都有一个符号的更新，证件号的更新是动态的。我们公司登记机关在采集个人的身份信息时可以使用香港的身份证号码也可以使用回乡证号码，没有限制。现在税务的实名认证只认回乡证号码，而回乡证持有人证件号码是经常变换的，与税务机关系统内保存的号码，肯定有不匹配的地方。一旦不匹配实名认证就失败，发票就领不到，掐住了命脉。所以只能来商事登记机关来变更，这一变更这一排队，那把人都急死了。

　　实际上，政府部门与部门之间在推出新政策之前绝对是"想做什么没商量"。深圳于2016年10月出台的对房地产企业的限制政策，也没有实施细则，也没有及时调整。卡死一大批企业不说，也给我们的窗口工作人员带来了廉政风险。由此可见，政府的阶段性政策需要及时地修订更新，而这种阶段性政策严格意义上是不具有法律依据的，甚至处于于法无据的状态，必须予以重视。施政需谨慎，调研论证找基层。

为什么有这么多集团公司来注册？

为了服务方便，集团公司注册的业务没有放在各个辖区注册大厅，而是集中在市民中心行政服务大厅办理。

近两年来，发现越来越多的企业提出集团公司注册的要求，除了税务部门对集团公司的子公司之间同业拆借行为有优惠政策，导致集团公司注册的需求加大外，其他的企业都想通过注册集团的方式来扩大母公司某些经营范围的影响力，并且有意通过集团公司的形式，显示企业已经做强做大。

但是最近我们发现一些区块链概念、票据服务还有一些类金融经营范围表述的企业，特别想升级为集团，这些类金融企业营业范围表述中隐含的金融风险，是否能得到监管或控制也令人堪忧。

此前被拒的想升级为集团表述的某类金融企业，派了4个黑衣人来窗口大吵大闹，我也面无惧色，没有怯懦。最后确认，是不良中介为抢客户而发生纷争，泄愤到窗口。几个人先到各个辖区去闹，最后又来到市民中心行政服务大厅闹。对这种无理取闹的人，如果你服软，他们会越闹越凶。由此想到，这种集团公司注册其实是毫无意义的，集团登记证并不能作为一个企业的经营凭证，集团登记证不具备任何主体资格证明的效力。尤其当满大街都是集团公司时，更没有意义。集团公司的注册是要提高门槛还是要完全放开甚至取消，值得政策部门研究。企业成立集团公司，应作为一种商业运营的模式，如同加盟店，是协议联盟的方式，无需变成注册登记的项目。

又是公章问题

在窗口日常注册登记当中，以及企管注册登记的案件中，公司的公章、证照所有权之争从来没有停止过。真假公章的纠纷也从来没有停止过。

实际上有一个问题，就是公司在补刻公章的时候，原公章是否要交回，或者原公章不交回的情况之下是否需公告作废这样的程序。我记得历史上的新旧公章是没有变化的，但是现在刻制的公章是有个小小的编号在上面。公安局刻章机关只确认现有营业执照上显示的法定代表人是谁，只把公章刻给谁。因此企业如果被非法变更了法定代表人就有可能取得新的公章，将公司控制住，取得新的公章之后另一方占有原公章。所以新旧两个公章的有效性一直存在争议。

从实质上说，登记部门注重的不应是两套公章的问题，更应注重盖公章的函件或者内容，意思表达是否得到确认。我们不知道刻章的公安部门是否有规定，公司的公章新刻制了之后，原有的公章是否一概作废，再盖原有的公章是否属于一种非法的行为或无效的行为，或原有公章的法律效力受到限定。这些都得搞清楚，但有一点，必须重视对公章的保管，在章程中对公章的保管和使用应该有明确规定。

没能留住你

一个 1995 年成立、年纳税额达 1000 多万元的企业由深圳迁往天津。

出于职业敏感性，和经办人了解了相关的情况。经办人反映是企业内部运营的需要以及整合和业务拓展的需要，说企业的业务主要在天津运营。正所谓，"该留的谁也无法带走，该走的谁也无法挽留"。由此想到，企业迁出应该注意什么？

　　一般企业从深圳迁出到外地，首先要持有当地登记机关同意迁入的函，来市民中心行政服务大厅办理迁出业务。迁出业务非常简单，由公司出具股东会决议或者公司的决定，填表，经办人到场，申请迁出。登记窗口办理完后，转移到后台的档案中心，由档案中心整合企业登记档案和年检档案之后，通过邮寄机要文件的渠道送达当地。企业再在当地办理落户手续。

　　在这期间需要注意的几个事项：

　　一是商事登记的迁出，不以税务的结清为前提，但企业迁到当地之后要办理税务的衔接，此时需一并办理完毕。

　　二是窗口办理迁出时需要收取企业的营业执照正、副本，公章暂时不缴。企业在此期间若要用到营业执照正、副本，需要先提前做好安排，否则在邮寄过程中，或者在落户之前拿不到相应的营业执照，会带来不便。同时到当地落户之后，要刻新公章。

　　第三，目前这个业务有个不完善的地方，由于我们的登记系统的缺陷，企业迁出深圳之后在外网的公示信息上无法显示出该企业办理了迁出的现实情况，只有手上的迁移通知书可以辅助证明，给信息共享带来不便，亟待改进！

我的公司为什么注销不掉？

　　最高人民法院关于失信人的惩戒措施不断出台。对坐火车、飞机，子女报考，包括税务失信人数据、婚姻失信人数据都出台了一系列限制政策，形成了一种"一处失信寸步难行"的局面。

　　大批量因早年过罚不当的传统年检制度而形成的吊销企业也前来申请注销，目的是使企业的高管或者法定代表人移出限定的名单。但是这种沉睡了多年的所谓"僵尸企业"，在司法破产不能清算的情况下，走工商登记的正常注销非常困难。相关人员失联、公章缺失、账册缺失、股东联系不上，致使注销陷入了僵局。实际上，由于清算报告涉及股东的权益，涉及公司项下资产需要股东签字，股东找不着，注销这件事情就无从说起。黑名单的人员移不出来，受限的情况解除不了，名下的资产没法处置。很明显，现在退出一个企业比设立一个企业要难得多，而合法的退出渠道，无论从登记机关到监管部门均没有破题。

不应该让企业为了章程跑断腿

很早以前，工商局为了方便企业制定了模板章程，这下可好，企业都抄模板，章程都长一样。每个企业的情况不同，将来面临的后续纠纷其成因也不同，等到真有纠纷时，在模板章程上根本找不到对自己有利的条款。

章程自治性的条款设计，应该提倡。好不容易提倡了自治性条款，又来了全程电子化模式，又粘贴了模板章程，似乎又对企业起到了强制性的引导。

个人认为：第一，对经过国务院国资委或有关国有资产部门，及上级主管部门审核的章程，不必过于苛责。第二，对经过证监会或保监会确认过的章程，更应该给予信任。也就是说充分尊重企业的行业规范，而不是斤斤计较于章程没有按照死板的模板来写，就是一个不合规的章程。

只要不违反《中华人民共和国公司法》的强制性的规定，经股东确认，该章程就应该有效。

全国第一亿张执照诞生

全国第一亿张营业执照诞生。

在登记注册窗口太多年了，全国商事登记部门从业人员在资源有限的情况下（我印象里，深圳商事登记窗口人员包括公务员、雇员、职员、外包劳务人员，加一起也就不到 300 人。但商事主体总量已经突破 300 万），超负荷工作的情况无需说太多。

对这个问题也说点儿反思的话。

第一，这么大的工作量必然带来更大的监管工作压力。政府管不了也管不好的事情，该如何放权给社会，是应持续进行研究的课题。

第二，以营业执照为中心而延伸的各种注册制度，也必须改革，凡事不应必须依托营业执照来认定。

第三，商事登记自身的行政许可制度应该发生改变，更多的事项应由登记转为备案，更多的行政许可转为行政确认，要把登记部门宣示登记的本质体现出来。

第四，这么大的登记量，应更多地研究一下注册登记的量和商事主体退出的量是不是倒挂，对活跃度的研究目前没有权威数据公布。

第五，"僵尸企业"的清退。深圳在国企"僵尸企业"清退方面探出了路子，但民营"僵尸企业"的清退，尚无相关改革措施，"过罚不当"的年检吊销制度带来的"灾难"依旧没有完善方案。虽然说，活跃的市场应该有巨大的商事主体量来承载，但是注册质量和交易安全也是优质营商环境需要的。

霸章应该"挨揍"

日常工作中，我对这个问题感触很深。

大多数公司的争议、纠纷，以及久拖不决的信访和无解的公司僵局，很多来自于证照、公章控制权之争。

根据《中华人民共和国物权法》，公司证照所有权属于公司，必须依法返还，谁都无权占有。目前补刻公章问题，公安机关只刻给营业执照上的法定代表人，报社登报也只认营业执照上的法定代表人的申报。没有公章的新法定代表人想盘活公司，又苦于没有公章无法完成工商登记，向法院提起诉讼需加盖公章，好不容易不加盖公章可以提起诉讼了，占有公章的人又提出撤诉。

总之，各部门的规定不同，导致企业陷入无路可走的僵局，致使不讲理的一方反而变得强势了。这个问题值得思考，我个人觉得应有更多的渠道对被霸占的公章进行效力否定。

服务，是窗口不变的主旋律

商事登记窗口在市民中心行政服务大厅的东厅，占据了非常显眼的位置。窗口的同事们几乎是清一色的女性。正是这支娘子军，肩负着商事主体注册登记、股权质押、法院查封、特种设备、工业产品备案、商标受理、机关事业单位统一社会信用代码证书发放等与商事主体运营息息相关的重要、复杂业务和繁重的窗口服务工作。进驻市民中心行政服务大厅以来，我们就以"深化商事登记制度改革，提高窗口综合服务能力"为工作重点，通过加强窗口业务组织能力，优化办事流程，完善并统一审核标准，强化资源整合、信息共享、业务协同等服务方式，不断提升政务服务品质的内涵和外延，进而推进"多证合一、一照一码"登记新模式的纵深发展。

在这里，窗口工作团队一致的理念是：窗口，不是一个权力部门，服务才是核心理念。在充分认识商事登记的本质属性基础上，我们辛勤工作，在服务内容、服务水准、服务效能方面交出了一份漂亮的成绩单。

一、服务内容

市民中心行政服务大厅东厅窗口进驻的业务目前有 14 个种类，包含 56 个与经济发展和国计民生息息相关的重要审批事项。举个例子，国有企业、上市公司、集团公司等的注册登记、迁入，法院查控股权保全当事人资产，股权抵押，商标受理等都是我们这里的办事事项。

世界五百强、中国五百强、深企上市公司、总部企业、直通车企业、大型国企、市政府重大招商引资项目更是我们的服务对象。

从业务量上看，2016 年共办理各类行政审批及服务事项 104097 件，其中即来即办件也就是这边交材料那边窗口立等可取的是 72056 件，占总业务量的 71.27%；承诺件也就是 3 个工作日办结的共 32041 件，占总业务量 31.69%，其中提前办结量为 16956 件，达到了 52.92%。

面对这些高端复杂业务，市民中心行政服务大厅东厅窗口在团队专业化、管理标准化以及业务创新、风险防控等方面做出了不懈的努力，为深圳的经济腾飞做出了贡献。

二、服务水准

窗口是投资人和创业者实现经营愿望接触的第一个界面，高超的服务水准体现出国际化城市的接纳力度，每一个真诚的微笑和每一次清晰的指导就是窗口的温度。对新兴业务和复杂业务，窗口有"新业务研究审查小组""稀有案例研究小组"；对重大项目的引进，我们有"先期介入指导小组""远程材料预审小组"；对阶段性政策调整和清理整顿业务，窗口有"质量核查小组""数据监控小组"；对容易产生自由裁量权不规范运作的领域，有"风险防控小组""规则补充小组"。

越是高端业务，申请人越需要与之匹配的窗口服务水准。即解决复杂注册登记问题的能力、法律法规应用的能力、法律风险的评估能力、示范案例的形成能力。没有扎实的业务功底和法律素质，就无法提供精准、及时的注册服务。

三、服务效能

以商事登记为例，目前窗口的登记模式是"营业执照、组织机构代码证、税务登记证、刻章许可证、社保登记证"，以全程电子化申报的申请方式，办理多证合一的营业执照，且一照通行、替代其他。这对信息共享、业务协同方面的要求提出了更高的水准。

我们助力深圳发展，成功引进了一系列重大项目，包括南京金龙新能源客车基地落地深圳项目、中国电子信息产业集团重大投资项目、恒大地产集团整体迁入深圳项目、世界五百强史泰博公司华南总部落户深圳的筹备项目、国家工商总局商标受理窗口授权深圳启动项目，为这些重大项目提供及时高效的注册服务，受到企业的好评。

同时，按照省委省政府对国有"僵尸企业"出清工作的要求，在我们的努力工作下，市属国有"僵尸企业"出清工作取得重大进展，提前完成了预期计划。我们还组织起草了《关于市属国有"僵尸企业"办理注销的指导意见》，这是我市出台的具有改革精神且于法有据的、在全省乃至全国都具有示范效应的重要制度规范。

在这里，做窗口服务的大多数为女性，她们以女性特有的温柔和细腻，将窗口服务精美化。无论申请人提交多么复杂的业务，在这里，严密的法理逻辑、纯熟的法律应用水平和研究水平都能回应匹配的处理意见。即便是股东之间有纠纷、企业在窗口办理业务受阻，窗口同志也能详尽告知其"法律风险和后续诉讼隐患"，当事人也能从一时的不理解、抱怨、指责到股东间"化干戈为玉帛"，诚意到窗口表示感谢并致歉。

作为商事登记制度改革的直接执行部门，商事登记窗口以改革的步履、工匠的精神，在窗口受理的角色定位中以坚定的理念，"把自己当做申请人"

来钻研业务，提高窗口服务的便利化。

全国首张新版商事主体营业执照在这个大厅颁出，全国首张"多证合一、一照一码"营业执照从这里发出，全国首张以有限责任公司登记、名称登记为"医院"而不加后缀"有限责任公司"的设立登记 在这里审批，全国第一家以新的经济组织形式注册相互保险组织机构也从这里获批。

我要歌颂这支娘子军，我要赞美这些新时代的女神！

锦旗故事之勇破公司僵局

"似春风化公司僵局，树公平助企业腾飞"，看着鲜艳锦旗上的这两列大字，我脑海里不由得回想起当时的那一幕场景。这面锦旗，标志着一场于2016年底开始，由股东纠纷引发公司运营陷入僵局的状态终于得以改变，纠纷双方股东握手言和。

2017年5月15日，深圳市××联合股份有限公司的高管和法务拿着锦旗来到市民中心，向市民中心行政服务大厅窗口的同事们表达感谢和敬意，锦旗上写的就是上面这两列大字，非常生动地诠释了当时的故事，也是对市民中心商事登记窗口在保护股东权益、审慎审核方面所付出的努力和成效表示由衷的肯定和感激。

2016年11月7日，深圳市××联合股份有限公司对法定代表人进行了变更，此次登记通过全流程无纸化网上商事登记模式办理。没想到，刚一变更，对此次变更持有异议的一方立即表示要求撤消此次登记。原因是这次变更是在原法定代表人不知情的情况下，由他人非法占有机构数字证书进行的申报。该公司先在宝安局提出异议，强烈要求撤销此次法定代表人变更登记，但因不符合撤销登记的条件，被宝安局驳回。在此情况之下，公司又跑到这里，以面临停业、700多人就业失稳为由到注册局和市民中心行政服务大厅上访，要求撤销登记，纠正变更。

稳定是天大的事情。进驻市民中心行政服务大厅的注册科窗口面临着极大的压力。既不能让矛盾激化，也要依法办事，同时更不能为息事宁人，答应企业的不合理诉求，进行简单处理。领导之间、同事之间也有不同的看法和意见，有些领导也主张再进行一次法定代表人变更，恢复变更前的状态。

说一千道一万，在火烧眉毛的时刻，顶住压力快速拿出解决方案，避免造成失稳事件，才是王道。我迅速组织注册科的业务骨干组成工作小组，以严谨的法律逻辑和明确的法律依据为基础，拿出了解决问题的方案，同时，动之以情，晓之以理，让双方股东接受了我们的解决方案，在达成的和解协议上签字。在双方无争议的情况下，办理了法定代表人的再次变更。

岂料一波刚平，一波又起。2017 年 1 月，该公司又提交申请，要求变更董事、监事并进行章程备案登记。基于该公司此前法定代表人的变更申请已经引发了纠纷，且股东之间存在严重分歧，影响面较大的原因，窗口工作人员在审核此次申请时比较谨慎。

经仔细核查该公司备案登记材料，窗口工作人员发现该公司股东大会决议内容中第二条"审议表决解除 ×××、深圳 ×× 新能源环保股份有限公司、薛 ×× 股东资格，其持有股份另行向 ×× 募集"存在较大的问题。经认真研究，该公司章程中的内容，实质是想以章程备案的方式将 3 个股东除名，明显违反了《中华人民共和国公司法》的相关程序。依据《中华人民共和国公司法》及相关规定，股份公司股东退出机制并无通过除名的方式除去股东资格的相关程序。但该公司的法律顾问称，他们是根据《中华人民共和国公司法》解释三第十七条的规定来对股东进行除名的，此次除名是有依据的。

由于没有即时通过审核，情绪激动的经办人满腔怒火，写函投诉到注册局，说我们窗口故意刁难。面对这些，窗口的同事们保持了克制和隐忍，未急于自证清白，而是先将解决企业问题放在首位。经认真研究得出了审核结论：该公司股东会的召集程序、议事规则存在重大瑕疵，股东会决议效力待定，容易引发效力确认之诉。

经多次与该公司经办人沟通和座谈，并拿出明确法理依据与其论证，该公司和登记机关终于达成共识。经企业内部推进和解，最终提交了符合登记要求的股东变更的章程备案，才有了双方股东共同到注册窗口共同办理登记，共同见证预示着公司步入正轨的新执照产生，并向窗口工作人员赠送锦旗的场景。

市民中心行政服务大厅商事登记窗口处理的多是复杂业务，"公司僵局处理"一直是注册科长期致力研究的专题。我想，作为直接面对企业的窗口工作人员，扎实的业务功底是解决疑难杂症的基础，提高研究问题和解决问题的能力，提供有品质的服务，应该始终是窗口工作不变的宗旨。

锦旗故事之 5 万元的历史遗留问题

记得那一天阳光和煦，春风微拂，市民中心行政服务大厅和往常一样，繁忙而有序，窗口的同事们正在专心致志地工作。我清楚地记得深圳××精机有限公司的高管和经办人来到市民中心行政服务大厅窗口送锦旗！锦旗上面写着：以扎实的法律功底，解决历史遗留问题。

又是一个服务企业的精彩故事。

深圳××精机有限公司是于 1994 年 5 月设立的有限责任公司，该公司此前在我们窗口办理的是吸收、合并业务，即深圳××精机有限公司作为存续方办理变更，深圳××精密五金有限公司作为被吸收方办理注销。这本是一项很平常的业务，企业准备好材料，就能正常办理。但窗口受理人员在审核时发现了一个数据误差问题，误差虽小，但影响到整个吸收合并的业务流程。

原来，该公司在 1994 年实缴的注册资本，与企业登记系统内显示的数据，以及原市经信委登记的数据有 5 万元的误差。虽然是注册资本为 2082 万元的公司，但是这 5 万元的误差导致此次吸收合并所涉及的所有有关合并的文件依据缺乏完整的数据支撑。而该公司又属于国企的吸收合并，所有的文件都是经过内部审计，基于该公司实际发生的财务数据而生成的，5 万元的误差看似小，但如果要按照许可部门系统内生成的数据来约束，所有的文档、材料都要重新完善。辛辛苦苦几个月做的文件，全部要推倒重来！加之国有企业内部议定一个事项，期间的流程和环节非常复杂，要按主管部门要求的时间，完成资产重组工作几乎不可能了。完不成任务，接下来又面临着审计违规和内部绩效考核的问题，牵涉到公司领导自身的责任和利益。企业急得像热锅上的蚂蚁，经办人更是焦头烂额，不知如何向领导交代。

面对企业的困境，我们没有置之不理，一拒了之。窗口的同事们发现了这个问题之后，积极联系原市经信委等部门，并认真检索档案，帮企业找出此次材料变更属于合理诉求的依据，并告知企业首先要在外资审批的部门——原市经信委纠正数据，以保证此次吸收合并的合规性。由于年代久远，很多资料一时难以找到，我和同事们没有放弃，继续积极协调，在各方的努力下，终于帮企业完成了在原市经信委的信息纠正。信息纠正后，窗口及时协助企业完成了吸收合并业务的办理，企业非常满意，给我们送了锦旗。

企业的事情办完了，办好了，我作为窗口的首席代表，内心却还有许多思考。注册资本制度的改革是在深圳率先实施商事登记制度改革的探索之下，在全国推开的。虽然注册资本制度已由实缴制改为认缴制，但是注册资本，究其本质而言，实际上是股东对外承担责任能力的一种担保，一种宣示。因此，根据法律的精神和企业的实际情况，我们对该企业注册资本的实缴情况和对企业登记档案所记载的数据进行了确认，在此基础上，完成了此次吸收合并的业务操作，充分发挥了商事登记机关注册登记公示的作用。窗口受理人员黄远芳同志、陈玉珊同志还在企业办理预约之后，加班加点，进行了所有登记档案的梳理，提出了专业性的意见。窗口复杂业务工作小组专门进行了讨论，之后在原市经信委纠正信息的基础上，快速进行核准，使得企业如期完成了国有资产的并购重组。这虽然是一单具体的业务，但是也凝聚了窗口同事们辛勤的劳动，他们就是深圳营商环境的基石！

记得来送锦旗的时候，该公司的经办人感激地说："这个存续了25年之久的历史错误，在今天的吸收合并中显得如此重要。你们的业务水平和尊重事实的态度，特别是一切从企业的角度出发、为申请人服务的理念，深深感动了我们，也使我们这件事情顺利解决，为我们赢得了时间，也避免了我们的绩效被扣分，全年的奖金被扣掉。所以我们不知道怎么表达自己的感激之情，一面锦旗算不了什么，我们送这面锦旗是想鼓励你们以这样的态度，为更多的企业服务……"

深圳的国企在原来法律法规不健全的情况下，生成的历史遗留问题还是很多的，在这方面的历史积案也相对较多。市民中心行政服务大厅窗口凭借着近两年按国务院的政策完成的大量国企改制和"僵尸企业"清退的工作经验，不断提高分析问题和解决问题的能力，相继成立了复杂业务处理小组、新兴行业服务处理小组、市政府重大项目先期指导小组。这3个小组为我市引进企业落地重大项目，特别是国企改制、"僵尸企业"清退等复杂业务的处理，发挥了专业的作用，为深圳市营商环境的优化做出了贡献。

锦旗故事之华为的赞誉

"以高超的法律功底，为企业提供精准服务！"

这是华为给我们市民中心行政服务大厅商事登记窗口的同事们赠送的锦旗上的字。"能服务华为这样有民族风骨和深圳经济特区创业精神的企业，是我们的荣幸。"获赠锦旗时我这么说。收到世界一流企业的锦旗，说明我们具备了为世界一流企业服务的能力，我们感到自豪，也树立了自信。

华为近年来业务拓展迅猛，相应的注册登记办理需求也随之增多。该公司在我们的新系统上线后在申报时遇到了问题，注册局信息科第一时间连线信息中心，信息中心做出快速反应，迅速为该公司解决了问题。要"密切关注新系统上线产生的问题，及时报告，跟进解决，不让窗口的矛盾发酵"，这是企业注册局领导在新系统上线第一天到市民中心行政服务大厅商事登记窗口检查工作时提出的工作要求。

前一段时间，华为出于业务布局、业务拓展以及内部资产整合的需要，内部做了一系列旨在提高公司竞争力以应对变化的市场环境的调整。我们商事登记窗口高度重视华为的业务需求，与华为的法务部密切沟通，自该公司内部企业规划一经生成，就与企业共同完善注册登记材料。对其提交的登记材料的合规性提出意见，并组织专门的业务小组为华为提供优质的服务，提前量身定做注册登记材料，使华为以最快的速度完成所需的业务整合，为华为顺利进行业务拓展提供了优质的服务和保障。我们还就新的《民法总则》颁布后华为股权架构设置问题，与该公司进行了法律层面和实际登记操作方面的研讨，为华为提供了精准的注册登记服务。窗口的高水平优质服务，让华为深受感动，对注册窗口为大企业提供的专人对接、前期指导、高效办理，以及法律研究方面的能力和水准表示高度赞赏。

华为总部的高管成员这样评价道："我们华为在全国各地都有机构设置，比较各地的政府服务来说，深圳的政府服务确实代表了一线城市的水平。我们对深圳充满感情，扎根深圳做大做强，是我们一直的意愿。"

还记得有一次，华为在外地参加当地的招标时，当地的招标中心对于华为经营范围的认定不清晰，做出了不切实际的主观判断。我根据企业的要求，积极为企业进行协调，从注册登记的核准规则上与当地招标中心进行沟通，解决了遇到的问题。

在对大企业服务过程中，我们窗口的工作人员深有感触。这些公司的法务团队对于法律条文的应用是非常专业的，但是公司在法律条文与注册登记规则的衔接上缺少相应人才。我们根据这种情况建立的注册登记窗口业务小组与大型公司法务的沟通机制，不仅能了解大企业运作时遇到的问题，还能了解到政府改进服务的空间。

"打造优质的营商环境"不是一句空话，服务企业的能力和水平是窗口服务品质的主要表现。事实上，我们窗口一直按照市委市政府服务大企业、重点企业、总部企业的精神，紧密结合市民中心行政服务大厅"抓服务，促管理"的理念，为大企业提供优质的窗口服务。随着市民中心行政服务大厅对窗口服务提出的更高要求，我们窗口面对新的工作任务将一如继往，攻坚克难，扎扎实实践行商事登记制度改革的各项措施，提升服务品质，为深圳营造良好的营商环境。

锦旗故事之为创新加油

2016 年的国庆节过得特别舒坦。节后上班第一天，我们窗口就收到了盈富泰克国家新兴产业创业投资引导基金（有限合伙）送来的锦旗，该企业送的锦旗上写着烫金大字："便捷高效热情，服务创业创新。"

该公司是继国家工商总局等十七部门关于印发《开展互联网金融广告及以投资理财名义从事金融活动风险专项整治工作实施方案》实施以来，第一个经深圳市投资类企业联合评审会审核通过的名称和经营范围中含有"基金"字样的公司。由于基金备案环节存在规则要求，该公司在登记注册方面存在一定的难度。即便此类审核通过备案环节，财政部和国家发改委出于政策需要，也会不断调整引导基金成立的程序和要求，导致先行备案信息和工商注册申报的内容有一定的差别。

根据有关方面的安排，国家有关领导人要在我市"双创周"上现场见证国家引导基金的成立。国家财政部和国家发改委要求该公司以盈富泰克国家新兴产业投资基金管理有限公司和深圳市龙岗金融投资控股有限公司为股东，先以 1 亿元认缴出资的规模，在十一之前完成登记注册，以保证

"双创周"活动如期推进。同时该公司拟于后续进行相应变更登记增资扩股，增加国家财政、深圳市政府、银行及其他国企等股东，最终使基金规模达到 100 亿元。

在接到企业的申请材料后，我们深感责任重大，任务紧迫。在向有关领导紧急汇报了相关情况后，我们按照局领导的指示，与金融办加紧沟通，在现实登记规则允许的情况下，具体问题具体分析，着力解决该公司问题，以保证不影响我市"双创周"开展的活动。我带领注册科窗口业务骨干深入研究该企业遇到的相关问题，并认真研究现实的操作规则，多次登门与金融办沟通协调，向金融办领导反映该企业的现实状况，最后经双方达成共识，在不改变评审内容实质的情况下，给予注册。

加强业务规范，提升窗口服务能力，是我们的服务宗旨。在现实法律法规不断更新的情况下，以扎实的业务功底提升研究问题和解决问题的能力，是我们不懈的追求。这面锦旗来之不易，我们会继续努力前行。

锦旗故事之不约而同的感谢

2017 年 8 月 4 日，腾讯和华强集团两个公司的办事人员不约而同地一起来到市民中心行政服务大厅窗口给朱东波同志送来锦旗，对近年来两大公司在业务拓展、公司运营以及上市过程中所得到的优质注册服务表示感谢。他们真诚地表达和交流的场景，感染了周遭的人群，引得市民中心行政服务大厅很多办事人员为此驻足、鼓掌。

出现这样的场景绝非偶然。近几年，腾讯和华强集团作为深圳本土企业都发展迅猛。腾讯投资领域扩大，由此产生的注册服务需求也多，特别是在国家混合所有制改革的大方向下，腾讯在企业运营中对政务服务的效率提出了更高的要求。公司对外投资过程中，窗口工作人员先期的介入指导对企业很重要，节约的行政成本有时不可估量。腾讯几个项目的成功落地，得益于朱东波同志在法律、法规以及现实注册登记规则上进行了及时而详尽的指导。特别是 2016 年新系统上线以来，针对申请模式发生的改变，朱东波同志也为公司的多位办事人员进行了辅导和培训。华强集团近年来发展迅猛，在完成了项下投资项目和关联公司的注册梳理后，成功上市，期间需要完成的注册工作量大且时间紧迫。

两个公司的办事人员均表示，多次想来表达他们的谢意和感激之情，都被低调的朱东波同志婉拒，总是说做好服务是职责所在，也不是他一个人的功劳。坦白地讲，注册服务对企业的发展虽然不是最重要的环节，但是确实在合法确权方面起到了至关重要的作用。及时确立法律主体的地位，对企业合规运营和对外拓展业务十分重要。

对每一单业务里遇到需要补正的内容，我们的同事都是让企业办事人员不但知其然，而且知其所以然，总是精准拿出明确的法律依据和规则依据。对于法有缺位的材料，提交科里业务小组认真研究反复论证，不轻易说"不"，但说出的"不"绝对站得住脚。两个公司办事人员的法律素质以及来窗口办事能力也随之提高，工作能力、工作业绩在公司也得到了认可。办事人员的体验才是用户体验，办事人员要的就是良好的窗口服务品质。

市民中心行政服务大厅的窗口业务与各辖区局的业务相比较，有其特殊性，业务的复杂程度高，同时面对的大企业业务也具有一定的敏感性。这些代表着深圳民营或国有经济发展风向标的大企业，对政府效能有着更高的要求，特别是对与深圳市政府签订重大战略协议的企业项目及时落地，注册服务至关重要。多年的窗口工作经验、法律素养和职业敏感性，使得朱东波同志成功解决了很多注册难题。正如他所讲的，"我是一名军人，服从和执行是我的天职，军人在任何时代、任何领域、任何场景都应是一名勇士。"他是这样说的，也是这样做的。

窗口是投资人最先接触的界面，窗口服务体现了一个城市的接纳力度和温度。正因为有朱东波同志这样的窗口工作人员，"本着对企业负责"的注册服务精神，在市民中心行政服务大厅起到了很好的示范效应，是创建深圳良好营商环境的一面旗帜！

锦旗故事之为人才服务

"尽职尽责为企业，高效规范办实事！"

"热情服务，廉明高效，情系企业，鼎力相助！"

两面鲜艳的锦旗又送过来了。深圳市人才集团有限公司和其下属的千里马国际猎头公司领导一行来到窗口，对我们窗口按照市委市政府"人才强市战略构筑深圳发展新优势"战略部署，在深圳市人才交流服务中心有限公司成功转型升级为深圳市人才集团有限公司的过程中，所提供的高效精准的注册服务表达真挚的感谢，并以深圳市人才集团有限公司和深圳千里马国际猎头有限公司的名义向窗口赠送了锦旗。

深圳市人才集团有限公司前身为深圳市人才交流服务中心有限公司，是1984年成立的深圳首家专业人才服务机构，是深圳市国有资产监督管理委员会委托深圳市投资控股有限公司管理的全资直属企业。深圳市人才集团有限公司旗下包括深圳市千里马国际猎头有限公司、深圳市对外劳动服务有限公司、深圳市深劳人力资源开发有限公司、深圳市人才服务中心（二级事业单位法人）等行业领先企业。经过30多年的发展，深圳市人才集团有限公司已成为中国人力资源行业的领军企业，已成功转型升级为面向国际的大型综合性人力资源服务商和整体人才解决方案供应商。

为配合落实《深圳经济特区人才工作条例》有关人才培养、人才引进与流动、人才评价、人才激励、人才服务与保障等方面的规定，我们窗口在人才集团申请注册之初，从协调注册局名称科名称核准到为其量身定制全套注册登记材料等阶段都全程跟踪，提供高效、高质量的服务。独资控股企业深圳市人才集团有限公司成功落户深圳市人才公园的同时，深圳市千里马国际猎头有限公司也顺利完成注册，其注册资本达 1 亿元，许可经营项目涵盖猎头（高级人才寻访）、人才测评、招聘流程外包、管理咨询、人才征信、背景调查、人力资源培训、人力资源服务外包。该公司将在北美、欧洲等地设立分支机构，加大在全球猎头市场的布局，并按照市委市政府"人才强市战略构筑深圳发展新优势"战略部署，结合深圳对高端人才的需求，引进全球高端人才，建立全方位优才品质服务体系，力争三五年内成为国际一流猎头公司。

　　深圳市人才集团有限公司在赠送锦旗的现场表示，市民中心行政服务大厅窗口在协助登记落户、转型升级等各个方面进行全力保障，为落实深圳市委市政府"人才强市战略构筑深圳发展新优势"战略部署、打造国际一流人才集团做出了决定性贡献。确实，人才公园的揭牌时间紧，任务重，我们窗口工作团队为了顺利完成有关工作，加班加点，严谨认真，确保了人才公园的如期揭牌和各项人才战略项目的如期启动。

　　人才强市是我市重大战略方向，腾飞的深圳需要高效能的注册服务。我们窗口将再接再厉，与有关部门携手并进，强化沟通，密切配合，深化合作，继续为落实深圳的人才强市战略保驾护航。

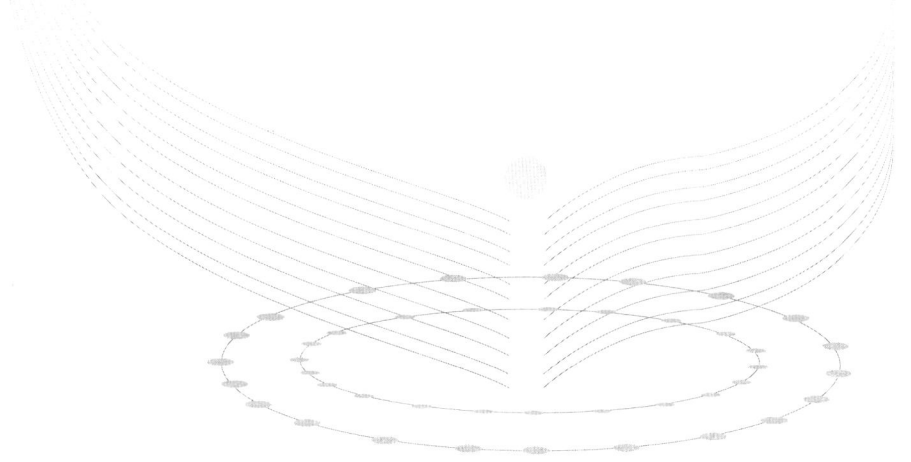

下 篇

首代答疑

第一部分　设立登记

1. 股东能否以自己的技术出资？

可以的，除了《公司登记管理条例》规定的不能出资的范畴外，其他出资方式都没有限制，但需要全体股东一致同意并且在公司章程中明确载明。商事登记机关不审查出资情况。

2. 想要在名称中申请一个简称，但是名称系统里面没有填入简称的地方，该如何申请？

任何一个企业都可以适当简化自己的名称。简称一般在商业广告和商业运营中使用，但是在公司登记中原则上不能登记简称。

3. 企业在提交注册登记材料时，签字人不能签字的时候，可以委托其他人签字吗？

可以，不需要进行公证，但要明确委托签字的文件范畴和日期。具体办理签字程序时应在相应处签署法定代表人的名字（××代签）。

4. 设立有限责任公司时对股东的年龄有限制吗？

对股东年龄的限制是按照《民法总则》中规定的是否是具有民事行为能力的人的范畴来规定的。除个体工商户经营者、合伙企业合伙人、个人独资企业投资人年龄必须满十八周岁外（十六周岁以上不满十八周岁的公民，以自己的劳动收入为主要生活来源的，视为完全民事行为能力人，因此也可以作为投资人或经营者），有限责任公司股东可以是未成年人，由监护人代为行使公司股东的权利。未成年人担任有限责任公司股东的，需要在公司章程里面记载监护人信息（此项业务无法走全流程办理），如果监护人和未成年人的户口同在一本户口本上的，例如父母，就不用公证，提供户口本即可。如果不是，则需公证。

5. 想在深圳办个医生集团怎么登记？

首先，医生集团跟普通的集团公司不是一回事。也就是说"医生集团"不是一般意义上的集团公司，只是一个叫这个名字的普通的有限公司，但这样的企业，其设立登记有别于其他企业，具体的规则如下：

（1）名称方面：名称中的行业用语可表述为"医生集团"字样，如深圳市 ×× 医生集团有限公司。

（2）经营范围方面：A. 主营业务可直接表述为"提供医疗卫生人力资源管理服务"。B. 从事其他与医疗机构及诊疗活动、医疗器械等相关的许可经营项目的，应在经营范围后加注"从事与医疗机构及诊疗活动、医疗器械等相关的属于法律、法规规定应当经批准的许可经营项目的，须取得相关许可审批文件后方可开展相关经营活动"。

（3）商事登记部门将医生集团企业信息推送至相关行业行政主管部门。

（4）试点期间已成立的医生集团企业不强制要求其按本规则进行调整。

6. 实收资本到位，要不要到登记机关再办理登记？

目前，深圳已经取消实收资本备案事项，在商事登记簿中不公示实收资本事项。实收资本不再作为工商登记备案事项。商事主体登记时，无需提交验资证明，登记部门也不再办理实收资本备案。因此，股东出资在认缴制的情况下，股权可以分期到款，每一次到款之后，也不需要再来登记机关登记。

7. 如果公司的认缴资本全部到位或者到位了一部分，该怎样公示？

此种情况下，公司应自行公示注册资本实缴情况。根据《企业信息公示暂行条例》第十条第一款规定，有限责任公司或者股份有限公司应当自其股东或发起人认缴和实缴的出资额、出资时间、出资方式等信息形成之日起

20 个工作日内，通过登录深圳市市场监督管理局网站"企业公示信息填录"系统自行填报相关信息。根据《企业信息公示暂行条例》第八条、第九条规定，公司应当在年度报告中填报其股东或者发起人实缴出资的相关信息。公司对其填报注册资本实缴信息的真实性、合法性负责。

对公司注册资本实缴情况的查询，相关利益方如果需查询有限责任公司股东或者股份有限公司发起人认缴和实缴出资等相关信息，可通过商事主体信用信息查询平台中"商事主体年报信息及企业公示信息"栏目查询。

8. 如果我曾是一个中国留学生，在已经取得了外国的国籍的情况下，想在国内开公司做内资企业，可行吗？

如果你已经取得了外国国籍，想做内资企业，可以考虑深圳市政府出台的鹏城英才计划。《深圳市政府关于鼓励出国留学人员来深创业的若干规定》里面有相应的规定，请比照上述的规定，结合自身的情况再来商事登记机关登记。具体来说，根据上述规定第七条，留学回国人员凭市引智办（深圳市引进国外智力领导小组办公室）出具的留学人员"资格审查证明"或"留学人员来深工作证明书"和本人护照可以成为公司的股东，可以注册外商投资企业或者内资企业。

9. 如果想办学校、办培训班、办教育学院，现在有什么新规定，如何办理？

根据 2017 年 9 月 1 日国家工商总局和教育部的联合文件，企业未经审批机关审批并获得相应行政许可的，名称中不得含有"大学""学院（商学院）""学校""高中""幼儿园""进修""专修"等可能对公众造成误解或者引发歧义的内容和文字，但从事相关行业、作行业限定语等使用的除外。如企业申请有上述内容和文字的公司名称需申报以下手续：

（1）需先获得教育部门筹建批文；

（2）到企业注册局名称科现场申请开通系统权限［所需资料：特殊名称申报表（现场领取）、全体股东出具的申请书、经办人身份证复印件］；

（3）重新进入网上申请，从"需办理前置审批的企业"入口进入，预约至窗口办理。

（4）只能以有限责任公司和股份有限公司的形式申请。

10. 申请设立一人有限公司有何特殊规定，这样的公司日后会有什么限制吗？

（1）一人有限公司包括自然人独资和法人独资；

（2）一个大陆自然人在中国境内只能设立一个一人有限责任公司，该一人有限责任公司（自然人独资）不能投资设立新的一人有限责任公司；

（3）已注册外资一人有限公司，可以作为股东注册多个一人有限公司；

（4）只在设立或变更为内资一人有限公司（自然人独资）时需提交一人有限公司承诺书，其他均不需要。

11. 股份有限公司有几种设立方式？

股份有限公司是指将全部资本划为等额股份，股东以其认购的股份为限对公司承担责任，公司以全部财产对公司债务承担责任的是法人。股份有限公司可以采取发起设立或者募集设立两种方式设立。

发起设立是指由发起人认购公司应发行的全部股份而设立公司。即在设立时其股份全部由该公司的发起人认购，而不向发起人之外的任何社会公众发行股份。

募集设立是指由发起人认购公司应发行股份的一部分，其余股份向社会公开募集或者向特定对象募集而设立公司。

与股份有限公司密切相关的两个常见术语需要熟悉，一个是上市公司，是指其股票在证券交易所（上海证券交易所和深圳证券交易所）上市交易的股份有限公司；一个是新三板上市公司，这类公司不是真正意义上的上市公司，仅是其股份在全国股份转让系统进行交易的公司。全国股份转让系统是继上海证券交易所、深圳证券交易所之后第三家全国性证券交易场所，主要是为创新型、创业型、成长型中小微企业发展服务。

12. 股份有限公司设立时对人数有何要求？

根据《中华人民共和国公司法》的规定，设立股份有限公司，应当有 2

人以上 200 人以下为发起人，其中半数以上的发起人须在中国境内有住所。设立时，股份有限公司必须成立董事会和监事会，监事会成员不少于 3 人，董事会成员由 5 人至 19 人组成（包含董事长）。

13. 设立股份有限公司对注册资本有何要求？

设立股份有限公司时，除有明确规定以外，注册资本实行认缴制，对注册资本、首期出资、出资期限方面均无硬性规定，由公司在章程中载明，缴足期限在公司经营期限内即可。但法律、行政法规以及国务院决定对股份有限公司注册资本实缴、注册资本最低限额另有规定的，从其规定。

具体而言，以下行业的股份公司注册资本仍实行实缴制：银行业金融机构、证券公司、期货公司、基金管理公司、保险公司、保险专业代理机构和保险经纪人、直销企业、对外劳务合作企业、融资性担保公司、劳务派遣企业、典当行、保险资产管理公司、小额贷款公司。

14. 在深圳前海开公司，与在其他地区开公司有哪些不同？

除法律法规规定的条件以外，在深圳前海设立企业还需注意以下事项：

一是注册资本达到认缴出资 500 万元人民币以上。以下情况除外：

2014 年 6 月 1 日起，前海设立港资企业注册资本无需满足 500 万要求，但是法律法规以及国务院决定、外资审批部门规章另有要求的除外。

2015 年 1 月 21 日起，在前海深港现代服务业合作区设立的税务师事务所（包括有限责任税务师事务所和合伙税务师事务所）与在我市其他区域设立的税务师事务所一样，实行注册资本认缴制，不设最低注册资本限制。

2016 年 1 月 5 日起，根据前海管理局《关于商请同意在前海合作区内设立资产评估机构条件的函》（深前海函〔2015〕1062 号），前海设立资产评估机构注册资本无需满足 500 万要求。

二是企业从事的行业如涉及其他前置审批或注册资本要求的，仍需按要求满足。

三是所从事的经营范围应在《深圳前海深港现代服务业合作区产业准入目录》中。如对产业目录不清楚，可电话咨询：0755-88988988。如对此目录有疑问，可以向前海管理局企业服务处咨询了解。

因为国家对前海开发开放的特殊政策会不断推出，因而，前海的注册登记规则，也会在不断的变化当中，有关的变化敬请留意登记机关门户网站发布的信息。

15. 在前海设立公司想加上"前海"字号该怎么办理？

在前海设立企业，名称可自主申报，完成申报后，在企业设立申请界面，将①登记信息②拟从事的经营范围③行业信息④股东信息这四部分信息截图，保存为图片。随后在前海管理局网站签署挂靠协议时，在"附件上传"界面将"所需资料"清单中提到的企业基本信息图片、实际经营场所证明文件和股东身份证明文件打包压缩成 zip 或 rar 格式，点击提交。特别需要注意以下事项：

（1）新设立申请单独使用"前海"为企业字号的（例如：深圳市前海贸易有限公司），则需先取得前海管理局的批文后，再到企业注册局名称科进行名称特殊审批。（注：前海管理局批文由前海管理局企业服务处对接企业）

（2）如申请的字号为"前海××"，则不需审批（例如：深圳市前海欣欣贸易有限公司）。

（3）外地迁入的企业，名称按照如上两点申请。

（4）已设立企业变更名称，申请单独将"前海"作为字号的，则要提交前海管理局批文后再申请。

（5）自 2018 年 1 月 15 日起：

A. 地址不在前海的商事主体，名称中不得含有"前海"字样；

B. 前海商事主体迁出前海，地址变更到深圳市其他区域，应同时变更名称去掉"前海"字样；

C. 登记的地址在深圳市其他区域，名称中含有"前海"字样的商事主体，待商事登记系统能自动识别上述商事主体并作出提示信息时，其在办理变更（备案）登记时，应同时变更名称去掉"前海"字样。

同样，因为国家对前海开发开放的特殊政策会不断推出，因而有关的变化敬请留意登记机关门户网站发布的信息。

16. 我公司注册在前海，但公司很小，无经营场所，地址该怎么填？

在前海设立企业，选择地址时可以有两种方式。

第一种是选择使用前海实际经营场所。

第二种是选择挂靠前海商务秘书有限公司。在前海无实际经营场所的，需将住所挂靠于前海商务秘书有限公司，应先签署地址挂靠协议。（注：需办理地址挂靠的企业，可在深圳市市场监督管理局网站查询办理有关事项）

可供选择的前海地址共有 10 个：

地址一：深圳市前海深港合作区前湾一路 1 号 A 栋 201 室（入驻深圳市前海商务秘书有限公司）。

地址二：深圳市前海深港合作区临海大道 59 号海运中心主塔楼。

地址三：深圳市前海深港合作区临海大道 59 号海运中心口岸楼。

地址四：深圳市前海深港合作区临海大道 88 号西部物流中心。

地址五：深圳市前海深港合作区前湾一路 63 号前海企业公馆 ___ 栋 ___ 单元 ___ 层 ___ 号。

地址六：深圳市前海深港合作区前湾一路 35 号前海深港青年梦工场 ___ 栋 ___ 层 ___ 室。

地址七：深圳市前海深港合作区鲤鱼门西二街 51 号前海周大福全球商品购物中心 ___ 号楼 ___。

地址八：深圳市前海深港合作区梦海大道 5033 号卓越前海壹号 ___ 栋 ___ 层 ___ 单元。

地址九：深圳市前海深港合作区梦海大道 4008 号前海深港创新中心 ___ 组团 ___ 楼 ___ 号。

地址十：深圳市前海深港合作区妈湾十九单元 03 街坊信利康大厦。

上述地址中，地址一为挂靠地址，全流程办理手续的，审核人员需核对地址托管协议；对其他半流程办理手续的，需提交纸质地址挂靠协议。登记后营业执照仅加载挂靠住所，不能同时加载实际经营场所。地址二至地址十为实际地址，无需签订地址挂靠协议，办理商事登记业务时无需提交住所证明。但由于地址五及地址六基本已租满或不再外租，应前海管理局的要求，该两个地址的新入驻企业办理商事登记业务时需出示住所证明材料。

17. 在前海设立外商投资企业如何通过网上办理？

在前海设立外商投资企业办理一照一码设立登记，符合全流程网上办理条件的走全流程办理模式，不符合的通过深圳市场监督管理局商事登记系统网上预约，按照预约的时间到前海 E 站通办理。涉及自由贸易试验区外商投资准入特别管理措施（下称"负面清单"）的外商投资企业设立需在前海管理局"一口受理"系统申请。不涉及负面清单类的外商投资企业变更、注销业务，仍直接通过我委商事登记系统申请。

18. 前海企业迁入迁出需注意哪些事项？

前海接受异地迁入企业（指深圳市以外的其他城市企业迁入前海），不支持深圳其他辖区企业迁入前海（取得前海相关部门准入函的企业除外）。如一个已设立的企业，要由深圳市内其他区变更地址至前海合作区内的话，则需要先取得前海管理局同意其迁入的相关文件。到窗口提交资料时，也需要同时提交该批文原件。如果是从其他城市迁入深圳前海合作区的，则无需提交前海管理局同意其迁入的相关文件。

19. 我想在前海设立分公司可以吗？

在前海设立分支机构，是有条件的。

第一，在前海设立分支机构，必须要有实际经营地址。同时，该分支机构的经营范围应该符合《深圳前海深港现代服务业合作区产业准入目录》。

第二，除经中国人民银行、证监会、银保监会及金融部门批准的在前海设立的商事主体分支机构可托管于前海商务秘书公司外，其他在前海设立的分支机构在前海须有合法的实际经营场所，不允许托管。

20. 我的公司注册在前海，但是实际经营是在前海区域以外，这个经营地址能体现在营业执照上吗？

不能。建议你用前海区域外的办公地址直接办理分支机构执照，或者迁入前海。但根据《市场和质量监管委关于反馈规范前海企业设立分支机构意见的复函》规定，经中国人民银行、证监、银监、保监、金融审批的且托管于前海商务秘书公司的分支机构，需同时登记实际经营场所。也就是说，这类特殊的商事主体可以有两个地址体现在执照上。

21. 在前海设立融资租赁企业，注册资本有什么要求？

内资融资租赁公司注册资本应以前置审批部门审批要求为准，一般而言都远高于 500 万元人民币。

外资融资租赁公司，注册资本未做要求，非港资企业应满足 500 万元人民币。但是外资备案部门要求外商投资租赁公司和外商投资融资租赁公司的外国投资者的总资产不得低于 500 万美元。

22. 在前海设立的融资租赁 SPV 项目子公司对股东及地址有何要求？

前海融资租赁 SPV 项目子公司的股东只能是金融租赁公司、外商投资融资租赁公司、内资试点融资租赁公司这三类公司的全资子公司，地址只能为以下三个之一，不可挂靠。

一是深圳市前海深港合作区临海大道 59 号海运中心主塔楼；二是深圳市前海深港合作区临海大道 59 号海运中心口岸楼；三是深圳市前海深港合作区临海大道 88 号西部物流中心。

23. 在前海设立融资租赁公司应该怎么写经营范围？

一般可以表述为：融资租赁业务；租赁业务；向国内外购买租赁资产；租赁财产的残值处理及维修；租赁交易咨询和担保。可以兼营其他行业。

24. 设立外国（地区）企业常驻代表机构应该如何办理？

外国（地区）企业常驻代表机构（简称代表处）是指外国企业在中国境内设立从事与该外国企业业务有关的非营利性活动的办事机构。代表处不具有法人资格。代表处的架构一般为 1 名首席代表和 1 名至 3 名一般代表（一般代表可设或可不设）。

代表处的成立条件：

（1）外国企业成立时间需满 2 年以上；

（2）外国企业具有合法营业证明、外国企业章程或组织协议。外国合法营业证明是指外国企业在企业所在地的企业商业登记信息资料及存续情况。设立代表处无数量限制，符合条件者即予许可。

具体办理时，需先在网上预约后再去窗口办理，窗口不接受直接办理，具体办理地点为市民中心东大厅市场和质量监督管理委员会窗口。法定办理时限为 15 日，承诺 3 个工作日完成。审批通过后，颁发《外国（地区）企业常驻代表机构登记证》。

25.《外国企业常驻代表机构登记管理条例》规定的注册登记事项有哪些？

根据规定，设立外国企业常驻代表机构（以下简称代表处），其登记事项包括：代表机构名称、首席代表姓名、业务范围、驻在场所、驻在期限、外国企业名称及其住所。

代表处的名称格式为：外国企业国籍 + 外国企业中文名称 + 深圳代表处（无法翻译的，可以写英文名）比如，德国 MCNEX CO.,LTD 深圳代表处。

26. 对代表处的活动有何规定？

根据规定，代表处不得从事营利性活动，可以从事与外国企业业务有关的下列活动：

与外国企业产品或者服务有关的市场调查、展示、宣传活动；与外国企业产品销售、服务提供、境内采购、境内投资有关的联络活动。

代表处的驻在期限不得超过外国企业的存续期限。根据《外国企业常驻代表机构登记管理条例》第十六条：代表机构的驻在期限不得超过外国公司的存续期限。窗口实际操作中核定的驻在期限一般为 3 年，如有特殊情况的，直接向窗口提出申请延长。代表处的登记事项变更，应在发生变更之日起 60 日内到登记机关办理变更。

27. 设立外国企业常驻代表机构需提供的材料有哪些应该注意的事项？

设立外国企业常驻代表机构（以下简称代表处）时，提交的登记材料较多，有些材料与国内企业设立登记的材料有一些区别，主要注意以下方面：

（1）外国公司并不像中国的企业，都有法定代表人，需提供的"经公证认证的外国（地区）企业出具的对有权签字人的授权或证明文件"是指需提供一份文件，说明有权签字人是谁，确定一个签字人员即可，一般是董事成员；

（2）属外国企业的，须提交经所在国家公证机关公证并经我国驻当地使、领馆认证的文件（原件1份）；

（3）代表处首席代表或一般代表为中国大陆公民的，身份证明无需公证认证，但任命文件仍需公证认证（任命文件在该外国企业所在地公证；如首席代表是境外人士的，身份证明由其出生地的公证机构公证，任命文件由公司所在地公证）；

（4）代表处代表（含首席代表）人数不得超过4人；

（5）无需提交驻在场所使用证明文件，只需在表格中填写地址信息即可，"驻在场所"栏应填写市、区、街道名、门牌号、大厦名称及房间号；

（6）外文文件、证明须附中文翻译件〔原件1份，由外国（地区）企业翻译的，须加盖该企业公章确认；由翻译公司翻译的，须加盖翻译公司公章〕；

（7）"业务范围"一般表述为：从事与隶属外国（地区）企业×××有关的业务联络活动。如果涉及前置审批许可项目的，在"业务范围"栏中填写批文名称、文件号、有效期及审批机关；

（8）要求提供的"经公证认证的同外国（地区）企业有业务往来的金融机构出具的资信证明"是指外国企业所在地开户银行对企业账户及信用情况所做出的证明（一般在证明中体现：信用良好、无不良记录等情况）；

（9）代表处要求提供的相片要求：三张两寸彩照，无特别底色要求。

28. 外国企业常驻代表机构可以一址多照吗？

可以。根据有关登记规则，《外国企业常驻代表机构》《外国企业从事生产经营活动》两项商事主体分别从2016年5月25日、2016年6月27日起，纳入一照一码管理，在新设立、变更（涉及有照面信息变更）业务时给予发放新版外国（地区）企业常驻代表机构登记证、企业来华从事生产经营活动营业执照（领照时需交回旧登记证或执照、组织机构代码证、税务登记证，如有遗失，应提供报纸公告证明），但单独换照、联合注销目前仍无法办理。

第二部分 变更登记

29. 个体经营者由大陆人士转为港澳台人士如何办理变更？

个体经营者由大陆人士转为港澳台人士，首先要满足的条件是经营范围要符合港澳台个体经营者设立时所允许从事的经营范围（详见：深圳市市场监督管理局网站）。

具体办理此项变更时，需在办事窗口提交以下资料：

（1）变更登记申请表；

（2）经办人身份证；

（3）营业执照正副本原件；

（4）新经营者的身份证明（复印件 1 份，验原件）[香港居民提交永久性居民身份证、深圳经济特区护照复印件（任选其一）；澳门居民提交永久性居民身份证、深圳经济特区护照复印件（任选其一）；台湾居民提交台湾居民身份证、台湾居民来往大陆通行证或旅行证复印件（任选其一）]；

（5）如转让后为不同的人，则需要双方到场面签转让协议（转让后为同一个人，则无需提交）。

特别要提请注意的是，如果大陆人士变更为港澳人士（同一个人），因不属于永久居民，需提交公证文件[须经中国委托公证人认证（原件 1 份），并经中国法律服务（香港）有限公司、中国法律服务（澳门）有限公司加盖转递专用章；属台湾地区投资者的，须经当地公证机构公证并经广东省公证员协会核验（原件 1 份）]。

30. 股东变更出资比例之后，如果比例之和达不到100%该怎么办？

出现上述情况，可根据办理的不同方式，分别处理：

采用全流程方式办理的，可在提交前通过自行调整各股东出资额直至比例之和达到 100%，也可在附加信息中备注上比例信息，提交后由受理人员进行调整；对于采用半流程方式办理的，可以由各股东约定后去办事窗口向受理人员提出调整。

31. 如果不是在深圳注册的含有类金融表述的公司能否迁入深圳？

名称和经营范围含有类金融相关表述的公司，需经金融行业主管部门同意后方可迁入深圳。或者前置审批，否则必须更换名称和经营范围的类金融表述的字样方可落地。

32. 法定代表人或者股东的身份证号码变了或者有一些对应的身份证号码发生与现实状态不匹配的情况该怎么办？

有关当事人的身份证号码如果需要变更，可根据情况按照以下程序分别办理：

（1）如果需要补录或勘误，则无需预约直接去辖区分局注册窗口办理，有专人负责（补录只需法定代表人身份证；勘误则要填写勘误申请表，提供经办人身份证明、营业执照复印件以及证明信息错误的材料，具体流程最好向所在辖区局咨询）；

（2）税务局要求企业将港澳台法定代表人身份证变更成回乡证，内资企业全体股东可以在签名的情况下网上全流程办理；外资企业半流程办理；

（3）法定代表人身份证号升级（15 位升级到 18 位），操作办法同（2）；

（4）股东身份证号码升级，无论内外资全部半流程办理；

（5）法定代表人或股东的身份证号码都发生变化、需要公安局出证明的，预约到窗口办理相应变更，在"是否全体股东签名"处选择"否"，或者加个前置，预约到窗口办理。办理材料按照变更法定代表人（股东/发起人改变姓名或者名称）材料办理，提交决议或决定的，符合公司章程、《中华人民共和国公司法》等法律法规规定的比例即可。

33. 个体户和个人独资企业如果想变更为有限责任公司该怎么办？

目前，只有个体户、个人独资企业可以一步到位变更为有限责任公司，我们俗称"升级"。实际上个体户和个人独资企业"升级"也就是注销原个体户、个人独资企业，设立公司。升级为有限责任公司的时间为新公司成立的时间，且会发放相关升级的证明。

具体办理流程如下：通过"商事主体设立登记"填写有限公司的设立材料，在备注中注明"该公司由某某个体户／个人独资企业升级而来"，然后预约到有限责任公司经营地址所在辖区的企业登记注册的现场窗口，同时提交个体户／个人独资企业注销和有限责任公司设立的申请材料（具体材料清单可参考网站指引），若材料齐全，将会领取有限责任公司营业执照和个体户升级为有限责任公司的证明。如果系统反映无法预约，建议到所在辖区企业登记注册部门，请求协助处理。

目前，合伙企业不能直接升级，只能先注销合伙企业，再设立有限责任公司。

34. 分支机构的上级公司变了该怎么办？

分公司单独变更隶属企业有关信息，可视其隶属企业的具体情况分类办理：

如分公司是本地企业的分支机构，进入注册登记系统变更登记界面后，在隶属企业信息的地方输入企业注册号，点击"加载企业信息"，该业务强制全流程办理，需要隶属企业公司（可用法定代表人代签）、隶属企业法定代表人和经办人的数字证书签名；

如分公司是外地企业的分支机构，进入变更登记界面后，在隶属企业信息的地方，将需要变更的内容进行修改（不要点击查询，因为外地企业无法加载企业信息），该业务只能预约去窗口办理，预约后经办人带着本人身份证原件复印件、企业变更申请书、隶属企业营业执照原件复印件去现场办理（可建议与其他变更业务一起办理，无需单独办理）。

35. 如果公司名称本身有广东省或广东，甚至根本就没有行政区划的表述，在办理迁入登记时名称该怎么办？

企业在迁入时，如已是冠省级或国家级的名称，在注册系统操作【迁入登记】—【名称自主申报】时需要填入当时的名称证号，此种情况建议市民到市民中心行政服务大厅窗口咨询解决。（说明：如果本身是省局核准的名称，原则上迁入档案里有一份名称核准通知书，要窗口把这份通知书给企业，企业在名称自主申报时走【已取得国家局省局名称】通道录入一次就行。）

36. 企业股东改变名称可以和变更股权等其他事项一起办理吗？

原则上可以一起办理，但建议分开办理。先变更股东名称，再变更股权，操作比较简单。

37. 公司合并有几种方式？

根据《中华人民共和国公司法》的规定，我国公司的合并有两种方式。一种是吸收合并，是指两个或者两个以上的公司合并时，其中一个或者一个以上的公司并入另一个公司的法律行为，合并后，被吸收的公司解散。一种是新设合并，是指两个或者两个以上的公司组合成为一个新公司的法律行为，合并后合并各方解散。

38. 公司分立有几种方式？

根据《中华人民共和国公司法》的规定，我国公司的分立有两种方式。一种是新设分立，是指将原来一个具有法人资格的公司分割成两个或者两个以上的具有法人资格的公司的法律行为，分立后原公司解散，新设若干有限公司或股份有限公司。一种是派生分立，是指原公司仍然存在且将原公司的一部分分出去成立一个新公司的法律行为，分立后，原公司存续，新设一个新的有限公司或股份有限公司。

39. 公司合并或分立是否需编制资产负债表及财产清单？

公司合并，应当由合并各方签订合并协议，并编制资产负债表及财产清单。

公司分立，其财产作相应的分割，应当编制资产负债表及财产清单。

40. 公司合并、分立的债务承担方式是什么？

公司合并时，合并各方的债权、债务，应当由合并后存续的公司或者新设的公司承继。

公司分立前的债务由分立后的公司承担连带责任。但是，公司在分立前与债权人就债务清偿达成的书面协议另有约定的除外。

41. 公司合并、分立后的公司企业类型如何确定？

合并、分立后存续或者新设的公司，只要符合《中华人民共和国公司法》规定的条件，可以选择有限责任公司或者股份有限公司类型。

42. 公司合并、分立后各公司的注册资本应为多少？

因合并而存续或者新设的公司，其注册资本由合并协议约定，但不得高于合并前各公司的注册资本之和。

因分立而存续或者新设的公司，其注册资本数额由分立决议或者决定约定，但分立后公司注册资本之和不得高于分立前公司的注册资本。

43. 公司合并、分立后各公司的股东出资额及持股比例如何分配？

因合并、分立而存续或者新设的公司，其股东（发起人）的出资比例、认缴或者实缴的出资额，由合并协议、分立决议或者决定约定。

44. 为什么办理公司合并登记时很难一次性成功提交材料，原因有哪些？

公司办理合并登记的情形因为涉及的各方面因素比较多，一些公司的办理人员对需要提交的材料把握不准，特别是一些细节问题，容易忽视。一般而言，在按照官方系统网站上的清单准备材料的同时，实践中还需要特别注意以下问题：

一是《企业变更（备案）登记申请书》表格只填变更事项，不变的不填。

二是吸收合并决议必须要由公司股东会单独出具。决议应当包括但不限于以下内容：合并各方的名称，合并形式，合并后公司的名称，合并后公司的注册资本，合并后公司股东（发起人）认缴和实缴的情况，合并协议各方债权、债务的承继方案，解散公司分公司、持有其他公司股权的处置情况以及合并决议各方认为需要规定的其他事项。

三是吸收合并协议虽然没有固定的格式，但是其内容应与公司股东会决议内容一致，从实践中看，内容应包括但不限于以下事项：合并协议各方的名称，合并形式，合并后公司的名称，合并后公司的注册资本，合并后公司股东（发起人）认缴和实缴的情况，合并协议各方债权、债务的承继方案，解散公司分公司、持有其他公司股权的处置情况，签约日期、地点以及合并协议各方认为需要规定的其他事项。

四是登载有关公告的报纸应该是省级发行的报纸，需要的份数和需要吸收合并的企业数量应当一致。

五是如果被吸收方是外地公司，则在当地办理注销。被吸收方不需清算备案。

如公司办理新设合并，除有关内容可参照吸收合并外，还需特别注意以下事项：

一是合并方也可以是外地企业。

二是《企业设立登记申请书》按新公司的实际情况填写，注册资本填写认缴出资，未必是各合并公司的总和。

三是股东、高管等成员不必保持一致，可以增减。

四是无需提供验资报告。

45. 办理公司分立登记时常见的问题有哪些？

如公司办理新设分立，在按照官方系统网站上的清单准备材料的同时，还需要特别注意以下问题：

一是原公司、新设立公司可以是外地企业。外地企业按当地登记机关要求提交申请材料，注销无需清算组备案。

二是分立决议应当由公司股东会做出，内容包括但不限于以下事项：分立形式，分立前后公司的名称，分立后公司的注册资本，分立后公司股东（发起人）认缴情况、出资方式，分立后公司的经营范围，分立后原公司债权、债务的承继方案（资产负债，财产清单），公司分公司、持有其他公司股权的处置情况。

三是分立公告应当符合《中华人民共和国公司法》的规定，内容与分立决议一致，包括但不限于以下事项：分立各方的名称，分立形式，分立前后各公司的注册资本，分立后原公司债权、债务的承继。需在省级以上公开发行的报纸（如《深圳特区报》《深圳商报》等）刊登；登报内容一致，但发布主体不同。

四是股东、高管等成员可以与原公司一致或者按分立协议规定不一致，不一致的情形应该在原股东基础上进行分立剥离。

五是无需提交验资报告或银行询证函。

如果公司派生分立的，可参看吸收合并和新设合并有关内容。

46. 公司合并、分立后，很多部门需要反映公司合并、分立情况的证明材料，如何办理？

公司办理合并、分立变更后，对于吸收合并、新设合并、新设分立、派生分立等情况，登记机关会出具相应的通知书，以证明公司合并、分立的过程，涉及新设公司的，则没有通知书，但登记机关的商事登记簿会体现相关信息。

47. 公司合并、分立后，原名下的分公司（分支机构）如何处理？

按照约定转移到合并或分立后的公司，但需要在合并（分立）协议及决议中写清楚。

48. 内资公司和外资公司可以相互办理吸收合并业务吗？

可以，但部分企业需要有关商务主管部门（如经促局）的审批文件。根据中华人民共和国商务部令2017年第2号的规定：由于并购、吸收合并等方式，非外商投资企业转变为外商投资企业，属于本办法规定的备案范围的，按照本条第一款办理设立备案手续，填报《设立申报表》。因此内资公司和外资公司办理吸收合并业务是否需要商务主管部门的审批取决于企业经营范围是否涉及特别管理措施，并非都需要经过商务主管部门审批。

49. 公司变更企业类型的，应该如何办理变更申请？

公司由有限公司变更为股份公司，或者由股份公司变更为有限公司的，应当按照拟变更的公司类型的设立条件，在规定的期限内向公司登记机关申请变更登记，并提交有关文件。

50. 分支机构办理设立、变更、注销登记时申请表格是否由该分支机构的负责人签字，加盖该分支机构公章？

分支机构不具有企业法人资格，其办理设立、变更、注销登记时申请表格由总公司法定代表人签署，并加盖总公司公章。

51. 银行、证券、保险等机构在办理公司地址变更时需出具行业主管部门的批复吗？

根据目前的政策，银行及证券等机构在办理公司地址变更时无需出具行业主管部门的批复文件。但保险机构在办理公司地址变更时仍需出具行业主管部门的批复文件。

52. 银行、证券、保险公司的支行、营业部等分支机构一般是由深圳分公司管理的，其下属分支机构（营业部、支行等）办理设立、变更、注销业务时，申请表格是否可由深圳分公司的负责人签字、盖分公司公章？

办理企业注册登记业务时申请表格需由具有企业法人资格的公司（简称"总公司"）法定代表人签署，并加盖总公司公章，若由深圳分公司负责人签字、盖分公司公章的，需同时提交总公司的授权文件。

53. 股份有限公司变更法定代表人如何办理？

股份有限公司变更法定代表人一般按照正常的程序办理即可，需要特别注意的是，根据《中华人民共和国公司法》规定，股份公司法定代表人可根据章程规定，由董事长或经理担任。因此变更法定代表人，一般应提交相应的董事会决议。

54. 股份有限公司变更注册资本时经常会犯的错误有哪些？

股份有限公司涉及注册资本变更的，注册登记系统会自动识别为半流程办理。在注册变更登记界面只需填写注册资本、章程或章程修正案、章程或章程修正案通过日期，无需填写股东信息。出具的股东会决议，需要符合《中华人民共和国公司法》和公司章程要求的股东签名。

对于上市股份公司需变更注册资本的，需半流程窗口预约办理，提交股东大会决议（原件）时，需同时递交股东大会决议配套的法律意见书（原件）和按股份性质统计的股本结构表（原件或者公司盖章的复印件）。

55. 股份公司的股东转让股份后，是否需办理企业注册变更登记？

新设股份公司的发起人姓名／名称及认购股份情况需要进行登记，股份公司的发起人（股东）股份认购情况不需要进行变更登记。

56. 非上市股份有限公司股东发生变化了，为什么登记部门不给登记？

根据《中华人民共和国公司法》的有关规定，股份公司只登记发起人，不登记非上市股份公司股权变动情况。非上市的股份公司股权变更可以在深圳的交易所进行（不强制），交易后股份公司自己保管股东名册，可以不在商事登记机关备案。如果希望备案，可以提交章程修正案或者新的章程（目前，深圳市唯一的区域性股权合法运营机构为深圳前海股权交易中心有限公司）。

57. 股份有限公司如何办理章程备案？

章程备案有两种方式，一种是备案章程修正案，一种是备案修改后的新章程。常见的办理方式分为以下三种情况：

一是全流程模式备案章程修正案（非整份章程）；

二是全流程备案新章程（适用于原发起人未发生变动的情形）；

三是半流程备案新章程（适用于原发起人已发生变动的情形）。

具体办理时可以分为两步走，先是网上同时选择章程、副本数、补照三个项目进行半流程预约，然后到登记部门窗口说明情况，待登记机关确认相关情况后，才能予以审核相应的纸质材料。

办理章程备案时，提供的股东会决议原则需要符合《中华人民共和国公司法》和公司章程要求的股东签名。如确实提交不了股东会决议的，可以提交由出席会议的董事签字的股东大会会议记录，但会议记录需写明该股东大会已按法定程序通过所需变更的事项。

特别值得注意的是，股份公司在办理任何变更事项时，如确实提交不了股东会决议的，都可参照此方法处理。

58. 公司上市后，如何到登记机关办理变更登记？

根据有关规定，非上市股份公司变更为上市股份公司的，办理变更登记时需要准备以下材料：《企业变更（备案）登记申请书》、依照《中华人民共和国公司法》作出的变更决议原件及配套的法律意见书原件、经办人身份证明、修改后的公司章程或者公司章程修正案（法定代表人签字）、企业法人营业执照正本和全部副本、有权机关对公司上市的批准文件（证监会文件、交易所文件）复印件（验原件）、证券登记结算机构出具的按股份性质统计的股本结构表（原件或者公司盖章的复印件）。

备注：证券登记结算机构全名为中国证券登记结算有限责任公司。在北京、上海、深圳有分公司，深圳的分公司地址为广东省深圳市深南中路1093 号中信大厦 18 楼。值班室电话为 0755–25938000。股权结构表可在该公司网站打印出来，盖股份公司章后提交到窗口。

59. 公司由有限责任公司变为股份有限公司，办理变更登记的材料准备方面需注意哪些问题？

公司组织形式从有限责任公司转换为股份有限公司时，无需提交验资报告，但须在有限公司股东会决议中写明净资产情况（需要体现原有限公司净资产状况，折合的股份有限公司实收资本总额不得高于有限公司的净资产额）。在设立方式上，不用区分发起方式、募集方式。注册登记时，除了不可同时变更股权，其他变更事项可同时办理。

60. 公司由股份有限公司变为有限责任公司，办理变更登记的材料准备方面需注意哪些问题？

股份有限公司转换为有限责任公司的，材料与有限责任公司转股份有限公司类似，办理注册登记时其他事项也可同时变更。如需变更注册资本，需在股东大会决议和章程中确认股东情况。

61. 上市公司股权发生变化后，到办事窗口如何办理变更登记？

上市的股份公司股权变更需先在深交所、上交所完成具体变更程序，完成后凭登记结算中心打印出的股权结构表在商事登记机关登记，目前由深圳市民中心行政服务大厅市场和质量监督管理委员会窗口办理。打印的股权结构表和登记信息均显示"有限售的流通股"和"非限售的流通股"的份额和比例。股权结构表可在网站打印出来，盖股份公司的公章后提交到窗口。

62. 非上市的股份有限公司注册资本和股权都发生了变化，为什么商事登记机关只给我变更注册资本，却不能更新我的股东信息？如果我想更新该怎么办？

2014 年 4 月 30 日起，根据《中华人民共和国公司法》及深圳商事登记制度改革政策，商事登记机关仅对新设股份公司的发起人姓名、名称及认购股份情况进行登记，不对股份有限公司的发起人（股东）股份认购情况进行变更登记。对于已在商事登记机关进行股东变化情况备案的非上市股份有限公司，登记系统中股东情况仍保持最近一次登记状态，今后不再进行新的股东变更登记。股份有限公司可在章程中记载股东变更情况，向商事登记机关申请章程备案。

63. 上市公司的股权发生查封或者想办理质押都到窗口去办吗？

目前商事登记机关只办理有限公司和非上市股份公司的股权质押业务。上市公司的股权质押业务，由中登公司在相应的平台上进行公示及办理，上市公司的股权查封业务也如同上述办理，具体情况可咨询中登公司。

64. 哪些企业类型发生股权质押时需到商事登记机关办理？

有限责任公司（内资、外资）、非上市股份有限公司的股权质押在商事登记机关办理；上市股份公司的股权质押在中登公司的股转系统办理并公示，无需到商事登记机关窗口来办理。但目前商事登记机关窗口办理此类业务需先在网上办理信息的录入，生成流水号之后再到窗口递交纸质材料，办理模式已发生改变，具体还请留意市场监督管理局的门户网站上的业务发布。其他类型的企业无法办理股权质押。

65. 哪些企业可以做动产抵押，如何在登记机关办理？

个体工商户、公司、合伙企业、个人独资企业、非公司企业法人等主体都可以在商事登记机关办理动产抵押登记。符合条件的企业办理动产抵押登记需到深圳行政服务大厅市民中心市场和质量监督管理委员会办事窗口办理。

办理动产抵押业务时，需先在深圳市市场监督管理局动产抵押预登记系统录入动产抵押设立、变更、注销的预报信息，录入成功后，立即打印预报信息单和系统自动生成的《动产抵押登记书》（一式四份），然后于 5 个工作日内到市民中心窗口提交申请，窗口现场给市民录入申请。将其中两份盖章登记后退还企业保存（抵押人和抵押权人各一份），剩余两份由登记机关留存，并发放一份材料接收单给企业。3 个工作日后，企业可到窗口领取备案通知书。

66. 股权质押和动产抵押是否可以重复质押或重复抵押？

股权质押不可以。同一份额不可以重复质押，需解除质押后方可再质押。

动产抵押可以。对同一批机器设备办理两份动产抵押合同，可以重复抵押，如将来出现纠纷的，可向法院申请裁决。

67. 如何查询企业的股权质押、动产抵押信息？

可登录深圳市市场监督管理局官网进行查询。因为属于短期的信息，不属于归档的范畴，无法在信息中心查询打印。

68. 网上申请动产抵押时，若"抵押物概况"栏目无法确定数量，该如何填写？

数额按合同数额填写。数量不确定可以录入"一批"，在备注中注明：将现有的和将有的全部 ×× 做抵押。

69.《动产抵押登记书》原件遗失，可否办理变更？

可以办理变更，但要先登报遗失（深圳的任何一家报社均可，登报公司名称和登记书编号即可），一并提供相关遗失声明。

70. 企业办理动产抵押时，抵押物是进口设备是否需提交报关单？

报关单可不必提供。如果已过海关监管期，只需提供报关单复印件盖企业公章即可。如果还未过海关监管期，除提供报关单复印件外，还需提供海关同意办理动产抵押的证明。

71. 企业办理了六台机器设备的动产抵押，现想把其中的一台机器设备换成新的机器设备抵押，如何办理？

需先办理注销登记，再重新申请设立登记。

72. 某公司股东的股权质押后，能否办理其他的变更？

只要不涉及被质押股权的转让，一般可以办理，但减资除外。

73. 办理股权质押时，有多个质押人可否只有一份质押合同？

多个出质人可以签署同一份质押合同。

74. 股权质押回执单遗失，补办需要哪些材料？

需提供该公司的营业执照复印件、法人授权委托书及经办人的身份证复印件。

75. 内资小额贷款股份有限公司在股权质押方面有无特殊要求，是否需要金融办先行审批？

对小额贷款股份有限公司在股权质押方面无特殊要求，按正常程序办理即可。

76. 不及时解除股权质押会有何风险？

主合同债务清偿后，出质人应该及时办理股权质押解押登记手续，否则会带来一系列后果。

实践中发生过这样的案例，A 公司因贷款曾将股权质押给 B 公司，此前早已将贷款还清（有银行的扣款记录），但一直未到窗口办理解除股权质押。后质权人倒闭，又未办理注销。因找不到质权人，无法提交相关的资料办理股权解押，导致无法办理股权变更。出现这样的法律风险，登记机关也只有建议企业去法院诉讼，如果法院确认股东已还款可凭有关司法文件来登记机关办理解除股权质押手续。

77. 刊登"遗失声明公告""减资公告"时，对报纸有何要求？

刊登"遗失声明公告""减资公告"的报纸要求是深圳市一级以上报纸即可。有相关规定可以在商事登记机关信息公示平台上公告的，也可以在公示平台进行公告。将来会改为在商事登记部门的平台系统公告，具体实施以登记机关公告为准。

78. 公司有一个股东总是联系不上，公司办理其他事情的时候是否会受到影响？

会受到影响，具体需根据公司章程的规定来判断。如果公司的章程有规定某些事项需要全体股东同意，联系不上的股东签不了字，就不能构成符合章程要求的有效的会议决议，因此对公司注册登记材料提交准备和符合要求上会有影响。

79. 作为合伙企业的合伙人，其出资份额是否能办理质押？

不能办理质押。根据《股权质押登记管理办法》的有关规定，没有开通合伙企业出资份额的质押这项业务，也没有纳入规定的范畴。

80. 申请变更登记，如果变更完成之后领取新营业执照时发现旧营业执照丢失，在领照窗口不能完成以旧换新，这个时候该怎么办？

变更照面信息的，可直接提供报纸原件、公司关于遗失营业执照的声明（加盖公司的公章）、未遗失的其他证照，到代码证窗口换照。

第三部分　注销登记

81. 营业期限到期，未及时办理变更登记，能否直接办理注销？

可以直接办理注销登记。

82. 公司要注销时成立清算组，清算组的成员一定要是自然人吗？

不一定。清算组的成员也可以是法人或者其他组织，在清算组的日常运作当中，该法人或者其他组织一般会委派代表参与日常运作。

83. 办理分公司注销，但是总公司名字已经变化了，应该怎么办理？

如果总公司的名字已经变了，分公司办理注销时，能够确认变化后的总公司名字和现实登记的名字是同一个，并由这个总公司出具相应的证明文件，效力没有问题就可以办理。

84. 非公司企业法人办理注销时是否需到注册登记部门办理清算组备案？

全民或集体的非公司企业法人在办理注销业务时，其清算组成员无需到注册登记部门办理清算组备案。

85. 企业办理迁出业务时，其税务业务是否会同时注销？

公司办理企业注册登记迁出业务时，其税务业务不会同时注销，需企业到其所属辖区税务局办理迁出税务注销。税务不能注销的，企业无法在迁入地进行迁入注册登记业务。

86. 上市股份公司办理股份回购注销时需提交哪些关键性材料？

上市股份公司办理股份回购注销的业务即减少公司注册资本业务。减资业务中的关键材料为：报纸上登载的减资公告、公司债务清偿或债务担保情况的说明、股本结构表、股东大会决议及法律意见书等文件。

87. 分支机构注销时是否需提交注销清算公告？

分支机构注销无需提交注销清算公告。

88. 刊登"注销清算公告""撤销清算组公告"时，对报纸有何要求？

根据《最高人民法院关于适用〈中华人民共和国公司法〉若干问题的规定（二）》第十一条，公司清算时，清算组应当按照《中华人民共和国公司法》第一百八十五条的规定，将公司解散清算事宜书面通知全体已知债权人，并根据公司规模和营业地域范围在全国或者公司注册登记地有影响的省级报纸上进行公告。有相关规定可以在商事登记机关信息公示平台上公告的，也可以在公示平台进行公告。

89. 个体工商户能否办理简易注销？

根据《深圳市个体工商户简易注销登记工作实施方案》，自 2017 年 3 月 1 日起执行以下程序：

（1）办理个体工商户简易注销登记，由个体工商户提起申请，可以到登记机关办事窗口现场申请，也可以通过全流程网上登记方式提出申请。

（2）通过现场申请简易注销登记的，应当提交以下材料：

　　A. 个体工商户注销登记申请书。

　　B. 经办人的身份证复印件。

　　C. 营业执照正副本。

（3）通过网上申请简易注销登记的，按照全流程网上登记流程，提交已进行电子签名的《个体工商户注销登记申请书》办理，审核通过发放注销登记通知书，需交回旧执照。

90. 刚成立完清算组且已经在登记机关备案了，又改主意决定不注销了，可以吗？

可以。可登录注册系统，在网上变更登记勾选清算组成员，删除清算组成员后提交申请，预约，到窗口办理撤销，企业需提交下列文件：

（1）经办人身份证复印件（核对原件）。

（2）公司法定代表人签署并加盖公章的《企业变更（备案）登记申请书》。

（3）公司全体股东签署并加盖公章的关于撤销注销决定，免去清算组成员职位的决议。

（4）刊登公告声明的报纸完整原件（内容包括撤销注销决定，免去清算组成员职务等）。

91. 内资有限公司全流程清算组成员备案通过后，又想要变更清算组成员，请问该如何办理变更？

此种情况，可按照以下步骤办理：

（1）做新的清算组成员备案，即可变更清算组成员，以最后一次的时间为准。

（2）要重新登报声明，以最后的时间为准。

（3）清算组成员备案走网上全流程。

92. 外资企业注销时哪些情况无需提交审批机关的批文文件（如经贸委批文）？

因营业期限届满而解散、被司法裁定解散、依法被吊销的，注销时无需提交审批机关的批准文件（如有效期内提前注销的，应当经审批机关批准）。不涉及外商投资准入管理特别措施的外商投资企业的注销也无需提交审批机关的批准文件。

93. 被吊销的企业如何办理清算组备案？

企业被吊销后只能办理注销，为了不给企业加重负担办理数字证书，清算组备案不强制全流程，企业可自行选择全流程或者半流程预约现场办理。

未换照的企业需通过输入注册号和纳税人识别号进入注册系统。

94. 办理股份有限公司注销有哪些注意事项？

股份有限公司注销应该注意的事项主要有：

（1）清算组成员由董事会或股东大会确定的人员担任（一般不少于2人）。

（2）注销决议需要股东或参会董事签名，如确实提交不了股东会决议的，可以提交由出席会议的董事签字的股东大会会议记录，但会议记录需写明该股东大会已按法定程序通过所需变更的事项。

（3）清算报告由公司股东及清算组成员签字，确实提交不了股东签名的，可以提交由出席会议的董事签字的股东大会会议记录，但会议记录需写明该股东大会已按法定程序同意公司注销。

（4）清算组成立文书由现任股东签章。

95. 被吊销的企业可以办理哪些登记业务？

企业如果被吊销了，必须要履行清算程序才能合法退出市场。在此期间不能经营相关业务。一般而言，被吊销的企业仅可以办理以下业务：

（1）被吊销企业可以办理注销登记。

（2）在司法机关要求协助执行时，可协助冻结被吊销企业的股权、财产份额、限制变更工商登记信息，以及强制变更股权、财产份额。

（3）被吊销企业商事登记信息有误需要修改历史数据的，业务部门应当发函报信息中心进行修改。

（4）其他与清算有关的事项。

96. 公司营业执照、公章都丢失了，公司也已经被吊销了，现在想办理注销，是不是需要补照和补公章，才能注销？

可以同时办理。注销的时候同时提交补照申请表＋补照的股东会决议＋遗失执照的登报声明＋遗失公章的登报声明；如果股东签名不符的，会要求全体股东到场面签。一般而言，目前商事登记机关为了防止公司出现控制权之争等复杂的内幕，对于此类情况随时可以启动实质性审查，要求有关的利害关系人到场办理。

第四部分　温馨提示

97. 公司在申办业务过程当中，特别是全程电子化业务时，能不能换经办人？

原则上最好不要换经办人，非常麻烦。因为全程电子化的业务需绑定一个经办人，一旦经办人绑定了此业务之后，从受理到发照，系统都认定这个经办人。但是企业也会经常发生其他的状况，导致经办人不得不发生变化，这个时候需要向辖区分局的注册窗口提交相应的申请，由窗口受理人员或后台的技术部门将经办人的姓名更改为实际的办理人。

有一些企业在网上申请之后，经办人提交的预约号或者企业提交完预约号，有毁约现象或者是企业有新的安排，这个时候需要撤销已经生成的流水号。这样的情况也需要向辖区分局注册口提交申请，由辖区分局的注册口协调企业注册局的后台技术部门将情况核实之后，再将此注册号删除。

98. 办理企业注册登记业务时申请表上法定代表人的签字是否可用签字章或公章代替？

办理企业注册登记业务时申请表需由法定代表人用黑色钢笔或签字笔签署，请勿使用圆珠笔。不可用签字章或公章代替。

99. 现在集团公司设立许可取消了，那如果有这样的需求该如何办理？

根据规定，集团的设立许可已经取消，也就是说企业如果想设立集团，自行确定母子公司的关系即可，无需来商事登记机关做确认。但是在实践中，由于登记为集团公司，特别是确认为母子公司的法律关系之后，在其他部门还有一定的优惠政策，这个需要待国家市场监督管理总局相应的公示系统建成之后，将母子关系在公示系统进行公示即可。

原来已经生成的集团公司如发生相应的变更，可到辖区分局进行变更处理。

具体来说，企业集团设立和变更母公司名称业务不再分开两次办理，统一在市民中心办理（网上申请企业集团设立并预约后，带齐企业集团设立和母公司变更名称资料）。单独办理集团母公司变更业务（例如母公司变更董事等），原则上可以全流程模式进行网上办理，无法全流程模式办理的，因系统原因在网上申请后，如果能预约到市民中心，则按照预约时间到窗口办理；如只能预约到辖区分局，那么申请后直接到市民中心排队取号办理（无需再预约）。

100. 外国企业常驻代表机构的登记证遗失时，如何补办？

常驻代表机构的登记证遗失时，材料按照商事主体补换照、增减副本申请材料清单补办，并登报。材料有：

（1）首席代表签署的《企业(个体工商户)营业执照、(集团)登记证补(增、换)发申请书》（原件1份）；

（2）经办人身份证明（复印件1份，验原件）；

（3）代表处写一份关于补照的决议或决定（由代表处写决定，盖代表处的章和首席代表签字，不需要外国地区企业盖章。原件1份）；

（4）毁坏或未遗失的《代表证》正、副本原件；

（5）刊登代表处登记证遗失并声明作废的公告报纸（原件）。

101. 外国企业常驻代表机构的首席代表或一般代表的代表证遗失，如何补办？

常驻代表机构的首席代表或一般代表的代表证遗失，按照商事主体补换照、增减副本申请材料清单补办材料，并登报。材料有：

（1）首席代表签署的《企业(个体工商户)营业执照、(集团)登记证补(增、换)发申请书》（原件1份）；

（2）经办人身份证明（复印件1份，验原件）；

（3）有权签字人签署的关于补代表证的决定（代表处自己准备，跟上面登记证遗失一样。原件1份）；

（4）毁坏或未遗失的《代表证》正、副本原件；

（5）刊登执照遗失并声明作废的报纸。

102. 外国企业常驻代表机构首席代表或一般代表的工作证到期了，如何办理延期？

按照变更常驻代表机构登记证驻在期限办理（资料也一样），网上提交变更申请预约时间去窗口办理。（代表证的期限跟登记证的期限是一致的）

103. 外国（地区）企业常驻代表机构逾期补办年报，该如何处理？

外国（地区）企业常驻代表机构逾期补办年报需先向辖区分局企管科申请补办手续，由辖区分局开通网上申报系统，外国（地区）企业常驻代表机构再回到网上进行申报。

向辖区企管科申请补办手续所需资料：外国（地区）企业常驻代表机构登记证原件（复印件盖章）、法人授权委托书、法人身份证复印件、经办人身份证复印件、逾期年检情况说明盖章。

104. 常见证书代签问题有哪些注意事项？

（1）内资有限公司、内资股份公司、内资分支机构（总公司在深圳市）、个人独资企业、内资合伙企业这5类业务办理全流程变更业务时，可以用（旧）法定代表人/负责人/投资人/执行事务合伙人的个人数字证书代替企业组织机构代码数字证书签名。

（注意：①新设立时，股东是企业的，必须用企业组织机构数字证书来签名，不能代签；②个体户本身并不强制办理代码证数字证书，所以变更时直接用经营者数字证书签名即可。）

（2）注销：目前符合全流程注销的（内资有限公司、内资合伙企业、个人独资企业的简易注销，总公司在深圳的分支机构、个体户的联合注销或个体户一般注销），PDF申请表中的企业名称和公司盖章处可以用法人/执行事务合伙人/经营者代签，但个人独资企业不可以由投资人代签。

（3）一照一码换照：内资分支机构（总公司在外地）一照一码换照时，PDF 申请表中的商事主体盖章处只能使用分公司的组织机构代码证书签署，不能用负责人证书代签；其他类型的商事主体盖章处可用法人 / 负责人 / 执行事务合伙人 / 投资人 / 经营者的证书代签。

105. 深圳商事登记系统实名认证功能实施范围有哪些？

根据《深圳市市场和质量监督管理委员会关于更新银行网银数字证书系统及对部分商事登记实行实名认证的公告》，目前实名认证功能实施范围：

（1）个体户设立：实名认证流程中的经办人、经营者（证件为内地居民身份证）。

（2）内资有限公司变更：

A. 法定代表人变更，实名认证流程中的经办人及新法定代表人（证件为内地居民身份证）；

B. 股权变更，实名认证流程中的经办人、法定代表人、股权转让方、受让方（证件为内地居民身份证）；

C. 增减资，实名认证流程中的经办人、法定代表人、出资额及出资比例有变化者（证件为内地居民身份证）。

106. 个体户名称自主申报有哪些注意事项？

深圳商事登记的个体户名称自主申报系统从 2017 年 12 月 1 日起正式启用。此系统是主体设立的一部分，不是一个单独的系统，系统主要是对个体名称自主进行申报，通过之后返回主系统设立界面。

（1）申报路径。在系统登录进入后分为普通个体工商户名称和特殊情形个体户名称申报两个入口：

A. 普通个体工商户名称：申请提交后随即跳入设立登记或变更登记；

B. 特殊情况个体名称申报：通过普通入口无法正常申报，但有正当理由允许使用的个体户名称，需先去辖区分局注册科申请提交纸质申请材料，由人工负责审核后再回到网上注册系统选择该入口进入。分三种情况：

a. 自有注册商标与驰名、著名商标相同；

b. 个体户使用投资人姓名作为名称中的字号，且投资人姓名中包含《个体名称自主申报规则》中限制使用的字样（如行业用语、国际、行政区划等）；

c. 其他特殊申报原因。

（2）名称保留期限。个体户通过网上自主申报系统申请成功的名称，应当即时办理登记手续。确有需要无法即时办理的，系统自动对该名称予以保留，保留期为 10 个工作日，超出 10 个工作日未提交设立或名称变更登记申请的，该名称自动失效。

（3）特殊情形的个体户名称三种情况需先提交特殊名称申请表、经营者签署的申请书、经办人身份证复印件去辖区分局注册科申请，现场申请后马上就可以回到网上申请。

（4）个体户申请不强制要求加入街道，加入街道可以在行政区划的下拉框中选择，不是填写在字号栏。

107. 前海办事大厅受理业务范围有哪些?

自 2015 年 6 月 1 日起，住所（经营场所）在前海深港现代化服务业合作区地域范围内的股份有限公司、有限责任公司、合伙企业、个人独资企业的设立、变更、注销、备案登记，除下表所列业务外，统一由前海 E 站通服务大厅商事登记窗口办理，市民中心商事登记窗口不再办理。

注：市民中心窗口办理的前海商事登记业务：企业自市外迁入前海或前海企业迁往市外；非公司企业法人登记业务；外国（地区）企业常驻代表机构登记业务；外国（地区）企业开展生产经营活动登记业务；企业合并、分立登记业务。

前海 E 站通服务大厅地址：深圳市前海深港合作区前湾一路 1 号 A 栋前海 E 站通服务大厅 6–13 号窗。

市民中心行政服务大厅地址：深圳市福田区市民中心 B 区市行政服务大厅东厅 23–25 号窗。

108. 企业迁入深圳有哪些注意事项?

（1）内资迁入（不涉及外商投资准入特别管理措施的外商投资企业，

其迁移按照内资企业有关规定办理）：

A. 企业到我局申请开接收函（同意迁入证明）。市民中心窗口现场办理，即来即办。

　　材料：a. 申请书（企业自己打印，A4 纸，盖公章）；

　　　　　b. 营业执照复印件；

　　　　　c. 经办人身份证复印件。

B. 去原注册地工商部门办理迁出手续。

C. 档案寄到市民中心后，网上申请预约，至市民中心窗口办理迁入。提交材料按清单准备。

特别需要提醒的是，一般的企业迁入业务需在网上预约，申请时原来的名称含有行政区划的应该改为深圳市。也就是说，在网上提交申请的时候，需要用新的名称来提交申请，按照企业迁入的路径进入。

（2）外资迁入：

A. 企业到原注册地工商部门开征询意见函，征询意见函抬头为深圳市商事登记主管部门的名称。

B. 企业到深圳商事登记部门申请开征接收函，由市民中心窗口现场办理，即来即办。

　　材料：a. 申请书（企业自己打印，A4 纸，盖公章）；

　　　　　b. 营业执照复印件；

　　　　　c. 经办人身份证复印件；

　　　　　d. 征询意见函。

C. 去原注册地办理迁出手续。

D. 档案寄到市民中心后，网上申请预约，至市民中心窗口办理迁入。提交材料。

需要提醒注意的问题是，目前外资企业的迁入存在一些不太顺畅的地方，就是说一般的企业办理迁入时，登记机关会结合企业的申请材料开出准入准迁函，企业拿到准迁函之后，到当地办理手续，由当地的登记部门寄出档案。

但根据有关文件的要求，外资企业的迁入，需要当地登记部门开一个征询函，企业持有相应的材料及征询函一并来迁入地递交迁入申请。这个等于给企业增加了一个前置，因此很多企业对此持有异议，认为外资企业的设立由审批改备案已经是一个很有力度的改革了，但是在外资企业的迁入方面，还存在这样一个门槛，应该进行清理或者改进。

109. 企业迁出深圳有哪些注意事项？

（1）内资迁出：

A. 企业到迁入地工商部门申请开接收函。材料按当地工商部门要求准备。

B. 取得接收函后，网上申请预约，至市民中心行政服务大厅窗口办理迁出。提交材料按清单准备。

C. 办结后等待信息中心整理档案与寄出档案（档案寄送问题与信息中心联系，因需搜集整理分散在各相关部门的登记与年报档案，因此可能需要较长时间）。

D. 档案寄到迁入地工商部门后，到当地工商部门办理登记。

（2）外资迁出：

A. 企业到我局申请开征询意见函。市民中心行政服务大厅窗口现场办理，即来即办。

材料：a. 申请书（企业自己打印，A4纸，盖公章）；

　　　 b. 营业执照复印件；

　　　 c. 经办人身份证复印件。

B. 企业到迁入地工商部门申请开接收函。材料按当地工商部门要求准备。

C. 取得接收函后，网上申请预约至市民中心行政服务大厅窗口办理迁出。涉及外资限制项目还需征求各部门意见。

D. 办结后等待信息中心整理档案与寄出档案（档案寄送事宜与信息中心联系，可能比较慢）。

E. 档案寄到迁入地工商部门后，到当地工商部门办理登记。

需要特别提醒的是，一般企业迁出深圳到异地迁入的时候，股东之间或者企业的经营意向可能会发生变化。此时企业应该积极协调，迅速地到当地落地或者向深圳登记部门提出回迁的申请。因为企业如果长期不能落地，会导致监管的空缺，也会形成违规的风险。

110. 公司迁到外地后，是否还能再迁回深圳？

原则上企业在迁出深圳之后，该企业在深圳的商事登记簿中已经为迁出状态，在深圳商事登记部门信息中心档案管理部门的数据也已经清空。但企业的经营状况会发生多种变化，经营意向会发生多种变化，企业提出回迁申请时，原则上依然按照迁入处理。信息中心要对数据库进行重新建立，并给予解锁，企业方能迁回深圳。

很多企业常见的问题是回迁的决定比较迟缓，导致监管的轮空，经常有回迁手续过了一年多仍不能正常落地，导致错过了年报的时间，变成违规。如果出现这种情况，税务部门也会依法进行监管和查处。

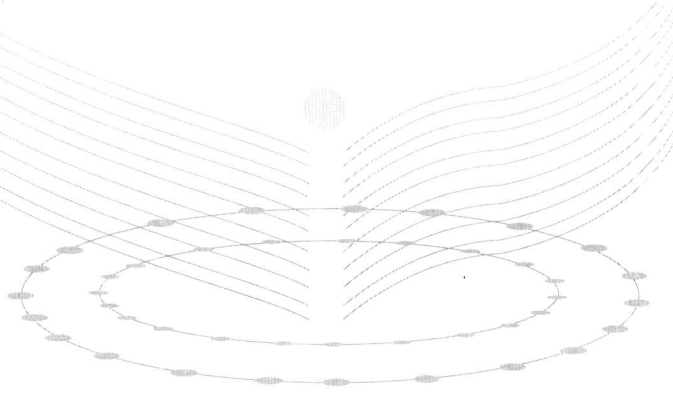

附 录

注册登记
法律法规

中华人民共和国公司法

（1993 年 12 月 29 日第八届全国人民代表大会常务委员会第五次会议通过 根据 1999 年 12 月 25 日第九届全国人民代表大会常务委员会第十三次会议《关于修改〈中华人民共和国公司法〉的决定》第一次修正 根据 2004 年 8 月 28 日第十届全国人民代表大会常务委员会第十一次会议《关于修改〈中华人民共和国公司法〉的决定》第二次修正 2005 年 10 月 27 日第十届全国人民代表大会常务委员会第十八次会议修订 根据 2013 年 12 月 28 日第十二届全国人民代表大会常务委员会第六次会议《关于修改〈中华人民共和国海洋环境保护法〉等七部法律的决定》第三次修正 根据 2018 年 10 月 26 日第十三届全国人民代表大会常务委员会第六次会议《关于修改〈中华人民共和国公司法〉的决定》第四次修正）

目 录

第一章　总则

　　第一条　为了规范公司的组织和行为，保护公司、股东和债权人的合法权益，维护社会经济秩序，促进社会主义市场经济的发展，制定本法。

　　第二条　本法所称公司是指依照本法在中国境内设立的有限责任公司和股份有限公司。

　　第三条　公司是企业法人，有独立的法人财产，享有法人财产权。公司以其全部财产对公司的债务承担责任。

　　有限责任公司的股东以其认缴的出资额为限对公司承担责任；股份有限公司的股东以其认购的股份为限对公司承担责任。

　　第四条　公司股东依法享有资产收益、参与重大决策和选择管理者等权利。

第五条　公司从事经营活动，必须遵守法律、行政法规，遵守社会公德、商业道德，诚实守信，接受政府和社会公众的监督，承担社会责任。

公司的合法权益受法律保护，不受侵犯。

第六条　设立公司，应当依法向公司登记机关申请设立登记。符合本法规定的设立条件的，由公司登记机关分别登记为有限责任公司或者股份有限公司；不符合本法规定的设立条件的，不得登记为有限责任公司或者股份有限公司。

法律、行政法规规定设立公司必须报经批准的，应当在公司登记前依法办理批准手续。

公众可以向公司登记机关申请查询公司登记事项，公司登记机关应当提供查询服务。

第七条　依法设立的公司，由公司登记机关发给公司营业执照。公司营业执照签发日期为公司成立日期。

公司营业执照应当载明公司的名称、住所、注册资本、经营范围、法定代表人姓名等事项。

公司营业执照记载的事项发生变更的，公司应当依法办理变更登记，由公司登记机关换发营业执照。

第八条　依照本法设立的有限责任公司，必须在公司名称中标明有限责任公司或者有限公司字样。

依照本法设立的股份有限公司，必须在公司名称中标明股份有限公司或者股份公司字样。

第九条　有限责任公司变更为股份有限公司，应当符合本法规定的股份有限公司的条件。股份有限公司变更为有限责任公司，应当符合本法规定的有限责任公司的条件。

有限责任公司变更为股份有限公司的，或者股份有限公司变更为有限责任公司的，公司变更前的债权、债务由变更后的公司承继。

第十条　公司以其主要办事机构所在地为住所。

第十一条　设立公司必须依法制定公司章程。公司章程对公司、股东、董事、监事、高级管理人员具有约束力。

第十二条　公司的经营范围由公司章程规定，并依法登记。公司可以修改公司章程，改变经营范围，但是应当办理变更登记。

公司的经营范围中属于法律、行政法规规定须经批准的项目，应当依法经过批准。

第十三条　公司法定代表人依照公司章程的规定，由董事长、执行董事或者经理担任，并依法登记。公司法定代表人变更，应当办理变更登记。

第十四条　公司可以设立分公司。设立分公司，应当向公司登记机关申请登记，领取营业执照。分公司不具有法人资格，其民事责任由公司承担。

公司可以设立子公司，子公司具有法人资格，依法独立承担民事责任。

第十五条　公司可以向其他企业投资；但是，除法律另有规定外，不得成为对所投资企业的债务承担连带责任的出资人。

第十六条　公司向其他企业投资或者为他人提供担保，依照公司章程的规定，由董事会或者股东会、股东大会决议；公司章程对投资或者担保的总额及单项投资或者担保的数额有限额规定的，不得超过规定的限额。

公司为公司股东或者实际控制人提供担保的，必须经股东会或者股东大会决议。

前款规定的股东或者受前款规定的实际控制人支配的股东，不得参加前款规定事项的表决。该项表决由出席会议的其他股东所持表决权的过半数通过。

第十七条　公司必须保护职工的合法权益，依法与职工签订劳动合同，参加社会保险，加强劳动保护，实现安全生产。

公司应当采用多种形式，加强公司职工的职业教育和岗位培训，提高职工素质。

第十八条　公司职工依照《中华人民共和国工会法》组织工会，开展工会活动，维护职工合法权益。公司应当为本公司工会提供必要的活动条件。公司工会代表职工就职工的劳动报酬、工作时间、福利、保险和劳动安全卫生等事项依法与公司签订集体合同。

公司依照宪法和有关法律的规定，通过职工代表大会或者其他形式，实行民主管理。

公司研究决定改制以及经营方面的重大问题、制定重要的规章制度时，应当听取公司工会的意见，并通过职工代表大会或者其他形式听取职工的意见和建议。

第十九条　在公司中，根据中国共产党章程的规定，设立中国共产党的组织，开展党的活动。公司应当为党组织的活动提供必要条件。

第二十条　公司股东应当遵守法律、行政法规和公司章程，依法行使股东权利，不得滥用股东权利损害公司或者其他股东的利益；不得滥用公司法人独立地位和股东有限责任损害公司债权人的利益。

公司股东滥用股东权利给公司或者其他股东造成损失的，应当依法承担赔偿责任。

公司股东滥用公司法人独立地位和股东有限责任，逃避债务，严重损害公司债权人利益的，应当对公司债务承担连带责任。

第二十一条　公司的控股股东、实际控制人、董事、监事、高级管理人员不得利用其关联关系损害公司利益。

违反前款规定，给公司造成损失的，应当承担赔偿责任。

第二十二条　公司股东会或者股东大会、董事会的决议内容违反法律、行政法规的无效。

股东会或者股东大会、董事会的会议召集程序、表决方式违反法律、行政法规或者公司章程，或者决议内容违反公司章程的，股东可以自决议作出之日起六十日内，请求人民法院撤销。

股东依照前款规定提起诉讼的，人民法院可以应公司的请求，要求股东提供相应担保。

公司根据股东会或者股东大会、董事会决议已办理变更登记的，人民法院宣告该决议无效或者撤销该决议后，公司应当向公司登记机关申请撤销变更登记。

第二章 有限责任公司的设立和组织机构

第一节 设立

第二十三条 设立有限责任公司，应当具备下列条件：

（一）股东符合法定人数；

（二）有符合公司章程规定的全体股东认缴的出资额；

（三）股东共同制定公司章程；

（四）有公司名称，建立符合有限责任公司要求的组织机构；

（五）有公司住所。

第二十四条 有限责任公司由五十个以下股东出资设立。

第二十五条 有限责任公司章程应当载明下列事项：

（一）公司名称和住所；

（二）公司经营范围；

（三）公司注册资本；

（四）股东的姓名或者名称；

（五）股东的出资方式、出资额和出资时间；

（六）公司的机构及其产生办法、职权、议事规则；

（七）公司法定代表人；

（八）股东会会议认为需要规定的其他事项。

股东应当在公司章程上签名、盖章。

第二十六条 有限责任公司的注册资本为在公司登记机关登记的全体股东认缴的出资额。

法律、行政法规以及国务院决定对有限责任公司注册资本实缴、注册资本最低限额另有规定的，从其规定。

第二十七条 股东可以用货币出资，也可以用实物、知识产权、土地使用权等可以用货币估价并可以依法转让的非货币财产作价出资；但是，法律、行政法规规定不得作为出资的财产除外。

对作为出资的非货币财产应当评估作价，核实财产，不得高估或者低估作价。法律、行政法规对评估作价有规定的，从其规定。

第二十八条　股东应当按期足额缴纳公司章程中规定的各自所认缴的出资额。股东以货币出资的，应当将货币出资足额存入有限责任公司在银行开设的账户；以非货币财产出资的，应当依法办理其财产权的转移手续。

股东不按照前款规定缴纳出资的，除应当向公司足额缴纳外，还应当向已按期足额缴纳出资的股东承担违约责任。

第二十九条　股东认足公司章程规定的出资后，由全体股东指定的代表或者共同委托的代理人向公司登记机关报送公司登记申请书、公司章程等文件，申请设立登记。

第三十条　有限责任公司成立后，发现作为设立公司出资的非货币财产的实际价额显著低于公司章程所定价额的，应当由交付该出资的股东补足其差额；公司设立时的其他股东承担连带责任。

第三十一条　有限责任公司成立后，应当向股东签发出资证明书。

出资证明书应当载明下列事项：

（一）公司名称；

（二）公司成立日期；

（三）公司注册资本；

（四）股东的姓名或者名称、缴纳的出资额和出资日期；

（五）出资证明书的编号和核发日期。

出资证明书由公司盖章。

第三十二条　有限责任公司应当置备股东名册，记载下列事项：

（一）股东的姓名或者名称及住所；

（二）股东的出资额；

（三）出资证明书编号。

记载于股东名册的股东，可以依股东名册主张行使股东权利。

公司应当将股东的姓名或者名称向公司登记机关登记；登记事项发生变更的，应当办理变更登记。未经登记或者变更登记的，不得对抗第三人。

第三十三条 股东有权查阅、复制公司章程、股东会会议记录、董事会会议决议、监事会会议决议和财务会计报告。

股东可以要求查阅公司会计账簿。股东要求查阅公司会计账簿的，应当向公司提出书面请求，说明目的。公司有合理根据认为股东查阅会计账簿有不正当目的，可能损害公司合法利益的，可以拒绝提供查阅，并应当自股东提出书面请求之日起十五日内书面答复股东并说明理由。公司拒绝提供查阅的，股东可以请求人民法院要求公司提供查阅。

第三十四条 股东按照实缴的出资比例分取红利；公司新增资本时，股东有权优先按照实缴的出资比例认缴出资。但是，全体股东约定不按照出资比例分取红利或者不按照出资比例优先认缴出资的除外。

第三十五条 公司成立后，股东不得抽逃出资。

第二节 组织机构

第三十六条 有限责任公司股东会由全体股东组成。股东会是公司的权力机构，依照本法行使职权。

第三十七条 股东会行使下列职权：

（一）决定公司的经营方针和投资计划；

（二）选举和更换非由职工代表担任的董事、监事，决定有关董事、监事的报酬事项；

（三）审议批准董事会的报告；

（四）审议批准监事会或者监事的报告；

（五）审议批准公司的年度财务预算方案、决算方案；

（六）审议批准公司的利润分配方案和弥补亏损方案；

（七）对公司增加或者减少注册资本作出决议；

（八）对发行公司债券作出决议；

（九）对公司合并、分立、解散、清算或者变更公司形式作出决议；

（十）修改公司章程；

（十一）公司章程规定的其他职权。

对前款所列事项股东以书面形式一致表示同意的，可以不召开股东会会议，直接作出决定，并由全体股东在决定文件上签名、盖章。

第三十八条　首次股东会会议由出资最多的股东召集和主持，依照本法规定行使职权。

第三十九条　股东会会议分为定期会议和临时会议。

定期会议应当依照公司章程的规定按时召开。代表十分之一以上表决权的股东，三分之一以上的董事，监事会或者不设监事会的公司的监事提议召开临时会议的，应当召开临时会议。

第四十条　有限责任公司设立董事会的，股东会会议由董事会召集，董事长主持；董事长不能履行职务或者不履行职务的，由副董事长主持；副董事长不能履行职务或者不履行职务的，由半数以上董事共同推举一名董事主持。

有限责任公司不设董事会的，股东会会议由执行董事召集和主持。

董事会或者执行董事不能履行或者不履行召集股东会会议职责的，由监事会或者不设监事会的公司的监事召集和主持；监事会或者监事不召集和主持的，代表十分之一以上表决权的股东可以自行召集和主持。

第四十一条　召开股东会会议，应当于会议召开十五日前通知全体股东；但是，公司章程另有规定或者全体股东另有约定的除外。

股东会应当对所议事项的决定作成会议记录，出席会议的股东应当在会议记录上签名。

第四十二条　股东会会议由股东按照出资比例行使表决权；但是，公司章程另有规定的除外。

第四十三条　股东会的议事方式和表决程序，除本法有规定的外，由公司章程规定。

股东会会议作出修改公司章程、增加或者减少注册资本的决议，以及公司合并、分立、解散或者变更公司形式的决议，必须经代表三分之二以上表决权的股东通过。

第四十四条　有限责任公司设董事会，其成员为三人至十三人；但是，本法第五十条另有规定的除外。

两个以上的国有企业或者两个以上的其他国有投资主体投资设立的有限责任公司，其董事会成员中应当有公司职工代表；其他有限责任公司董事会成员中可以有公司职工代表。董事会中的职工代表由公司职工通过职工代表大会、职工大会或者其他形式民主选举产生。

董事会设董事长一人，可以设副董事长。董事长、副董事长的产生办法由公司章程规定。

第四十五条　董事任期由公司章程规定，但每届任期不得超过三年。董事任期届满，连选可以连任。

董事任期届满未及时改选，或者董事在任期内辞职导致董事会成员低于法定人数的，在改选出的董事就任前，原董事仍应当依照法律、行政法规和公司章程的规定，履行董事职务。

第四十六条　董事会对股东会负责，行使下列职权：

（一）召集股东会会议，并向股东会报告工作；

（二）执行股东会的决议；

（三）决定公司的经营计划和投资方案；

（四）制订公司的年度财务预算方案、决算方案；

（五）制订公司的利润分配方案和弥补亏损方案；

（六）制订公司增加或者减少注册资本以及发行公司债券的方案；

（七）制订公司合并、分立、解散或者变更公司形式的方案；

（八）决定公司内部管理机构的设置；

（九）决定聘任或者解聘公司经理及其报酬事项，并根据经理的提名决定聘任或者解聘公司副经理、财务负责人及其报酬事项；

（十）制定公司的基本管理制度；

（十一）公司章程规定的其他职权。

第四十七条　董事会会议由董事长召集和主持；董事长不能履行职务或者不履行职务的，由副董事长召集和主持；副董事长不能履行职务或者不履行职务的，由半数以上董事共同推举一名董事召集和主持。

第四十八条　董事会的议事方式和表决程序，除本法有规定的外，由公司章程规定。

董事会应当对所议事项的决定作成会议记录，出席会议的董事应当在会议记录上签名。

董事会决议的表决，实行一人一票。

第四十九条　有限责任公司可以设经理，由董事会决定聘任或者解聘。经理对董事会负责，行使下列职权：

（一）主持公司的生产经营管理工作，组织实施董事会决议；

（二）组织实施公司年度经营计划和投资方案；

（三）拟订公司内部管理机构设置方案；

（四）拟订公司的基本管理制度；

（五）制定公司的具体规章；

（六）提请聘任或者解聘公司副经理、财务负责人；

（七）决定聘任或者解聘除应由董事会决定聘任或者解聘以外的负责管理人员；

（八）董事会授予的其他职权。

公司章程对经理职权另有规定的，从其规定。

经理列席董事会会议。

第五十条　股东人数较少或者规模较小的有限责任公司，可以设一名执行董事，不设董事会。执行董事可以兼任公司经理。

执行董事的职权由公司章程规定。

第五十一条　有限责任公司设监事会，其成员不得少于三人。股东人数较少或者规模较小的有限责任公司，可以设一至二名监事，不设监事会。

监事会应当包括股东代表和适当比例的公司职工代表，其中职工代表的比例不得低于三分之一，具体比例由公司章程规定。监事会中的职工代表由公司职工通过职工代表大会、职工大会或者其他形式民主选举产生。

监事会设主席一人，由全体监事过半数选举产生。监事会主席召集和主持监事会会议；监事会主席不能履行职务或者不履行职务的，由半数以上监事共同推举一名监事召集和主持监事会会议。

董事、高级管理人员不得兼任监事。

第五十二条　监事的任期每届为三年。监事任期届满，连选可以连任。

监事任期届满未及时改选，或者监事在任期内辞职导致监事会成员低于法定人数的，在改选出的监事就任前，原监事仍应当依照法律、行政法规和公司章程的规定，履行监事职务。

第五十三条　监事会、不设监事会的公司的监事行使下列职权：

（一）检查公司财务；

（二）对董事、高级管理人员执行公司职务的行为进行监督，对违反法律、行政法规、公司章程或者股东会决议的董事、高级管理人员提出罢免的建议；

（三）当董事、高级管理人员的行为损害公司的利益时，要求董事、高级管理人员予以纠正；

（四）提议召开临时股东会会议，在董事会不履行本法规定的召集和主持股东会会议职责时召集和主持股东会会议；

（五）向股东会会议提出提案；

（六）依照本法第一百五十一条的规定，对董事、高级管理人员提起诉讼；

（七）公司章程规定的其他职权。

第五十四条　监事可以列席董事会会议，并对董事会决议事项提出质询或者建议。

监事会、不设监事会的公司的监事发现公司经营情况异常，可以进行调查；必要时，可以聘请会计师事务所等协助其工作，费用由公司承担。

第五十五条　监事会每年度至少召开一次会议，监事可以提议召开临时监事会会议。

监事会的议事方式和表决程序，除本法有规定的外，由公司章程规定。

监事会决议应当经半数以上监事通过。

监事会应当对所议事项的决定作成会议记录，出席会议的监事应当在会议记录上签名。

第五十六条　监事会、不设监事会的公司的监事行使职权所必需的费用，由公司承担。

第三节　一人有限责任公司的特别规定

第五十七条　一人有限责任公司的设立和组织机构，适用本节规定；本节没有规定的，适用本章第一节、第二节的规定。

本法所称一人有限责任公司，是指只有一个自然人股东或者一个法人股东的有限责任公司。

第五十八条　一个自然人只能投资设立一个一人有限责任公司。该一人有限责任公司不能投资设立新的一人有限责任公司。

第五十九条　一人有限责任公司应当在公司登记中注明自然人独资或者法人独资，并在公司营业执照中载明。

第六十条　一人有限责任公司章程由股东制定。

第六十一条　一人有限责任公司不设股东会。股东作出本法第三十七条第一款所列决定时，应当采用书面形式，并由股东签名后置备于公司。

第六十二条　一人有限责任公司应当在每一会计年度终了时编制财务会计报告，并经会计师事务所审计。

第六十三条　一人有限责任公司的股东不能证明公司财产独立于股东自己的财产的，应当对公司债务承担连带责任。

第四节 国有独资公司的特别规定

第六十四条 国有独资公司的设立和组织机构，适用本节规定；本节没有规定的，适用本章第一节、第二节的规定。

本法所称国有独资公司，是指国家单独出资、由国务院或者地方人民政府授权本级人民政府国有资产监督管理机构履行出资人职责的有限责任公司。

第六十五条 国有独资公司章程由国有资产监督管理机构制定，或者由董事会制订报国有资产监督管理机构批准。

第六十六条 国有独资公司不设股东会，由国有资产监督管理机构行使股东会职权。国有资产监督管理机构可以授权公司董事会行使股东会的部分职权，决定公司的重大事项，但公司的合并、分立、解散、增加或者减少注册资本和发行公司债券，必须由国有资产监督管理机构决定；其中，重要的国有独资公司合并、分立、解散、申请破产的，应当由国有资产监督管理机构审核后，报本级人民政府批准。

前款所称重要的国有独资公司，按照国务院的规定确定。

第六十七条 国有独资公司设董事会，依照本法第四十六条、第六十六条的规定行使职权。董事每届任期不得超过三年。董事会成员中应当有公司职工代表。

董事会成员由国有资产监督管理机构委派；但是，董事会成员中的职工代表由公司职工代表大会选举产生。

董事会设董事长一人，可以设副董事长。董事长、副董事长由国有资产监督管理机构从董事会成员中指定。

第六十八条 国有独资公司设经理，由董事会聘任或者解聘。经理依照本法第四十九条规定行使职权。

经国有资产监督管理机构同意，董事会成员可以兼任经理。

第六十九条 国有独资公司的董事长、副董事长、董事、高级管理人员，未经国有资产监督管理机构同意，不得在其他有限责任公司、股份有限公司或者其他经济组织兼职。

第七十条　国有独资公司监事会成员不得少于五人，其中职工代表的比例不得低于三分之一，具体比例由公司章程规定。

监事会成员由国有资产监督管理机构委派；但是，监事会成员中的职工代表由公司职工代表大会选举产生。监事会主席由国有资产监督管理机构从监事会成员中指定。

监事会行使本法第五十三条第（一）项至第（三）项规定的职权和国务院规定的其他职权。

第三章　有限责任公司的股权转让

第七十一条　有限责任公司的股东之间可以相互转让其全部或者部分股权。

股东向股东以外的人转让股权，应当经其他股东过半数同意。股东应就其股权转让事项书面通知其他股东征求同意，其他股东自接到书面通知之日起满三十日未答复的，视为同意转让。其他股东半数以上不同意转让的，不同意的股东应当购买该转让的股权；不购买的，视为同意转让。

经股东同意转让的股权，在同等条件下，其他股东有优先购买权。两个以上股东主张行使优先购买权的，协商确定各自的购买比例；协商不成的，按照转让时各自的出资比例行使优先购买权。

公司章程对股权转让另有规定的，从其规定。

第七十二条　人民法院依照法律规定的强制执行程序转让股东的股权时，应当通知公司及全体股东，其他股东在同等条件下有优先购买权。其他股东自人民法院通知之日起满二十日不行使优先购买权的，视为放弃优先购买权。

第七十三条　依照本法第七十一条、第七十二条转让股权后，公司应当注销原股东的出资证明书，向新股东签发出资证明书，并相应修改公司章程和股东名册中有关股东及其出资额的记载。对公司章程的该项修改不需再由股东会表决。

第七十四条　有下列情形之一的，对股东会该项决议投反对票的股东可以请求公司按照合理的价格收购其股权：

（一）公司连续五年不向股东分配利润，而公司该五年连续盈利，并且符合本法规定的分配利润条件的；

（二）公司合并、分立、转让主要财产的；

（三）公司章程规定的营业期限届满或者章程规定的其他解散事由出现，股东会会议通过决议修改章程使公司存续的。

自股东会会议决议通过之日起六十日内，股东与公司不能达成股权收购协议的，股东可以自股东会会议决议通过之日起九十日内向人民法院提起诉讼。

第七十五条　自然人股东死亡后，其合法继承人可以继承股东资格；但是，公司章程另有规定的除外。

第四章　股份有限公司的设立和组织机构

第一节　设立

第七十六条　设立股份有限公司，应当具备下列条件：

（一）发起人符合法定人数；

（二）有符合公司章程规定的全体发起人认购的股本总额或者募集的实收股本总额；

（三）股份发行、筹办事项符合法律规定；

（四）发起人制订公司章程，采用募集方式设立的经创立大会通过；

（五）有公司名称，建立符合股份有限公司要求的组织机构；

（六）有公司住所。

第七十七条　股份有限公司的设立，可以采取发起设立或者募集设立的方式。

发起设立，是指由发起人认购公司应发行的全部股份而设立公司。

募集设立，是指由发起人认购公司应发行股份的一部分，其余股份向社会公开募集或者向特定对象募集而设立公司。

第七十八条　设立股份有限公司，应当有二人以上二百人以下为发起人，其中须有半数以上的发起人在中国境内有住所。

第七十九条　股份有限公司发起人承担公司筹办事务。

发起人应当签订发起人协议，明确各自在公司设立过程中的权利和义务。

第八十条　股份有限公司采取发起设立方式设立的，注册资本为在公司登记机关登记的全体发起人认购的股本总额。在发起人认购的股份缴足前，不得向他人募集股份。

股份有限公司采取募集方式设立的，注册资本为在公司登记机关登记的实收股本总额。

法律、行政法规以及国务院决定对股份有限公司注册资本实缴、注册资本最低限额另有规定的，从其规定。

第八十一条　股份有限公司章程应当载明下列事项：

（一）公司名称和住所；

（二）公司经营范围；

（三）公司设立方式；

（四）公司股份总数、每股金额和注册资本；

（五）发起人的姓名或者名称、认购的股份数、出资方式和出资时间；

（六）董事会的组成、职权和议事规则；

（七）公司法定代表人；

（八）监事会的组成、职权和议事规则；

（九）公司利润分配办法；

（十）公司的解散事由与清算办法；

（十一）公司的通知和公告办法；

（十二）股东大会会议认为需要规定的其他事项。

第八十二条　发起人的出资方式，适用本法第二十七条的规定。

第八十三条 以发起设立方式设立股份有限公司的，发起人应当书面认足公司章程规定其认购的股份，并按照公司章程规定缴纳出资。以非货币财产出资的，应当依法办理其财产权的转移手续。

发起人不依照前款规定缴纳出资的，应当按照发起人协议承担违约责任。

发起人认足公司章程规定的出资后，应当选举董事会和监事会，由董事会向公司登记机关报送公司章程以及法律、行政法规规定的其他文件，申请设立登记。

第八十四条 以募集设立方式设立股份有限公司的，发起人认购的股份不得少于公司股份总数的百分之三十五；但是，法律、行政法规另有规定的，从其规定。

第八十五条 发起人向社会公开募集股份，必须公告招股说明书，并制作认股书。认股书应当载明本法第八十六条所列事项，由认股人填写认购股数、金额、住所，并签名、盖章。认股人按照所认购股数缴纳股款。

第八十六条 招股说明书应当附有发起人制订的公司章程，并载明下列事项：

（一）发起人认购的股份数；

（二）每股的票面金额和发行价格；

（三）无记名股票的发行总数；

（四）募集资金的用途；

（五）认股人的权利、义务；

（六）本次募股的起止期限及逾期未募足时认股人可以撤回所认股份的说明。

第八十七条 发起人向社会公开募集股份，应当由依法设立的证券公司承销，签订承销协议。

第八十八条 发起人向社会公开募集股份，应当同银行签订代收股款协议。

代收股款的银行应当按照协议代收和保存股款，向缴纳股款的认股人出具收款单据，并负有向有关部门出具收款证明的义务。

第八十九条　发行股份的股款缴足后，必须经依法设立的验资机构验资并出具证明。发起人应当自股款缴足之日起三十日内主持召开公司创立大会。创立大会由发起人、认股人组成。

发行的股份超过招股说明书规定的截止期限尚未募足的，或者发行股份的股款缴足后，发起人在三十日内未召开创立大会的，认股人可以按照所缴股款并加算银行同期存款利息，要求发起人返还。

第九十条　发起人应当在创立大会召开十五日前将会议日期通知各认股人或者予以公告。创立大会应有代表股份总数过半数的发起人、认股人出席，方可举行。

创立大会行使下列职权：

（一）审议发起人关于公司筹办情况的报告；

（二）通过公司章程；

（三）选举董事会成员；

（四）选举监事会成员；

（五）对公司的设立费用进行审核；

（六）对发起人用于抵作股款的财产的作价进行审核；

（七）发生不可抗力或者经营条件发生重大变化直接影响公司设立的，可以作出不设立公司的决议。

创立大会对前款所列事项作出决议，必须经出席会议的认股人所持表决权过半数通过。

第九十一条　发起人、认股人缴纳股款或者交付抵作股款的出资后，除未按期募足股份、发起人未按期召开创立大会或者创立大会决议不设立公司的情形外，不得抽回其股本。

第九十二条　董事会应于创立大会结束后三十日内，向公司登记机关报送下列文件，申请设立登记：

（一）公司登记申请书；

（二）创立大会的会议记录；

（三）公司章程；

（四）验资证明；

（五）法定代表人、董事、监事的任职文件及其身份证明；

（六）发起人的法人资格证明或者自然人身份证明；

（七）公司住所证明。

以募集方式设立股份有限公司公开发行股票的，还应当向公司登记机关报送国务院证券监督管理机构的核准文件。

第九十三条　股份有限公司成立后，发起人未按照公司章程的规定缴足出资的，应当补缴；其他发起人承担连带责任。

股份有限公司成立后，发现作为设立公司出资的非货币财产的实际价额显著低于公司章程所定价额的，应当由交付该出资的发起人补足其差额；其他发起人承担连带责任。

第九十四条　股份有限公司的发起人应当承担下列责任：

（一）公司不能成立时，对设立行为所产生的债务和费用负连带责任；

（二）公司不能成立时，对认股人已缴纳的股款，负返还股款并加算银行同期存款利息的连带责任；

（三）在公司设立过程中，由于发起人的过失致使公司利益受到损害的，应当对公司承担赔偿责任。

第九十五条　有限责任公司变更为股份有限公司时，折合的实收股本总额不得高于公司净资产额。有限责任公司变更为股份有限公司，为增加资本公开发行股份时，应当依法办理。

第九十六条　股份有限公司应当将公司章程、股东名册、公司债券存根、股东大会会议记录、董事会会议记录、监事会会议记录、财务会计报告置备于本公司。

第九十七条　股东有权查阅公司章程、股东名册、公司债券存根、股东大会会议记录、董事会会议决议、监事会会议决议、财务会计报告，对公司的经营提出建议或者质询。

第二节　股东大会

第九十八条　股份有限公司股东大会由全体股东组成。股东大会是公司的权力机构，依照本法行使职权。

第九十九条　本法第三十七条第一款关于有限责任公司股东会职权的规定，适用于股份有限公司股东大会。

第一百条　股东大会应当每年召开一次年会。有下列情形之一的，应当在两个月内召开临时股东大会：

（一）董事人数不足本法规定人数或者公司章程所定人数的三分之二时；

（二）公司未弥补的亏损达实收股本总额三分之一时；

（三）单独或者合计持有公司百分之十以上股份的股东请求时；

（四）董事会认为必要时；

（五）监事会提议召开时；

（六）公司章程规定的其他情形。

第一百零一条　股东大会会议由董事会召集，董事长主持；董事长不能履行职务或者不履行职务的，由副董事长主持；副董事长不能履行职务或者不履行职务的，由半数以上董事共同推举一名董事主持。

董事会不能履行或者不履行召集股东大会会议职责的，监事会应当及时召集和主持；监事会不召集和主持的，连续九十日以上单独或者合计持有公司百分之十以上股份的股东可以自行召集和主持。

第一百零二条　召开股东大会会议，应当将会议召开的时间、地点和审议的事项于会议召开二十日前通知各股东；临时股东大会应当于会议召开十五日前通知各股东；发行无记名股票的，应当于会议召开三十日前公告会议召开的时间、地点和审议事项。

单独或者合计持有公司百分之三以上股份的股东，可以在股东大会召开十日前提出临时提案并书面提交董事会；董事会应当在收到提案后二日内通知其他股东，并将该临时提案提交股东大会审议。临时提案的内容应当属于股东大会职权范围，并有明确议题和具体决议事项。

股东大会不得对前两款通知中未列明的事项作出决议。

无记名股票持有人出席股东大会会议的，应当于会议召开五日前至股东大会闭会时将股票交存于公司。

第一百零三条　股东出席股东大会会议，所持每一股份有一表决权。但是，公司持有的本公司股份没有表决权。

股东大会作出决议，必须经出席会议的股东所持表决权过半数通过。但是，股东大会作出修改公司章程、增加或者减少注册资本的决议，以及公司合并、分立、解散或者变更公司形式的决议，必须经出席会议的股东所持表决权的三分之二以上通过。

第一百零四条　本法和公司章程规定公司转让、受让重大资产或者对外提供担保等事项必须经股东大会作出决议的，董事会应当及时召集股东大会会议，由股东大会就上述事项进行表决。

第一百零五条　股东大会选举董事、监事，可以依照公司章程的规定或者股东大会的决议，实行累积投票制。

本法所称累积投票制，是指股东大会选举董事或者监事时，每一股份拥有与应选董事或者监事人数相同的表决权，股东拥有的表决权可以集中使用。

第一百零六条　股东可以委托代理人出席股东大会会议，代理人应当向公司提交股东授权委托书，并在授权范围内行使表决权。

第一百零七条　股东大会应当对所议事项的决定作成会议记录，主持人、出席会议的董事应当在会议记录上签名。会议记录应当与出席股东的签名册及代理出席的委托书一并保存。

第三节　董事会、经理

第一百零八条　股份有限公司设董事会，其成员为五人至十九人。

董事会成员中可以有公司职工代表。董事会中的职工代表由公司职工通过职工代表大会、职工大会或者其他形式民主选举产生。

本法第四十五条关于有限责任公司董事任期的规定，适用于股份有限公司董事。

本法第四十六条关于有限责任公司董事会职权的规定，适用于股份有限公司董事会。

第一百零九条　董事会设董事长一人，可以设副董事长。董事长和副董事长由董事会以全体董事的过半数选举产生。

董事长召集和主持董事会会议，检查董事会决议的实施情况。副董事长协助董事长工作，董事长不能履行职务或者不履行职务的，由副董事长履行职务；副董事长不能履行职务或者不履行职务的，由半数以上董事共同推举一名董事履行职务。

第一百一十条　董事会每年度至少召开两次会议，每次会议应当于会议召开十日前通知全体董事和监事。

代表十分之一以上表决权的股东、三分之一以上董事或者监事会，可以提议召开董事会临时会议。董事长应当自接到提议后十日内，召集和主持董事会会议。

董事会召开临时会议，可以另定召集董事会的通知方式和通知时限。

第一百一十一条　董事会会议应有过半数的董事出席方可举行。董事会作出决议，必须经全体董事的过半数通过。

董事会决议的表决，实行一人一票。

第一百一十二条　董事会会议，应由董事本人出席；董事因故不能出席，可以书面委托其他董事代为出席，委托书中应载明授权范围。

董事会应当对会议所议事项的决定作成会议记录，出席会议的董事应当在会议记录上签名。

董事应当对董事会的决议承担责任。董事会的决议违反法律、行政法规或者公司章程、股东大会决议，致使公司遭受严重损失的，参与决议的董事对公司负赔偿责任。但经证明在表决时曾表明异议并记载于会议记录的，该董事可以免除责任。

第一百一十三条　股份有限公司设经理，由董事会决定聘任或者解聘。

本法第四十九条关于有限责任公司经理职权的规定，适用于股份有限公司经理。

第一百一十四条　公司董事会可以决定由董事会成员兼任经理。

第一百一十五条　公司不得直接或者通过子公司向董事、监事、高级管理人员提供借款。

第一百一十六条　公司应当定期向股东披露董事、监事、高级管理人员从公司获得报酬的情况。

第四节　监事会

第一百一十七条　股份有限公司设监事会，其成员不得少于三人。

监事会应当包括股东代表和适当比例的公司职工代表，其中职工代表的比例不得低于三分之一，具体比例由公司章程规定。监事会中的职工代表由公司职工通过职工代表大会、职工大会或者其他形式民主选举产生。

监事会设主席一人，可以设副主席。监事会主席和副主席由全体监事过半数选举产生。监事会主席召集和主持监事会会议；监事会主席不能履行职务或者不履行职务的，由监事会副主席召集和主持监事会会议；监事会副主席不能履行职务或者不履行职务的，由半数以上监事共同推举一名监事召集和主持监事会会议。

董事、高级管理人员不得兼任监事。

本法第五十二条关于有限责任公司监事任期的规定，适用于股份有限公司监事。

第一百一十八条　本法第五十三条、第五十四条关于有限责任公司监事会职权的规定，适用于股份有限公司监事会。

监事会行使职权所必需的费用，由公司承担。

第一百一十九条　监事会每六个月至少召开一次会议。监事可以提议召开临时监事会会议。

监事会的议事方式和表决程序，除本法有规定的外，由公司章程规定。

监事会决议应当经半数以上监事通过。

监事会应当对所议事项的决定作成会议记录，出席会议的监事应当在会议记录上签名。

第五节　上市公司组织机构的特别规定

第一百二十条　本法所称上市公司，是指其股票在证券交易所上市交易的股份有限公司。

第一百二十一条　上市公司在一年内购买、出售重大资产或者担保金额超过公司资产总额百分之三十的，应当由股东大会作出决议，并经出席会议的股东所持表决权的三分之二以上通过。

第一百二十二条　上市公司设独立董事，具体办法由国务院规定。

第一百二十三条　上市公司设董事会秘书，负责公司股东大会和董事会会议的筹备、文件保管以及公司股东资料的管理，办理信息披露事务等事宜。

第一百二十四条　上市公司董事与董事会会议决议事项所涉及的企业有关联关系的，不得对该项决议行使表决权，也不得代理其他董事行使表决权。该董事会会议由过半数的无关联关系董事出席即可举行，董事会会议所作决议须经无关联关系董事过半数通过。出席董事会的无关联关系董事人数不足三人的，应将该事项提交上市公司股东大会审议。

第五章　股份有限公司的股份发行和转让

第一节　股份发行

第一百二十五条　股份有限公司的资本划分为股份，每一股的金额相等。

公司的股份采取股票的形式。股票是公司签发的证明股东所持股份的凭证。

第一百二十六条　股份的发行，实行公平、公正的原则，同种类的每一股份应当具有同等权利。

同次发行的同种类股票，每股的发行条件和价格应当相同；任何单位或者个人所认购的股份，每股应当支付相同价额。

第一百二十七条　股票发行价格可以按票面金额，也可以超过票面金额，但不得低于票面金额。

第一百二十八条　股票采用纸面形式或者国务院证券监督管理机构规定的其他形式。

股票应当载明下列主要事项：

（一）公司名称；

（二）公司成立日期；

（三）股票种类、票面金额及代表的股份数；

（四）股票的编号。

股票由法定代表人签名，公司盖章。

发起人的股票，应当标明发起人股票字样。

第一百二十九条　公司发行的股票，可以为记名股票，也可以为无记名股票。

公司向发起人、法人发行的股票，应当为记名股票，并应当记载该发起人、法人的名称或者姓名，不得另立户名或者以代表人姓名记名。

第一百三十条　公司发行记名股票的，应当置备股东名册，记载下列事项：

（一）股东的姓名或者名称及住所；

（二）各股东所持股份数；

（三）各股东所持股票的编号；

（四）各股东取得股份的日期。

发行无记名股票的，公司应当记载其股票数量、编号及发行日期。

第一百三十一条　国务院可以对公司发行本法规定以外的其他种类的股份，另行作出规定。

第一百三十二条　股份有限公司成立后，即向股东正式交付股票。公司成立前不得向股东交付股票。

第一百三十三条　公司发行新股，股东大会应当对下列事项作出决议：

（一）新股种类及数额；

（二）新股发行价格；

（三）新股发行的起止日期；

（四）向原有股东发行新股的种类及数额。

第一百三十四条　公司经国务院证券监督管理机构核准公开发行新股时，必须公告新股招股说明书和财务会计报告，并制作认股书。

本法第八十七条、第八十八条的规定适用于公司公开发行新股。

第一百三十五条　公司发行新股，可以根据公司经营情况和财务状况，确定其作价方案。

第一百三十六条　公司发行新股募足股款后，必须向公司登记机关办理变更登记，并公告。

第二节　股份转让

第一百三十七条　股东持有的股份可以依法转让。

第一百三十八条　股东转让其股份，应当在依法设立的证券交易场所进行或者按照国务院规定的其他方式进行。

第一百三十九条　记名股票，由股东以背书方式或者法律、行政法规规定的其他方式转让；转让后由公司将受让人的姓名或者名称及住所记载于股东名册。

股东大会召开前二十日内或者公司决定分配股利的基准日前五日内，不得进行前款规定的股东名册的变更登记。但是，法律对上市公司股东名册变更登记另有规定的，从其规定。

第一百四十条　无记名股票的转让，由股东将该股票交付给受让人后即发生转让的效力。

第一百四十一条　发起人持有的本公司股份，自公司成立之日起一年内不得转让。公司公开发行股份前已发行的股份，自公司股票在证券交易所上市交易之日起一年内不得转让。

公司董事、监事、高级管理人员应当向公司申报所持有的本公司的股份及其变动情况，在任职期间每年转让的股份不得超过其所持有本公司股份总数的百分之二十五；所持本公司股份自公司股票上市交易之日起一年内不得转让。上述人员离职后半年内，不得转让其所持有的本公司股份。公司章程可以对公司董事、监事、高级管理人员转让其所持有的本公司股份作出其他限制性规定。

第一百四十二条　公司不得收购本公司股份。但是，有下列情形之一的除外：

（一）减少公司注册资本；

（二）与持有本公司股份的其他公司合并；

（三）将股份用于员工持股计划或者股权激励；

（四）股东因对股东大会作出的公司合并、分立决议持异议，要求公司收购其股份；

（五）将股份用于转换上市公司发行的可转换为股票的公司债券；

（六）上市公司为维护公司价值及股东权益所必需。

公司因前款第（一）项、第（二）项规定的情形收购本公司股份的，应当经股东大会决议；公司因前款第（三）项、第（五）项、第（六）项规定的情形收购本公司股份的，可以依照公司章程的规定或者股东大会的授权，经三分之二以上董事出席的董事会会议决议。

公司依照本条第一款规定收购本公司股份后，属于第（一）项情形的，应当自收购之日起十日内注销；属于第（二）项、第（四）项情形的，应当在六个月内转让或者注销；属于第（三）项、第（五）项、第（六）项情形的，公司合计持有的本公司股份数不得超过本公司已发行股份总额的百分之十，并应当在三年内转让或者注销。

上市公司收购本公司股份的，应当依照《中华人民共和国证券法》的规定履行信息披露义务。上市公司因本条第一款第（三）项、第（五）项、第（六）项规定的情形收购本公司股份的，应当通过公开的集中交易方式进行。

公司不得接受本公司的股票作为质押权的标的。

第一百四十三条　记名股票被盗、遗失或者灭失，股东可以依照《中华人民共和国民事诉讼法》规定的公示催告程序，请求人民法院宣告该股票失效。人民法院宣告该股票失效后，股东可以向公司申请补发股票。

第一百四十四条　上市公司的股票，依照有关法律、行政法规及证券交易所交易规则上市交易。

第一百四十五条　上市公司必须依照法律、行政法规的规定，公开其财务状况、经营情况及重大诉讼，在每会计年度内半年公布一次财务会计报告。

第六章　公司董事、监事、高级管理人员的资格和义务

第一百四十六条　有下列情形之一的，不得担任公司的董事、监事、高级管理人员：

（一）无民事行为能力或者限制民事行为能力；

（二）因贪污、贿赂、侵占财产、挪用财产或者破坏社会主义市场经济秩序，被判处刑罚，执行期满未逾五年，或者因犯罪被剥夺政治权利，执行期满未逾五年；

（三）担任破产清算的公司、企业的董事或者厂长、经理，对该公司、企业的破产负有个人责任的，自该公司、企业破产清算完结之日起未逾三年；

（四）担任因违法被吊销营业执照、责令关闭的公司、企业的法定代表人，并负有个人责任的，自该公司、企业被吊销营业执照之日起未逾三年；

（五）个人所负数额较大的债务到期未清偿。

公司违反前款规定选举、委派董事、监事或者聘任高级管理人员的，该选举、委派或者聘任无效。

董事、监事、高级管理人员在任职期间出现本条第一款所列情形的，公司应当解除其职务。

第一百四十七条　董事、监事、高级管理人员应当遵守法律、行政法规和公司章程，对公司负有忠实义务和勤勉义务。

董事、监事、高级管理人员不得利用职权收受贿赂或者其他非法收入，不得侵占公司的财产。

第一百四十八条 董事、高级管理人员不得有下列行为：

（一）挪用公司资金；

（二）将公司资金以其个人名义或者以其他个人名义开立账户存储；

（三）违反公司章程的规定，未经股东会、股东大会或者董事会同意，将公司资金借贷给他人或者以公司财产为他人提供担保；

（四）违反公司章程的规定或者未经股东会、股东大会同意，与本公司订立合同或者进行交易；

（五）未经股东会或者股东大会同意，利用职务便利为自己或者他人谋取属于公司的商业机会，自营或者为他人经营与所任职公司同类的业务；

（六）接受他人与公司交易的佣金归为己有；

（七）擅自披露公司秘密；

（八）违反对公司忠实义务的其他行为。

董事、高级管理人员违反前款规定所得的收入应当归公司所有。

第一百四十九条 董事、监事、高级管理人员执行公司职务时违反法律、行政法规或者公司章程的规定，给公司造成损失的，应当承担赔偿责任。

第一百五十条 股东会或者股东大会要求董事、监事、高级管理人员列席会议的，董事、监事、高级管理人员应当列席并接受股东的质询。

董事、高级管理人员应当如实向监事会或者不设监事会的有限责任公司的监事提供有关情况和资料，不得妨碍监事会或者监事行使职权。

第一百五十一条 董事、高级管理人员有本法第一百四十九条规定的情形的，有限责任公司的股东、股份有限公司连续一百八十日以上单独或者合计持有公司百分之一以上股份的股东，可以书面请求监事会或者不设监事会的有限责任公司的监事向人民法院提起诉讼；监事有本法第一百四十九条规定的情形的，前述股东可以书面请求董事会或者不设董事会的有限责任公司的执行董事向人民法院提起诉讼。

监事会、不设监事会的有限责任公司的监事，或者董事会、执行董事收到前款规定的股东书面请求后拒绝提起诉讼，或者自收到请求之日起三十日内未提起诉讼，或者情况紧急、不立即提起诉讼将会使公司利益受到难以弥补的损害的，前款规定的股东有权为了公司的利益以自己的名义直接向人民法院提起诉讼。

他人侵犯公司合法权益，给公司造成损失的，本条第一款规定的股东可以依照前两款的规定向人民法院提起诉讼。

第一百五十二条　董事、高级管理人员违反法律、行政法规或者公司章程的规定，损害股东利益的，股东可以向人民法院提起诉讼。

第七章　公司债券

第一百五十三条　本法所称公司债券，是指公司依照法定程序发行、约定在一定期限还本付息的有价证券。

公司发行公司债券应当符合《中华人民共和国证券法》规定的发行条件。

第一百五十四条　发行公司债券的申请经国务院授权的部门核准后，应当公告公司债券募集办法。

公司债券募集办法中应当载明下列主要事项：

（一）公司名称；

（二）债券募集资金的用途；

（三）债券总额和债券的票面金额；

（四）债券利率的确定方式；

（五）还本付息的期限和方式；

（六）债券担保情况；

（七）债券的发行价格、发行的起止日期；

（八）公司净资产额；

（九）已发行的尚未到期的公司债券总额；

（十）公司债券的承销机构。

第一百五十五条 公司以实物券方式发行公司债券的，必须在债券上载明公司名称、债券票面金额、利率、偿还期限等事项，并由法定代表人签名，公司盖章。

第一百五十六条 公司债券，可以为记名债券，也可以为无记名债券。

第一百五十七条 公司发行公司债券应当置备公司债券存根簿。

发行记名公司债券的，应当在公司债券存根簿上载明下列事项：

（一）债券持有人的姓名或者名称及住所；

（二）债券持有人取得债券的日期及债券的编号；

（三）债券总额，债券的票面金额、利率、还本付息的期限和方式；

（四）债券的发行日期。

发行无记名公司债券的，应当在公司债券存根簿上载明债券总额、利率、偿还期限和方式、发行日期及债券的编号。

第一百五十八条 记名公司债券的登记结算机构应当建立债券登记、存管、付息、兑付等相关制度。

第一百五十九条 公司债券可以转让，转让价格由转让人与受让人约定。

公司债券在证券交易所上市交易的，按照证券交易所的交易规则转让。

第一百六十条 记名公司债券，由债券持有人以背书方式或者法律、行政法规规定的其他方式转让；转让后由公司将受让人的姓名或者名称及住所记载于公司债券存根簿。

无记名公司债券的转让，由债券持有人将该债券交付给受让人后即发生转让的效力。

第一百六十一条 上市公司经股东大会决议可以发行可转换为股票的公司债券，并在公司债券募集办法中规定具体的转换办法。上市公司发行可转换为股票的公司债券，应当报国务院证券监督管理机构核准。

发行可转换为股票的公司债券，应当在债券上标明可转换公司债券字样，并在公司债券存根簿上载明可转换公司债券的数额。

第一百六十二条　发行可转换为股票的公司债券的，公司应当按照其转换办法向债券持有人换发股票，但债券持有人对转换股票或者不转换股票有选择权。

第八章　公司财务、会计

第一百六十三条　公司应当依照法律、行政法规和国务院财政部门的规定建立本公司的财务、会计制度。

第一百六十四条　公司应当在每一会计年度终了时编制财务会计报告，并依法经会计师事务所审计。

财务会计报告应当依照法律、行政法规和国务院财政部门的规定制作。

第一百六十五条　有限责任公司应当依照公司章程规定的期限将财务会计报告送交各股东。

股份有限公司的财务会计报告应当在召开股东大会年会的二十日前置备于本公司，供股东查阅；公开发行股票的股份有限公司必须公告其财务会计报告。

第一百六十六条　公司分配当年税后利润时，应当提取利润的百分之十列入公司法定公积金。公司法定公积金累计额为公司注册资本的百分之五十以上的，可以不再提取。

公司的法定公积金不足以弥补以前年度亏损的，在依照前款规定提取法定公积金之前，应当先用当年利润弥补亏损。

公司从税后利润中提取法定公积金后，经股东会或者股东大会决议，还可以从税后利润中提取任意公积金。

公司弥补亏损和提取公积金后所余税后利润，有限责任公司依照本法第三十四条的规定分配；股份有限公司按照股东持有的股份比例分配，但股份有限公司章程规定不按持股比例分配的除外。

股东会、股东大会或者董事会违反前款规定，在公司弥补亏损和提取法定公积金之前向股东分配利润的，股东必须将违反规定分配的利润退还公司。

公司持有的本公司股份不得分配利润。

第一百六十七条 股份有限公司以超过股票票面金额的发行价格发行股份所得的溢价款以及国务院财政部门规定列入资本公积金的其他收入，应当列为公司资本公积金。

第一百六十八条 公司的公积金用于弥补公司的亏损、扩大公司生产经营或者转为增加公司资本。但是，资本公积金不得用于弥补公司的亏损。

法定公积金转为资本时，所留存的该项公积金不得少于转增前公司注册资本的百分之二十五。

第一百六十九条 公司聘用、解聘承办公司审计业务的会计师事务所，依照公司章程的规定，由股东会、股东大会或者董事会决定。

公司股东会、股东大会或者董事会就解聘会计师事务所进行表决时，应当允许会计师事务所陈述意见。

第一百七十条 公司应当向聘用的会计师事务所提供真实、完整的会计凭证、会计账簿、财务会计报告及其他会计资料，不得拒绝、隐匿、谎报。

第一百七十一条 公司除法定的会计账簿外，不得另立会计账簿。

对公司资产，不得以任何个人名义开立账户存储。

第九章 公司合并、分立、增资、减资

第一百七十二条 公司合并可以采取吸收合并或者新设合并。

一个公司吸收其他公司为吸收合并，被吸收的公司解散。两个以上公司合并设立一个新的公司为新设合并，合并各方解散。

第一百七十三条 公司合并，应当由合并各方签订合并协议，并编制资产负债表及财产清单。公司应当自作出合并决议之日起十日内通知债权人，并于三十日内在报纸上公告。债权人自接到通知书之日起三十日内，未接到通知书的自公告之日起四十五日内，可以要求公司清偿债务或者提供相应的担保。

第一百七十四条 公司合并时，合并各方的债权、债务，应当由合并后存

续的公司或者新设的公司承继。

第一百七十五条 公司分立，其财产作相应的分割。

公司分立，应当编制资产负债表及财产清单。公司应当自作出分立决议之日起十日内通知债权人，并于三十日内在报纸上公告。

第一百七十六条 公司分立前的债务由分立后的公司承担连带责任。但是，公司在分立前与债权人就债务清偿达成的书面协议另有约定的除外。

第一百七十七条 公司需要减少注册资本时，必须编制资产负债表及财产清单。

公司应当自作出减少注册资本决议之日起十日内通知债权人，并于三十日内在报纸上公告。债权人自接到通知书之日起三十日内，未接到通知书的自公告之日起四十五日内，有权要求公司清偿债务或者提供相应的担保。

第一百七十八条 有限责任公司增加注册资本时，股东认缴新增资本的出资，依照本法设立有限责任公司缴纳出资的有关规定执行。

股份有限公司为增加注册资本发行新股时，股东认购新股，依照本法设立股份有限公司缴纳股款的有关规定执行。

第一百七十九条 公司合并或者分立，登记事项发生变更的，应当依法向公司登记机关办理变更登记；公司解散的，应当依法办理公司注销登记；设立新公司的，应当依法办理公司设立登记。

公司增加或者减少注册资本，应当依法向公司登记机关办理变更登记。

第十章 公司解散和清算

第一百八十条 公司因下列原因解散：

（一）公司章程规定的营业期限届满或者公司章程规定的其他解散事由出现；

（二）股东会或者股东大会决议解散；

（三）因公司合并或者分立需要解散；

（四）依法被吊销营业执照、责令关闭或者被撤销；

（五）人民法院依照本法第一百八十二条的规定予以解散。

第一百八十一条 公司有本法第一百八十条第（一）项情形的，可以通过修改公司章程而存续。

依照前款规定修改公司章程，有限责任公司须经持有三分之二以上表决权的股东通过，股份有限公司须经出席股东大会会议的股东所持表决权的三分之二以上通过。

第一百八十二条 公司经营管理发生严重困难，继续存续会使股东利益受到重大损失，通过其他途径不能解决的，持有公司全部股东表决权百分之十以上的股东，可以请求人民法院解散公司。

第一百八十三条 公司因本法第一百八十条第（一）项、第（二）项、第（四）项、第（五）项规定而解散的，应当在解散事由出现之日起十五日内成立清算组，开始清算。有限责任公司的清算组由股东组成，股份有限公司的清算组由董事或者股东大会确定的人员组成。逾期不成立清算组进行清算的，债权人可以申请人民法院指定有关人员组成清算组进行清算。人民法院应当受理该申请，并及时组织清算组进行清算。

第一百八十四条 清算组在清算期间行使下列职权：

（一）清理公司财产，分别编制资产负债表和财产清单；

（二）通知、公告债权人；

（三）处理与清算有关的公司未了结的业务；

（四）清缴所欠税款以及清算过程中产生的税款；

（五）清理债权、债务；

（六）处理公司清偿债务后的剩余财产；

（七）代表公司参与民事诉讼活动。

第一百八十五条 清算组应当自成立之日起十日内通知债权人，并于六十日内在报纸上公告。债权人应当自接到通知书之日起三十日内，未接到通知书的自公告之日起四十五日内，向清算组申报其债权。

债权人申报债权，应当说明债权的有关事项，并提供证明材料。清算组应当对债权进行登记。

在申报债权期间，清算组不得对债权人进行清偿。

第一百八十六条　清算组在清理公司财产、编制资产负债表和财产清单后，应当制定清算方案，并报股东会、股东大会或者人民法院确认。

公司财产在分别支付清算费用、职工的工资、社会保险费用和法定补偿金，缴纳所欠税款，清偿公司债务后的剩余财产，有限责任公司按照股东的出资比例分配，股份有限公司按照股东持有的股份比例分配。

清算期间，公司存续，但不得开展与清算无关的经营活动。公司财产在未依照前款规定清偿前，不得分配给股东。

第一百八十七条　清算组在清理公司财产、编制资产负债表和财产清单后，发现公司财产不足清偿债务的，应当依法向人民法院申请宣告破产。

公司经人民法院裁定宣告破产后，清算组应当将清算事务移交给人民法院。

第一百八十八条　公司清算结束后，清算组应当制作清算报告，报股东会、股东大会或者人民法院确认，并报送公司登记机关，申请注销公司登记，公告公司终止。

第一百八十九条　清算组成员应当忠于职守，依法履行清算义务。

清算组成员不得利用职权收受贿赂或者其他非法收入，不得侵占公司财产。

清算组成员因故意或者重大过失给公司或者债权人造成损失的，应当承担赔偿责任。

第一百九十条　公司被依法宣告破产的，依照有关企业破产的法律实施破产清算。

第十一章　外国公司的分支机构

第一百九十一条　本法所称外国公司是指依照外国法律在中国境外设立的公司。

第一百九十二条 外国公司在中国境内设立分支机构，必须向中国主管机关提出申请，并提交其公司章程、所属国的公司登记证书等有关文件，经批准后，向公司登记机关依法办理登记，领取营业执照。

外国公司分支机构的审批办法由国务院另行规定。

第一百九十三条 外国公司在中国境内设立分支机构，必须在中国境内指定负责该分支机构的代表人或者代理人，并向该分支机构拨付与其所从事的经营活动相适应的资金。

对外国公司分支机构的经营资金需要规定最低限额的，由国务院另行规定。

第一百九十四条 外国公司的分支机构应当在其名称中标明该外国公司的国籍及责任形式。

外国公司的分支机构应当在本机构中置备该外国公司章程。

第一百九十五条 外国公司在中国境内设立的分支机构不具有中国法人资格。

外国公司对其分支机构在中国境内进行经营活动承担民事责任。

第一百九十六条 经批准设立的外国公司分支机构，在中国境内从事业务活动，必须遵守中国的法律，不得损害中国的社会公共利益，其合法权益受中国法律保护。

第一百九十七条 外国公司撤销其在中国境内的分支机构时，必须依法清偿债务，依照本法有关公司清算程序的规定进行清算。未清偿债务之前，不得将其分支机构的财产移至中国境外。

第十二章 法律责任

第一百九十八条 违反本法规定，虚报注册资本、提交虚假材料或者采取其他欺诈手段隐瞒重要事实取得公司登记的，由公司登记机关责令改正，对虚报注册资本的公司，处以虚报注册资本金额百分之五以上百分之十五以下的罚款；对提交虚假材料或者采取其他欺诈手段隐瞒重要事实的公司，处以五万元以上五十万元以下的罚款；情节严重的，撤销公司登记或者吊销营业执照。

第一百九十九条　公司的发起人、股东虚假出资，未交付或者未按期交付作为出资的货币或者非货币财产的，由公司登记机关责令改正，处以虚假出资金额百分之五以上百分之十五以下的罚款。

第二百条　公司的发起人、股东在公司成立后，抽逃其出资的，由公司登记机关责令改正，处以所抽逃出资金额百分之五以上百分之十五以下的罚款。

第二百零一条　公司违反本法规定，在法定的会计账簿以外另立会计账簿的，由县级以上人民政府财政部门责令改正，处以五万元以上五十万元以下的罚款。

第二百零二条　公司在依法向有关主管部门提供的财务会计报告等材料上作虚假记载或者隐瞒重要事实的，由有关主管部门对直接负责的主管人员和其他直接责任人员处以三万元以上三十万元以下的罚款。

第二百零三条　公司不依照本法规定提取法定公积金的，由县级以上人民政府财政部门责令如数补足应当提取的金额，可以对公司处以二十万元以下的罚款。

第二百零四条　公司在合并、分立、减少注册资本或者进行清算时，不依照本法规定通知或者公告债权人的，由公司登记机关责令改正，对公司处以一万元以上十万元以下的罚款。

公司在进行清算时，隐匿财产，对资产负债表或者财产清单作虚假记载或者在未清偿债务前分配公司财产的，由公司登记机关责令改正，对公司处以隐匿财产或者未清偿债务前分配公司财产金额百分之五以上百分之十以下的罚款；对直接负责的主管人员和其他直接责任人员处以一万元以上十万元以下的罚款。

第二百零五条　公司在清算期间开展与清算无关的经营活动的，由公司登记机关予以警告，没收违法所得。

第二百零六条　清算组不依照本法规定向公司登记机关报送清算报告，或者报送清算报告隐瞒重要事实或者有重大遗漏的，由公司登记机关责令改正。

清算组成员利用职权徇私舞弊、谋取非法收入或者侵占公司财产的，由公司登记机关责令退还公司财产，没收违法所得，并可以处以违法所得一倍以上五倍以下的罚款。

第二百零七条　承担资产评估、验资或者验证的机构提供虚假材料的，由公司登记机关没收违法所得，处以违法所得一倍以上五倍以下的罚款，并可以由有关主管部门依法责令该机构停业、吊销直接责任人员的资格证书，吊销营业执照。

承担资产评估、验资或者验证的机构因过失提供有重大遗漏的报告的，由公司登记机关责令改正，情节较重的，处以所得收入一倍以上五倍以下的罚款，并可以由有关主管部门依法责令该机构停业、吊销直接责任人员的资格证书，吊销营业执照。

承担资产评估、验资或者验证的机构因其出具的评估结果、验资或者验证证明不实，给公司债权人造成损失的，除能够证明自己没有过错的外，在其评估或者证明不实的金额范围内承担赔偿责任。

第二百零八条　公司登记机关对不符合本法规定条件的登记申请予以登记，或者对符合本法规定条件的登记申请不予登记的，对直接负责的主管人员和其他直接责任人员，依法给予行政处分。

第二百零九条　公司登记机关的上级部门强令公司登记机关对不符合本法规定条件的登记申请予以登记，或者对符合本法规定条件的登记申请不予登记的，或者对违法登记进行包庇的，对直接负责的主管人员和其他直接责任人员依法给予行政处分。

第二百一十条　未依法登记为有限责任公司或者股份有限公司，而冒用有限责任公司或者股份有限公司名义的，或者未依法登记为有限责任公司或者股份有限公司的分公司，而冒用有限责任公司或者股份有限公司的分公司名义的，由公司登记机关责令改正或者予以取缔，可以并处十万元以下的罚款。

第二百一十一条　公司成立后无正当理由超过六个月未开业的，或者开业后自行停业连续六个月以上的，可以由公司登记机关吊销营业执照。

公司登记事项发生变更时，未依照本法规定办理有关变更登记的，由公司登记机关责令限期登记；逾期不登记的，处以一万元以上十万元以下的罚款。

第二百一十二条　外国公司违反本法规定，擅自在中国境内设立分支机构的，由公司登记机关责令改正或者关闭，可以并处五万元以上二十万元以下的罚款。

第二百一十三条　利用公司名义从事危害国家安全、社会公共利益的严重违法行为的，吊销营业执照。

第二百一十四条　公司违反本法规定，应当承担民事赔偿责任和缴纳罚款、罚金的，其财产不足以支付时，先承担民事赔偿责任。

第二百一十五条　违反本法规定，构成犯罪的，依法追究刑事责任。

第十三章　附则

第二百一十六条　本法下列用语的含义：

（一）高级管理人员，是指公司的经理、副经理、财务负责人，上市公司董事会秘书和公司章程规定的其他人员。

（二）控股股东，是指其出资额占有限责任公司资本总额百分之五十以上或者其持有的股份占股份有限公司股本总额百分之五十以上的股东；出资额或者持有股份的比例虽然不足百分之五十，但依其出资额或者持有的股份所享有的表决权已足以对股东会、股东大会的决议产生重大影响的股东。

（三）实际控制人，是指虽不是公司的股东，但通过投资关系、协议或者其他安排，能够实际支配公司行为的人。

（四）关联关系，是指公司控股股东、实际控制人、董事、监事、高级管理人员与其直接或者间接控制的企业之间的关系，以及可能导致公司利益转移的其他关系。但是，国家控股的企业之间不仅因为同受国家控股而具有关联关系。

第二百一十七条　外商投资的有限责任公司和股份有限公司适用本法；有关外商投资的法律另有规定的，适用其规定。

第二百一十八条　本法自 2006 年 1 月 1 日起施行。

最高人民法院关于
修改关于适用《中华人民共和国公司法》
若干问题的规定的决定

法释〔2014〕2 号

《最高人民法院关于修改关于适用〈中华人民共和国公司法〉若干问题的规定的决定》已于 2014 年 2 月 17 日由最高人民法院审判委员会第 1607 次会议通过，现予公布，自 2014 年 3 月 1 日起施行。

最高人民法院

2014 年 2 月 20 日

根据 2013 年 12 月 28 日第十二届全国人民代表大会常务委员会第六次会议的决定和修改后重新公布的《中华人民共和国公司法》，最高人民法院审判委员会第 1607 次会议决定：

一、《最高人民法院关于适用〈中华人民共和国公司法〉若干问题的规定（一）》（法释〔2006〕3 号，以下简称《规定（一）》）第三条中的"第七十五条"修改为"第七十四条"。

二、《规定（一）》第四条中的"第一百五十二条"修改为"第一百五十一条"。

三、《最高人民法院关于适用〈中华人民共和国公司法〉若干问题的规定（二）》（法释〔2008〕6 号，以下简称《规定（二）》）第一条第一款中的"第一百八十三条"修改为"第一百八十二条"。

四、《规定（二）》第二条、第七条第一款中的"第一百八十四条"修改为"第一百八十三条"。

五、《规定（二）》第十一条中的"第一百八十六条"修改为"第一百八十五条"。

六、《规定（二）》第二十二条第一款中的"第八十一条"修改为"第八十条"。

七、《规定（二）》第二十三条第二款、第三款中的"第一百五十二条"修改为"第一百五十一条"。

八、删去《最高人民法院关于适用〈中华人民共和国公司法〉若干问题的规定（三）》（法释〔2011〕3号，以下简称《规定（三）》）第十二条第一项，并将该条修改为"公司成立后，公司、股东或者公司债权人以相关股东的行为符合下列情形之一且损害公司权益为由，请求认定该股东抽逃出资的，人民法院应予支持：（一）制作虚假财务会计报表虚增利润进行分配；（二）通过虚构债权债务关系将其出资转出；（三）利用关联交易将出资转出；（四）其他未经法定程序将出资抽回的行为。"

九、《规定（三）》第十三条第四款中的"第一百四十八条"修改为"第一百四十七条"。

十、删去《规定（三）》第十五条。

十一、《规定（三）》第二十四条改为第二十三条。该条中的"第三十二条、第三十三条"修改为"第三十一条、第三十二条"。

十二、对《规定（三）》条文顺序作相应调整。

十三、本决定施行后尚未终审的股东出资相关纠纷案件，适用本决定；本决定施行前已经终审的，当事人申请再审或者按照审判监督程序决定再审的，不适用本决定。

《规定（一）》《规定（二）》《规定（三）》根据本决定作相应修改，重新公布。

最高人民法院关于适用《中华人民共和国公司法》
若干问题的规定（一）

（2006年3月27日最高人民法院审判委员会第1382次会议通过　根据2014年2月17日最高人民法院审判委员会第1607次会议《关于修改关于适用〈中华人民共和国公司法〉若干问题的规定的决定》修正）

为正确适用2005年10月27日十届全国人大常委会第十八次会议修订的《中华人民共和国公司法》，对人民法院在审理相关的民事纠纷案件中，具体适用公司法的有关问题规定如下：

第一条　公司法实施后，人民法院尚未审结的和新受理的民事案件，其民事行为或事件发生在公司法实施以前的，适用当时的法律法规和司法解释。

第二条　因公司法实施前有关民事行为或者事件发生纠纷起诉到人民法院的，如当时的法律法规和司法解释没有明确规定时，可参照适用公司法的有关规定。

第三条　原告以公司法第二十二条第二款、第七十四条第二款规定事由，向人民法院提起诉讼时，超过公司法规定期限的，人民法院不予受理。

第四条　公司法第一百五十一条规定的180日以上连续持股期间，应为股东向人民法院提起诉讼时，已期满的持股时间；规定的合计持有公司百分之一以上股份，是指两个以上股东持股份额的合计。

第五条　人民法院对公司法实施前已经终审的案件依法进行再审时，不适用公司法的规定。

第六条　本规定自公布之日起实施。

最高人民法院关于适用《中华人民共和国公司法》若干问题的规定（二）

（2008 年 5 月 5 日最高人民法院审判委员会第 1447 次会议通过　根据 2014 年 2 月 17 日最高人民法院审判委员会第 1607 次会议《关于修改关于适用〈中华人民共和国公司法〉若干问题的规定的决定》修正）

为正确适用《中华人民共和国公司法》，结合审判实践，就人民法院审理公司解散和清算案件适用法律问题作出如下规定。

第一条　单独或者合计持有公司全部股东表决权百分之十以上的股东，以下列事由之一提起解散公司诉讼，并符合公司法第一百八十二条规定的，人民法院应予受理：

（一）公司持续两年以上无法召开股东会或者股东大会，公司经营管理发生严重困难的；

（二）股东表决时无法达到法定或者公司章程规定的比例，持续两年以上不能做出有效的股东会或者股东大会决议，公司经营管理发生严重困难的；

（三）公司董事长期冲突，且无法通过股东会或者股东大会解决，公司经营管理发生严重困难的；

（四）经营管理发生其他严重困难，公司继续存续会使股东利益受到重大损失的情形。

股东以知情权、利润分配请求权等权益受到损害，或者公司亏损、财产不足以偿还全部债务，以及公司被吊销企业法人营业执照未进行清算等为由，提起解散公司诉讼的，人民法院不予受理。

第二条　股东提起解散公司诉讼，同时又申请人民法院对公司进行清算的，人民法院对其提出的清算申请不予受理。人民法院可以告知原告，在人民法院判决解散公司后，依据公司法第一百八十三条和本规定第七条的规定，自行组织清算或者另行申请人民法院对公司进行清算。

第三条　股东提起解散公司诉讼时，向人民法院申请财产保全或者证据保全的，在股东提供担保且不影响公司正常经营的情形下，人民法院可予以保全。

第四条　股东提起解散公司诉讼应当以公司为被告。

原告以其他股东为被告一并提起诉讼的，人民法院应当告知原告将其他股东变更为第三人；原告坚持不予变更的，人民法院应当驳回原告对其他股东的起诉。

原告提起解散公司诉讼应当告知其他股东，或者由人民法院通知其参加诉讼。其他股东或者有关利害关系人申请以共同原告或者第三人身份参加诉讼的，人民法院应予准许。

第五条　人民法院审理解散公司诉讼案件，应当注重调解。当事人协商同意由公司或者股东收购股份，或者以减资等方式使公司存续，且不违反法律、行政法规强制性规定的，人民法院应予支持。当事人不能协商一致使公司存续的，人民法院应当及时判决。

经人民法院调解公司收购原告股份的，公司应当自调解书生效之日起六个月内将股份转让或者注销。股份转让或者注销之前，原告不得以公司收购其股份为由对抗公司债权人。

第六条　人民法院关于解散公司诉讼作出的判决，对公司全体股东具有法律约束力。

人民法院判决驳回解散公司诉讼请求后，提起该诉讼的股东或者其他股东又以同一事实和理由提起解散公司诉讼的，人民法院不予受理。

第七条　公司应当依照公司法第一百八十三条的规定，在解散事由出现之日起十五日内成立清算组，开始自行清算。

有下列情形之一，债权人申请人民法院指定清算组进行清算的，人民法院应予受理：

（一）公司解散逾期不成立清算组进行清算的；

（二）虽然成立清算组但故意拖延清算的；

（三）违法清算可能严重损害债权人或者股东利益的。

具有本条第二款所列情形，而债权人未提起清算申请，公司股东申请人民法院指定清算组对公司进行清算的，人民法院应予受理。

第八条　人民法院受理公司清算案件，应当及时指定有关人员组成清算组。

清算组成员可以从下列人员或者机构中产生：

（一）公司股东、董事、监事、高级管理人员；

（二）依法设立的律师事务所、会计师事务所、破产清算事务所等社会中介机构；

（三）依法设立的律师事务所、会计师事务所、破产清算事务所等社会中介机构中具备相关专业知识并取得执业资格的人员。

第九条　人民法院指定的清算组成员有下列情形之一的，人民法院可以根据债权人、股东的申请，或者依职权更换清算组成员：

（一）有违反法律或者行政法规的行为；

（二）丧失执业能力或者民事行为能力；

（三）有严重损害公司或者债权人利益的行为。

第十条　公司依法清算结束并办理注销登记前，有关公司的民事诉讼，应当以公司的名义进行。

公司成立清算组的，由清算组负责人代表公司参加诉讼；尚未成立清算组的，由原法定代表人代表公司参加诉讼。

第十一条　公司清算时，清算组应当按照公司法第一百八十五条的规定，将公司解散清算事宜书面通知全体已知债权人，并根据公司规模和营业地域范围在全国或者公司注册登记地省级有影响的报纸上进行公告。

清算组未按照前款规定履行通知和公告义务，导致债权人未及时申报债权而未获清偿，债权人主张清算组成员对因此造成的损失承担赔偿责任的，人民法院应依法予以支持。

第十二条　公司清算时，债权人对清算组核定的债权有异议的，可以要求清算组重新核定。清算组不予重新核定，或者债权人对重新核定的债权仍有异议，债权人以公司为被告向人民法院提起诉讼请求确认的，人民法院应予受理。

第十三条　债权人在规定的期限内未申报债权，在公司清算程序终结前补充申报的，清算组应予登记。

公司清算程序终结，是指清算报告经股东会、股东大会或者人民法院确认完毕。

第十四条　债权人补充申报的债权，可以在公司尚未分配财产中依法清偿。公司尚未分配财产不能全额清偿，债权人主张股东以其在剩余财产分配中已经取得的财产予以清偿的，人民法院应予支持；但债权人因重大过错未在规定期限内申报债权的除外。

债权人或者清算组，以公司尚未分配财产和股东在剩余财产分配中已经取得的财产，不能全额清偿补充申报的债权为由，向人民法院提出破产清算申请的，人民法院不予受理。

第十五条　公司自行清算的，清算方案应当报股东会或者股东大会决议确认；人民法院组织清算的，清算方案应当报人民法院确认。未经确认的清算方案，清算组不得执行。

执行未经确认的清算方案给公司或者债权人造成损失，公司、股东或者债权人主张清算组成员承担赔偿责任的，人民法院应依法予以支持。

第十六条　人民法院组织清算的，清算组应当自成立之日起六个月内清算完毕。

因特殊情况无法在六个月内完成清算的，清算组应当向人民法院申请延长。

第十七条　人民法院指定的清算组在清理公司财产、编制资产负债表和财产清单时，发现公司财产不足清偿债务的，可以与债权人协商制作有关债务清偿方案。

债务清偿方案经全体债权人确认且不损害其他利害关系人利益的，人民法院可依清算组的申请裁定予以认可。清算组依据该清偿方案清偿债务后，应当向人民法院申请裁定终结清算程序。

债权人对债务清偿方案不予确认或者人民法院不予认可的，清算组应当依法向人民法院申请宣告破产。

第十八条　有限责任公司的股东、股份有限公司的董事和控股股东未在法定期限内成立清算组开始清算，导致公司财产贬值、流失、毁损或者灭失，债权人主张其在造成损失范围内对公司债务承担赔偿责任的，人民法院应依法予以支持。

有限责任公司的股东、股份有限公司的董事和控股股东因怠于履行义务，导致公司主要财产、账册、重要文件等灭失，无法进行清算，债权人主张其对公司债务承担连带清偿责任的，人民法院应依法予以支持。

上述情形系实际控制人原因造成，债权人主张实际控制人对公司债务承担相应民事责任的，人民法院应依法予以支持。

第十九条　有限责任公司的股东、股份有限公司的董事和控股股东，以及公司的实际控制人在公司解散后，恶意处置公司财产给债权人造成损失，或者未经依法清算，以虚假的清算报告骗取公司登记机关办理法人注销登记，债权人主张其对公司债务承担相应赔偿责任的，人民法院应依法予以支持。

第二十条　公司解散应当在依法清算完毕后，申请办理注销登记。公司未经清算即办理注销登记，导致公司无法进行清算，债权人主张有限责任公司的股东、股份有限公司的董事和控股股东，以及公司的实际控制人对公司债务承担清偿责任的，人民法院应依法予以支持。

公司未经依法清算即办理注销登记，股东或者第三人在公司登记机关办理注销登记时承诺对公司债务承担责任，债权人主张其对公司债务承担相应民事责任的，人民法院应依法予以支持。

第二十一条　有限责任公司的股东、股份有限公司的董事和控股股东，以及公司的实际控制人为二人以上的，其中一人或者数人按照本规定第十八条和第二十条第一款的规定承担民事责任后，主张其他人员按照过错大小分担责任的，人民法院应依法予以支持。

第二十二条　公司解散时，股东尚未缴纳的出资均应作为清算财产。股东尚未缴纳的出资，包括到期应缴未缴的出资，以及依照公司法第二十六条和第八十条的规定分期缴纳尚未届满缴纳期限的出资。

公司财产不足以清偿债务时，债权人主张未缴出资股东，以及公司设立时的其他股东或者发起人在未缴出资范围内对公司债务承担连带清偿责任的，人民法院应依法予以支持。

第二十三条 清算组成员从事清算事务时，违反法律、行政法规或者公司章程给公司或者债权人造成损失，公司或者债权人主张其承担赔偿责任的，人民法院应依法予以支持。

有限责任公司的股东、股份有限公司连续一百八十日以上单独或者合计持有公司百分之一以上股份的股东，依据公司法第一百五十一条第三款的规定，以清算组成员有前款所述行为为由向人民法院提起诉讼的，人民法院应予受理。

公司已经清算完毕注销，上述股东参照公司法第一百五十一条第三款的规定，直接以清算组成员为被告、其他股东为第三人向人民法院提起诉讼的，人民法院应予受理。

第二十四条 解散公司诉讼案件和公司清算案件由公司住所地人民法院管辖。公司住所地是指公司主要办事机构所在地。公司办事机构所在地不明确的，由其注册地人民法院管辖。

基层人民法院管辖县、县级市或者区的公司登记机关核准登记公司的解散诉讼案件和公司清算案件；中级人民法院管辖地区、地级市以上的公司登记机关核准登记公司的解散诉讼案件和公司清算案件。

最高人民法院关于适用《中华人民共和国公司法》
若干问题的规定（三）

（2010 年 12 月 6 日最高人民法院审判委员会第 1504 次会议通过　根据 2014 年 2 月 17 日最高人民法院审判委员会第 1607 次会议《关于修改关于适用〈中华人民共和国公司法〉若干问题的规定的决定》修正）

为正确适用《中华人民共和国公司法》，结合审判实践，就人民法院审理公司设立、出资、股权确认等纠纷案件适用法律问题作出如下规定。

第一条　为设立公司而签署公司章程、向公司认购出资或者股份并履行公司设立职责的人，应当认定为公司的发起人，包括有限责任公司设立时的股东。

第二条　发起人为设立公司以自己名义对外签订合同，合同相对人请求该发起人承担合同责任的，人民法院应予支持。

公司成立后对前款规定的合同予以确认，或者已经实际享有合同权利或者履行合同义务，合同相对人请求公司承担合同责任的，人民法院应予支持。

第三条　发起人以设立中公司名义对外签订合同，公司成立后合同相对人请求公司承担合同责任的，人民法院应予支持。

公司成立后有证据证明发起人利用设立中公司的名义为自己的利益与相对人签订合同，公司以此为由主张不承担合同责任的，人民法院应予支持，但相对人为善意的除外。

第四条　公司因故未成立，债权人请求全体或者部分发起人对设立公司行为所产生的费用和债务承担连带清偿责任的，人民法院应予支持。

部分发起人依照前款规定承担责任后，请求其他发起人分担的，人民法院应当判令其他发起人按照约定的责任承担比例分担责任；没有约定责任承担比例的，按照约定的出资比例分担责任；没有约定出资比例的，按照均等份额分担责任。

因部分发起人的过错导致公司未成立，其他发起人主张其承担设立行为所产生的费用和债务的，人民法院应当根据过错情况，确定过错一方的责任范围。

第五条　发起人因履行公司设立职责造成他人损害，公司成立后受害人请求公司承担侵权赔偿责任的，人民法院应予支持；公司未成立，受害人请求全体发起人承担连带赔偿责任的，人民法院应予支持。

公司或者无过错的发起人承担赔偿责任后，可以向有过错的发起人追偿。

第六条　股份有限公司的认股人未按期缴纳所认股份的股款，经公司发起人催缴后在合理期间内仍未缴纳，公司发起人对该股份另行募集的，人民法院应当认定该募集行为有效。认股人延期缴纳股款给公司造成损失，公司请求该认股人承担赔偿责任的，人民法院应予支持。

第七条　出资人以不享有处分权的财产出资，当事人之间对于出资行为效力产生争议的，人民法院可以参照物权法第一百零六条的规定予以认定。

以贪污、受贿、侵占、挪用等违法犯罪所得的货币出资后取得股权的，对违法犯罪行为予以追究、处罚时，应当采取拍卖或者变卖的方式处置其股权。

第八条　出资人以划拨土地使用权出资，或者以设定权利负担的土地使用权出资，公司、其他股东或者公司债权人主张认定出资人未履行出资义务的，人民法院应当责令当事人在指定的合理期间内办理土地变更手续或者解除权利负担；逾期未办理或者未解除的，人民法院应当认定出资人未依法全面履行出资义务。

第九条　出资人以非货币财产出资，未依法评估作价，公司、其他股东或者公司债权人请求认定出资人未履行出资义务的，人民法院应当委托具有合法资格的评估机构对该财产评估作价。评估确定的价额显著低于公司章程所定价额的，人民法院应当认定出资人未依法全面履行出资义务。

第十条　出资人以房屋、土地使用权或者需要办理权属登记的知识产权等财产出资，已经交付公司使用但未办理权属变更手续，公司、其他股东或者公司债权人主张认定出资人未履行出资义务的，人民法院应当责令当事人在指定的合理期间内办理权属变更手续；在前述期间内办理了权属变更手续的，人民法院应当认定其已经履行了出资义务；出资人主张自其实际交付财产给公司使用时享有相应股东权利的，人民法院应予支持。

出资人以前款规定的财产出资，已经办理权属变更手续但未交付给公司使用，公司或者其他股东主张其向公司交付、并在实际交付之前不享有相应股东权利的，人民法院应予支持。

第十一条　出资人以其他公司股权出资，符合下列条件的，人民法院应当认定出资人已履行出资义务：

（一）出资的股权由出资人合法持有并依法可以转让；

（二）出资的股权无权利瑕疵或者权利负担；

（三）出资人已履行关于股权转让的法定手续；

（四）出资的股权已依法进行了价值评估。

股权出资不符合前款第（一）、（二）、（三）项的规定，公司、其他股东或者公司债权人请求认定出资人未履行出资义务的，人民法院应当责令该出资人在指定的合理期间内采取补正措施，以符合上述条件；逾期未补正的，人民法院应当认定其未依法全面履行出资义务。

股权出资不符合本条第一款第（四）项的规定，公司、其他股东或者公司债权人请求认定出资人未履行出资义务的，人民法院应当按照本规定第九条的规定处理。

第十二条　公司成立后，公司、股东或者公司债权人以相关股东的行为符合下列情形之一且损害公司权益为由，请求认定该股东抽逃出资的，人民法院应予支持：

（一）制作虚假财务会计报表虚增利润进行分配；

（二）通过虚构债权债务关系将其出资转出；

（三）利用关联交易将出资转出；

（四）其他未经法定程序将出资抽回的行为。

第十三条　股东未履行或者未全面履行出资义务，公司或者其他股东请求其向公司依法全面履行出资义务的，人民法院应予支持。

公司债权人请求未履行或者未全面履行出资义务的股东在未出资本息范围内对公司债务不能清偿的部分承担补充赔偿责任的，人民法院应予支持；未履行或者未全面履行出资义务的股东已经承担上述责任，其他债权人提出相同请求的，人民法院不予支持。

股东在公司设立时未履行或者未全面履行出资义务，依照本条第一款或者第二款提起诉讼的原告，请求公司的发起人与被告股东承担连带责任的，人民法院应予支持；公司的发起人承担责任后，可以向被告股东追偿。

股东在公司增资时未履行或者未全面履行出资义务，依照本条第一款或者第二款提起诉讼的原告，请求未尽公司法第一百四十七条第一款规定的义务而使出资未缴足的董事、高级管理人员承担相应责任的，人民法院应予支持；董事、高级管理人员承担责任后，可以向被告股东追偿。

第十四条　股东抽逃出资，公司或者其他股东请求其向公司返还出资本息、协助抽逃出资的其他股东、董事、高级管理人员或者实际控制人对此承担连带责任的，人民法院应予支持。

公司债权人请求抽逃出资的股东在抽逃出资本息范围内对公司债务不能清偿的部分承担补充赔偿责任、协助抽逃出资的其他股东、董事、高级管理人员或者实际控制人对此承担连带责任的，人民法院应予支持；抽逃出资的股东已经承担上述责任，其他债权人提出相同请求的，人民法院不予支持。

第十五条　出资人以符合法定条件的非货币财产出资后，因市场变化或者其他客观因素导致出资财产贬值，公司、其他股东或者公司债权人请求该出资人承担补足出资责任的，人民法院不予支持。但是，当事人另有约定的除外。

第十六条　股东未履行或者未全面履行出资义务或者抽逃出资，公司根据公司章程或者股东会决议对其利润分配请求权、新股优先认购权、剩余财产分配请求权等股东权利作出相应的合理限制，该股东请求认定该限制无效的，人民法院不予支持。

第十七条　有限责任公司的股东未履行出资义务或者抽逃全部出资，经公司催告缴纳或者返还，其在合理期间内仍未缴纳或者返还出资，公司以股东会决议解除该股东的股东资格，该股东请求确认该解除行为无效的，人民法院不予支持。

在前款规定的情形下，人民法院在判决时应当释明，公司应当及时办理法定减资程序或者由其他股东或者第三人缴纳相应的出资。在办理法定减资程序或者其他股东或者第三人缴纳相应的出资之前，公司债权人依照本规定第十三条或者第十四条请求相关当事人承担相应责任的，人民法院应予支持。

第十八条　有限责任公司的股东未履行或者未全面履行出资义务即转让股权，受让人对此知道或者应当知道，公司请求该股东履行出资义务、受让人对此承担连带责任的，人民法院应予支持；公司债权人依照本规定第十三条第二款向该股东提起诉讼，同时请求前述受让人对此承担连带责任的，人民法院应予支持。

受让人根据前款规定承担责任后，向该未履行或者未全面履行出资义务的股东追偿的，人民法院应予支持。但是，当事人另有约定的除外。

第十九条　公司股东未履行或者未全面履行出资义务或者抽逃出资，公司或者其他股东请求其向公司全面履行出资义务或者返还出资，被告股东以诉讼时效为由进行抗辩的，人民法院不予支持。

公司债权人的债权未过诉讼时效期间，其依照本规定第十三条第二款、第十四条第二款的规定请求未履行或者未全面履行出资义务或者抽逃出资的股东承担赔偿责任，被告股东以出资义务或者返还出资义务超过诉讼时效期间为由进行抗辩的，人民法院不予支持。

第二十条　当事人之间对是否已履行出资义务发生争议，原告提供对股东履行出资义务产生合理怀疑证据的，被告股东应当就其已履行出资义务承担举证责任。

第二十一条　当事人向人民法院起诉请求确认其股东资格的，应当以公司为被告，与案件争议股权有利害关系的人作为第三人参加诉讼。

第二十二条　当事人之间对股权归属发生争议，一方请求人民法院确认其享有股权的，应当证明以下事实之一：

（一）已经依法向公司出资或者认缴出资，且不违反法律法规强制性规定；

（二）已经受让或者以其他形式继受公司股权，且不违反法律法规强制性规定。

第二十三条 当事人依法履行出资义务或者依法继受取得股权后，公司未根据公司法第三十一条、第三十二条的规定签发出资证明书、记载于股东名册并办理公司登记机关登记，当事人请求公司履行上述义务的，人民法院应予支持。

第二十四条 有限责任公司的实际出资人与名义出资人订立合同，约定由实际出资人出资并享有投资权益，以名义出资人为名义股东，实际出资人与名义股东对该合同效力发生争议的，如无合同法第五十二条规定的情形，人民法院应当认定该合同有效。

前款规定的实际出资人与名义股东因投资权益的归属发生争议，实际出资人以其实际履行了出资义务为由向名义股东主张权利的，人民法院应予支持。名义股东以公司股东名册记载、公司登记机关登记为由否认实际出资人权利的，人民法院不予支持。

实际出资人未经公司其他股东半数以上同意，请求公司变更股东、签发出资证明书、记载于股东名册、记载于公司章程并办理公司登记机关登记的，人民法院不予支持。

第二十五条 名义股东将登记于其名下的股权转让、质押或者以其他方式处分，实际出资人以其对于股权享有实际权利为由，请求认定处分股权行为无效的，人民法院可以参照物权法第一百零六条的规定处理。

名义股东处分股权造成实际出资人损失，实际出资人请求名义股东承担赔偿责任的，人民法院应予支持。

第二十六条 公司债权人以登记于公司登记机关的股东未履行出资义务为由，请求其对公司债务不能清偿的部分在未出资本息范围内承担补充赔偿责任，股东以其仅为名义股东而非实际出资人为由进行抗辩的，人民法院不予支持。

名义股东根据前款规定承担赔偿责任后，向实际出资人追偿的，人民法院应予支持。

第二十七条　股权转让后尚未向公司登记机关办理变更登记，原股东将仍登记于其名下的股权转让、质押或者以其他方式处分，受让股东以其对于股权享有实际权利为由，请求认定处分股权行为无效的，人民法院可以参照物权法第一百零六条的规定处理。

原股东处分股权造成受让股东损失，受让股东请求原股东承担赔偿责任、对于未及时办理变更登记有过错的董事、高级管理人员或者实际控制人承担相应责任的，人民法院应予支持；受让股东对于未及时办理变更登记也有过错的，可以适当减轻上述董事、高级管理人员或者实际控制人的责任。

第二十八条　冒用他人名义出资并将该他人作为股东在公司登记机关登记的，冒名登记行为人应当承担相应责任；公司、其他股东或者公司债权人以未履行出资义务为由，请求被冒名登记为股东的承担补足出资责任或者对公司债务不能清偿部分的赔偿责任的，人民法院不予支持。

最高人民法院关于适用《中华人民共和国公司法》 若干问题的规定（四）

法释〔2017〕16 号

《最高人民法院关于适用〈中华人民共和国公司法〉若干问题的规定（四）》已于 2016 年 12 月 5 日由最高人民法院审判委员会第 1702 次会议通过，现予公布，自 2017 年 9 月 1 日起施行。

最高人民法院

2017 年 8 月 25 日

为正确适用《中华人民共和国公司法》，结合人民法院审判实践，现就公司决议效力、股东知情权、利润分配权、优先购买权和股东代表诉讼等案件适用法律问题作出如下规定。

第一条 公司股东、董事、监事等请求确认股东会或者股东大会、董事会决议无效或者不成立的，人民法院应当依法予以受理。

第二条 依据公司法第二十二条第二款请求撤销股东会或者股东大会、董事会决议的原告，应当在起诉时具有公司股东资格。

第三条 原告请求确认股东会或者股东大会、董事会决议不成立、无效或者撤销决议的案件，应当列公司为被告。对决议涉及的其他利害关系人，可以依法列为第三人。

一审法庭辩论终结前，其他有原告资格的人以相同的诉讼请求申请参加前款规定诉讼的，可以列为共同原告。

第四条 股东请求撤销股东会或者股东大会、董事会决议，符合公司法第二十二条第二款规定的，人民法院应当予以支持，但会议召集程序或者表决方式仅有轻微瑕疵，且对决议未产生实质影响的，人民法院不予支持。

第五条　股东会或者股东大会、董事会决议存在下列情形之一，当事人主张决议不成立的，人民法院应当予以支持：

（一）公司未召开会议的，但依据公司法第三十七条第二款或者公司章程规定可以不召开股东会或者股东大会而直接作出决定，并由全体股东在决定文件上签名、盖章的除外；

（二）会议未对决议事项进行表决的；

（三）出席会议的人数或者股东所持表决权不符合公司法或者公司章程规定的；

（四）会议的表决结果未达到公司法或者公司章程规定的通过比例的；

（五）导致决议不成立的其他情形。

第六条　股东会或者股东大会、董事会决议被人民法院判决确认无效或者撤销的，公司依据该决议与善意相对人形成的民事法律关系不受影响。

第七条　股东依据公司法第三十三条、第九十七条或者公司章程的规定，起诉请求查阅或者复制公司特定文件材料的，人民法院应当依法予以受理。

公司有证据证明前款规定的原告在起诉时不具有公司股东资格的，人民法院应当驳回起诉，但原告有初步证据证明在持股期间其合法权益受到损害，请求依法查阅或者复制其持股期间的公司特定文件材料的除外。

第八条　有限责任公司有证据证明股东存在下列情形之一的，人民法院应当认定股东有公司法第三十三条第二款规定的"不正当目的"：

（一）股东自营或者为他人经营与公司主营业务有实质性竞争关系业务的，但公司章程另有规定或者全体股东另有约定的除外；

（二）股东为了向他人通报有关信息查阅公司会计账簿，可能损害公司合法利益的；

（三）股东在向公司提出查阅请求之日前的三年内，曾通过查阅公司会计账簿，向他人通报有关信息损害公司合法利益的；

（四）股东有不正当目的的其他情形。

第九条　公司章程、股东之间的协议等实质性剥夺股东依据公司法第三十三条、第九十七条规定查阅或者复制公司文件材料的权利，公司以此为由拒绝股东查阅或者复制的，人民法院不予支持。

第十条 人民法院审理股东请求查阅或者复制公司特定文件材料的案件，对原告诉讼请求予以支持的，应当在判决中明确查阅或者复制公司特定文件材料的时间、地点和特定文件材料的名录。

股东依据人民法院生效判决查阅公司文件材料的，在该股东在场的情况下，可以由会计师、律师等依法或者依据执业行为规范负有保密义务的中介机构执业人员辅助进行。

第十一条 股东行使知情权后泄露公司商业秘密导致公司合法利益受到损害，公司请求该股东赔偿相关损失的，人民法院应当予以支持。

根据本规定第十条辅助股东查阅公司文件材料的会计师、律师等泄露公司商业秘密导致公司合法利益受到损害，公司请求其赔偿相关损失的，人民法院应当予以支持。

第十二条 公司董事、高级管理人员等未依法履行职责，导致公司未依法制作或者保存公司法第三十三条、第九十七条规定的公司文件材料，给股东造成损失，股东依法请求负有相应责任的公司董事、高级管理人员承担民事赔偿责任的，人民法院应当予以支持。

第十三条 股东请求公司分配利润案件，应当列公司为被告。

一审法庭辩论终结前，其他股东基于同一分配方案请求分配利润并申请参加诉讼的，应当列为共同原告。

第十四条 股东提交载明具体分配方案的股东会或者股东大会的有效决议，请求公司分配利润，公司拒绝分配利润且其关于无法执行决议的抗辩理由不成立的，人民法院应当判决公司按照决议载明的具体分配方案向股东分配利润。

第十五条 股东未提交载明具体分配方案的股东会或者股东大会决议，请求公司分配利润的，人民法院应当驳回其诉讼请求，但违反法律规定滥用股东权利导致公司不分配利润，给其他股东造成损失的除外。

第十六条 有限责任公司的自然人股东因继承发生变化时，其他股东主张依据公司法第七十一条第三款规定行使优先购买权的，人民法院不予支持，但公司章程另有规定或者全体股东另有约定的除外。

第十七条　有限责任公司的股东向股东以外的人转让股权，应就其股权转让事项以书面或者其他能够确认收悉的合理方式通知其他股东征求同意。其他股东半数以上不同意转让，不同意的股东不购买的，人民法院应当认定视为同意转让。

经股东同意转让的股权，其他股东主张转让股东应当向其以书面或者其他能够确认收悉的合理方式通知转让股权的同等条件的，人民法院应当予以支持。

经股东同意转让的股权，在同等条件下，转让股东以外的其他股东主张优先购买的，人民法院应当予以支持，但转让股东依据本规定第二十条放弃转让的除外。

第十八条　人民法院在判断是否符合公司法第七十一条第三款及本规定所称的"同等条件"时，应当考虑转让股权的数量、价格、支付方式及期限等因素。

第十九条　有限责任公司的股东主张优先购买转让股权的，应当在收到通知后，在公司章程规定的行使期间内提出购买请求。公司章程没有规定行使期间或者规定不明确的，以通知确定的期间为准，通知确定的期间短于三十日或者未明确行使期间的，行使期间为三十日。

第二十条　有限责任公司的转让股东，在其他股东主张优先购买后又不同意转让股权的，对其他股东优先购买的主张，人民法院不予支持，但公司章程另有规定或者全体股东另有约定的除外。其他股东主张转让股东赔偿其损失合理的，人民法院应当予以支持。

第二十一条　有限责任公司的股东向股东以外的人转让股权，未就其股权转让事项征求其他股东意见，或者以欺诈、恶意串通等手段，损害其他股东优先购买权，其他股东主张按照同等条件购买该转让股权的，人民法院应当予以支持，但其他股东自知道或者应当知道行使优先购买权的同等条件之日起三十日内没有主张，或者自股权变更登记之日起超过一年的除外。

前款规定的其他股东仅提出确认股权转让合同及股权变动效力等请求，未同时主张按照同等条件购买转让股权的，人民法院不予支持，但其他股东非因自身原因导致无法行使优先购买权，请求损害赔偿的除外。

股东以外的股权受让人，因股东行使优先购买权而不能实现合同目的的，可以依法请求转让股东承担相应民事责任。

第二十二条 通过拍卖向股东以外的人转让有限责任公司股权的，适用公司法第七十一条第二款、第三款或者第七十二条规定的"书面通知""通知""同等条件"时，根据相关法律、司法解释确定。

在依法设立的产权交易场所转让有限责任公司国有股权的，适用公司法第七十一条第二款、第三款或者第七十二条规定的"书面通知""通知""同等条件"时，可以参照产权交易场所的交易规则。

第二十三条 监事会或者不设监事会的有限责任公司的监事依据公司法第一百五十一条第一款规定对董事、高级管理人员提起诉讼的，应当列公司为原告，依法由监事会主席或者不设监事会的有限责任公司的监事代表公司进行诉讼。

董事会或者不设董事会的有限责任公司的执行董事依据公司法第一百五十一条第一款规定对监事提起诉讼的，或者依据公司法第一百五十一条第三款规定对他人提起诉讼的，应当列公司为原告，依法由董事长或者执行董事代表公司进行诉讼。

第二十四条 符合公司法第一百五十一条第一款规定条件的股东，依据公司法第一百五十一条第二款、第三款规定，直接对董事、监事、高级管理人员或者他人提起诉讼的，应当列公司为第三人参加诉讼。

一审法庭辩论终结前，符合公司法第一百五十一条第一款规定条件的其他股东，以相同的诉讼请求申请参加诉讼的，应当列为共同原告。

第二十五条 股东依据公司法第一百五十一条第二款、第三款规定直接提起诉讼的案件，胜诉利益归属于公司。股东请求被告直接向其承担民事责任的，人民法院不予支持。

第二十六条 股东依据公司法第一百五十一条第二款、第三款规定直接提起诉讼的案件，其诉讼请求部分或者全部得到人民法院支持的，公司应当承担股东因参加诉讼支付的合理费用。

第二十七条　本规定自 2017 年 9 月 1 日起施行。

本规定施行后尚未终审的案件，适用本规定；本规定施行前已经终审的案件，或者适用审判监督程序再审的案件，不适用本规定。

最高人民法院关于适用《中华人民共和国公司法》若干问题的规定（五）

法释〔2019〕7号

《最高人民法院关于适用〈中华人民共和国公司法〉若干问题的规定（五）》已于2019年4月22日由最高人民法院审判委员会第1766次会议通过，现予公布，自2019年4月29日起施行。

最高人民法院

2019年4月28日

为正确适用《中华人民共和国公司法》，结合人民法院审判实践，就股东权益保护等纠纷案件适用法律问题作出如下规定。

第一条　关联交易损害公司利益，原告公司依据公司法第二十一条规定请求控股股东、实际控制人、董事、监事、高级管理人员赔偿所造成的损失，被告仅以该交易已经履行了信息披露、经股东会或者股东大会同意等法律、行政法规或者公司章程规定的程序为由抗辩的，人民法院不予支持。

公司没有提起诉讼的，符合公司法第一百五十一条第一款规定条件的股东，可以依据公司法第一百五十一条第二款、第三款规定向人民法院提起诉讼。

第二条　关联交易合同存在无效或者可撤销情形，公司没有起诉合同相对方的，符合公司法第一百五十一条第一款规定条件的股东，可以依据公司法第一百五十一条第二款、第三款规定向人民法院提起诉讼。

第三条　董事任期届满前被股东会或者股东大会有效决议解除职务，其主张解除不发生法律效力的，人民法院不予支持。

董事职务被解除后，因补偿与公司发生纠纷提起诉讼的，人民法院应当依据法律、行政法规、公司章程的规定或者合同的约定，综合考虑解除的原因、剩余任期、董事薪酬等因素，确定是否补偿以及补偿的合理数额。

第四条　分配利润的股东会或者股东大会决议作出后，公司应当在决议载明的时间内完成利润分配。决议没有载明时间的，以公司章程规定的为准。决议、章程中均未规定时间或者时间超过一年的，公司应当自决议作出之日起一年内完成利润分配。

决议中载明的利润分配完成时间超过公司章程规定时间的，股东可以依据公司法第二十二条第二款规定请求人民法院撤销决议中关于该时间的规定。

第五条　人民法院审理涉及有限责任公司股东重大分歧案件时，应当注重调解。当事人协商一致以下列方式解决分歧，且不违反法律、行政法规的强制性规定的，人民法院应予支持：

（一）公司回购部分股东股份；

（二）其他股东受让部分股东股份；

（三）他人受让部分股东股份；

（四）公司减资；

（五）公司分立；

（六）其他能够解决分歧，恢复公司正常经营，避免公司解散的方式。

第六条　本规定自 2019 年 4 月 29 日起施行。

本规定施行后尚未终审的案件，适用本规定；本规定施行前已经终审的案件，或者适用审判监督程序再审的案件，不适用本规定。

本院以前发布的司法解释与本规定不一致的，以本规定为准。

公司注册资本登记管理规定

（2014 年 2 月 20 日国家工商行政管理总局令第 64 号公布）

第一条 为规范公司注册资本登记管理，根据《中华人民共和国公司法》（以下简称《公司法》）、《中华人民共和国公司登记管理条例》（以下简称《公司登记管理条例》）等有关规定，制定本规定。

第二条 有限责任公司的注册资本为在公司登记机关依法登记的全体股东认缴的出资额。

股份有限公司采取发起设立方式设立的，注册资本为在公司登记机关依法登记的全体发起人认购的股本总额。

股份有限公司采取募集设立方式设立的，注册资本为在公司登记机关依法登记的实收股本总额。

法律、行政法规以及国务院决定规定公司注册资本实行实缴的，注册资本为股东或者发起人实缴的出资额或者实收股本总额。

第三条 公司登记机关依据法律、行政法规和国家有关规定登记公司的注册资本，对符合规定的，予以登记；对不符合规定的，不予登记。

第四条 公司注册资本数额、股东或者发起人的出资时间及出资方式应当符合法律、行政法规的有关规定。

第五条 股东或者发起人可以用货币出资，也可以用实物、知识产权、土地使用权等可以用货币估价并可以依法转让的非货币财产作价出资。

股东或者发起人不得以劳务、信用、自然人姓名、商誉、特许经营权或者设定担保的财产等作价出资。

第六条 股东或者发起人可以以其持有的在中国境内设立的公司（以下称股权所在公司）股权出资。

以股权出资的，该股权应当权属清楚、权能完整、依法可以转让。

具有下列情形的股权不得用作出资：

（一）已被设立质权；

（二）股权所在公司章程约定不得转让；

（三）法律、行政法规或者国务院决定规定，股权所在公司股东转让股权应当报经批准而未经批准；

（四）法律、行政法规或者国务院决定规定不得转让的其他情形。

第七条　债权人可以将其依法享有的对在中国境内设立的公司的债权，转为公司股权。

转为公司股权的债权应当符合下列情形之一：

（一）债权人已经履行债权所对应的合同义务，且不违反法律、行政法规、国务院决定或者公司章程的禁止性规定；

（二）经人民法院生效裁判或者仲裁机构裁决确认；

（三）公司破产重整或者和解期间，列入经人民法院批准的重整计划或者裁定认可的和解协议。

用以转为公司股权的债权有两个以上债权人的，债权人对债权应当已经作出分割。

债权转为公司股权的，公司应当增加注册资本。

第八条　股东或者发起人应当以自己的名义出资。

第九条　公司的注册资本由公司章程规定，登记机关按照公司章程规定予以登记。

以募集方式设立的股份有限公司的注册资本应当经验资机构验资。

公司注册资本发生变化，应当修改公司章程并向公司登记机关依法申请办理变更登记。

第十条　公司增加注册资本的，有限责任公司股东认缴新增资本的出资和股份有限公司的股东认购新股，应当分别依照《公司法》设立有限责任公司和股份有限公司缴纳出资和缴纳股款的有关规定执行。股份有限公司以公开发行新股方式或者上市公司以非公开发行新股方式增加注册资本的，还应当提交国务院证券监督管理机构的核准文件。

第十一条 公司减少注册资本，应当符合《公司法》规定的程序。

法律、行政法规以及国务院决定规定公司注册资本有最低限额的，减少后的注册资本应当不少于最低限额。

第十二条 有限责任公司依据《公司法》第七十四条的规定收购其股东的股权的，应当依法申请减少注册资本的变更登记。

第十三条 有限责任公司变更为股份有限公司时，折合的实收股本总额不得高于公司净资产额。有限责任公司变更为股份有限公司，为增加资本公开发行股份时，应当依法办理。

第十四条 股东出资额或者发起人认购股份、出资时间及方式由公司章程规定。发生变化的，应当修改公司章程并向公司登记机关依法申请办理公司章程或者公司章程修正案备案。

第十五条 法律、行政法规以及国务院决定规定公司注册资本实缴的公司虚报注册资本，取得公司登记的，由公司登记机关依照《公司登记管理条例》的相关规定予以处理。

第十六条 法律、行政法规以及国务院决定规定公司注册资本实缴的，其股东或者发起人虚假出资，未交付作为出资的货币或者非货币财产的，由公司登记机关依照《公司登记管理条例》的相关规定予以处理。

第十七条 法律、行政法规以及国务院决定规定公司注册资本实缴的，其股东或者发起人在公司成立后抽逃其出资的，由公司登记机关依照《公司登记管理条例》的相关规定予以处理。

第十八条 公司注册资本发生变动，公司未按规定办理变更登记的，由公司登记机关依照《公司登记管理条例》的相关规定予以处理。

第十九条 验资机构、资产评估机构出具虚假证明文件的，公司登记机关应当依照《公司登记管理条例》的相关规定予以处理。

第二十条 公司未按规定办理公司章程备案的，由公司登记机关依照《公司登记管理条例》的相关规定予以处理。

第二十一条　撤销公司变更登记涉及公司注册资本变动的，由公司登记机关恢复公司该次登记前的登记状态，并予以公示。

对涉及变动内容不属于登记事项的，公司应当通过企业信用信息公示系统公示。

第二十二条　外商投资的公司注册资本的登记管理适用本规定，法律另有规定的除外。

第二十三条　本规定自 2014 年 3 月 1 日起施行。2005 年 12 月 27 日国家工商行政管理总局公布的《公司注册资本登记管理规定》、2009 年 1 月 14 日国家工商行政管理总局公布的《股权出资登记管理办法》、2011 年 11 月 23 日国家工商行政管理总局公布的《公司债权转股权登记管理办法》同时废止。

国务院关于印发注册资本登记制度
改革方案的通知

国发〔2014〕7 号

各省、自治区、直辖市人民政府，国务院各部委、各直属机构：

国务院批准《注册资本登记制度改革方案》（以下简称《方案》），现予印发。

一、改革工商登记制度，推进工商注册制度便利化，是党中央、国务院作出的重大决策。改革注册资本登记制度，是深入贯彻党的十八大和十八届二中、三中全会精神，在新形势下全面深化改革的重大举措，对加快政府职能转变、创新政府监管方式、建立公平开放透明的市场规则、保障创业创新，具有重要意义。

二、改革注册资本登记制度涉及面广、政策性强，各级人民政府要加强组织领导，统筹协调解决改革中的具体问题。各地区、各部门要密切配合，加快制定完善配套措施。工商行政管理机关要优化流程、完善制度，确保改革前后管理工作平稳过渡。要强化企业自我管理、行业协会自律和社会组织监督的作用，提高市场监管水平，切实让这项改革举措"落地生根"，进一步释放改革红利，激发创业活力，催生发展新动力。

三、根据全国人民代表大会常务委员会关于修改公司法的决定和《方案》，相应修改有关行政法规和国务院决定。具体由国务院另行公布。

《方案》实施中的重大问题，工商总局要及时向国务院请示报告。

国务院

2014 年 2 月 7 日

注册资本登记制度改革方案

根据《国务院机构改革和职能转变方案》，为积极稳妥推进注册资本登记制度改革，制定本方案。

一、指导思想、总体目标和基本原则

（一）指导思想。

高举中国特色社会主义伟大旗帜，以邓小平理论、"三个代表"重要思想、科学发展观为指导，坚持社会主义市场经济改革方向，按照加快政府职能转变、建设服务型政府的要求，推进公司注册资本及其他登记事项改革，推进配套监管制度改革，健全完善现代企业制度，服务经济社会持续健康发展。

（二）总体目标。

通过改革公司注册资本及其他登记事项，进一步放松对市场主体准入的管制，降低准入门槛，优化营商环境，促进市场主体加快发展；通过改革监管制度，进一步转变监管方式，强化信用监管，促进协同监管，提高监管效能；通过加强市场主体信息公示，进一步扩大社会监督，促进社会共治，激发各类市场主体创造活力，增强经济发展内生动力。

（三）基本原则。

1. 便捷高效。按照条件适当、程序简便、成本低廉的要求，方便申请人办理市场主体登记注册。鼓励投资创业，创新服务方式，提高登记效率。

2. 规范统一。对各类市场主体实行统一的登记程序、登记要求和基本等同的登记事项，规范登记条件、登记材料，减少对市场主体自治事项的干预。

3. 宽进严管。在放宽注册资本等准入条件的同时，进一步强化市场主体责任，健全完善配套监管制度，加强对市场主体的监督管理，促进社会诚信体系建设，维护宽松准入、公平竞争的市场秩序。

二、放松市场主体准入管制，切实优化营商环境

（一）实行注册资本认缴登记制。公司股东认缴的出资总额或者发起人认购的股本总额（即公司注册资本）应当在工商行政管理机关登记。公司股东（发

起人）应当对其认缴出资额、出资方式、出资期限等自主约定，并记载于公司章程。有限责任公司的股东以其认缴的出资额为限对公司承担责任，股份有限公司的股东以其认购的股份为限对公司承担责任。公司应当将股东认缴出资额或者发起人认购股份、出资方式、出资期限、缴纳情况通过市场主体信用信息公示系统向社会公示。公司股东（发起人）对缴纳出资情况的真实性、合法性负责。

放宽注册资本登记条件。除法律、行政法规以及国务院决定对特定行业注册资本最低限额另有规定的外，取消有限责任公司最低注册资本 3 万元、一人有限责任公司最低注册资本 10 万元、股份有限公司最低注册资本 500 万元的限制。不再限制公司设立时全体股东（发起人）的首次出资比例，不再限制公司全体股东（发起人）的货币出资金额占注册资本的比例，不再规定公司股东（发起人）缴足出资的期限。

公司实收资本不再作为工商登记事项。公司登记时，无需提交验资报告。

现行法律、行政法规以及国务院决定明确规定实行注册资本实缴登记制的银行业金融机构、证券公司、期货公司、基金管理公司、保险公司、保险专业代理机构和保险经纪人、直销企业、对外劳务合作企业、融资性担保公司、募集设立的股份有限公司，以及劳务派遣企业、典当行、保险资产管理公司、小额贷款公司实行注册资本认缴登记制问题，另行研究决定。在法律、行政法规以及国务院决定未修改前，暂按现行规定执行。

已经实行申报（认缴）出资登记的个人独资企业、合伙企业、农民专业合作社仍按现行规定执行。

鼓励、引导、支持国有企业、集体企业等非公司制企业法人实施规范的公司制改革，实行注册资本认缴登记制。

积极研究探索新型市场主体的工商登记。

（二）改革年度检验验照制度。将企业年度检验制度改为企业年度报告公示制度。企业应当按年度在规定的期限内，通过市场主体信用信息公示系统向工商行政管理机关报送年度报告，并向社会公示，任何单位和个人均可查询。企业年度报告的主要内容应包括公司股东（发起人）缴纳出资情况、资产状况等，企业对年度报告的真实性、合法性负责，工商行政管理机关可以对企业年度报告公示内容进行抽查。经检查发现企业年度报告隐瞒真实情况、弄虚作假的，工商行政管理机关依法予以处罚，并将企业法定代表人、负责人等信息通报公安、财政、海关、税务等有关部门。对未按规定期限公示年度报告的企业，工商行政管理机关在市场主体信用信息公示系统上将其载入经营异常名录，提醒其履行年度报告公示义务。企业在三年内履行年度报告公示义务的，可以向工商行政管理机关申请恢复正常记载状态；超过三年未履行的，工商行政管理机关将其永久载入经营异常名录，不得恢复正常记载状态，并列入严重违法企业名单（"黑名单"）。

改革个体工商户验照制度，建立符合个体工商户特点的年度报告制度。

探索实施农民专业合作社年度报告制度。

（三）简化住所（经营场所）登记手续。申请人提交场所合法使用证明即可予以登记。对市场主体住所（经营场所）的条件，各省、自治区、直辖市人民政府根据法律法规的规定和本地区管理的实际需要，按照既方便市场主体准入，又有效保障经济社会秩序的原则，可以自行或者授权下级人民政府作出具体规定。

（四）推行电子营业执照和全程电子化登记管理。建立适应互联网环境下的工商登记数字证书管理系统，积极推行全国统一标准规范的电子营业执照，为电子政务和电子商务提供身份认证和电子签名服务保障。电子营业执照载有工商登记信息，与纸质营业执照具有同等法律效力。大力推进以电子营业执照为支撑的网上申请、网上受理、网上审核、网上公示、网上发照等全程电子化登记管理方式，提高市场主体登记管理的信息化、便利化、规范化水平。

三、严格市场主体监督管理，依法维护市场秩序

（一）构建市场主体信用信息公示体系。完善市场主体信用信息公示制度。以企业法人国家信息资源库为基础构建市场主体信用信息公示系统，支撑社会信用体系建设。在市场主体信用信息公示系统上，工商行政管理机关公示市场主体登记、备案、监管等信息；企业按照规定报送、公示年度报告和获得资质资格的许可信息；个体工商户、农民专业合作社的年度报告和获得资质资格的许可信息可以按照规定在系统上公示。公示内容作为相关部门实施行政许可、监督管理的重要依据。加强公示系统管理，建立服务保障机制，为相关单位和社会公众提供方便快捷服务。

（二）完善信用约束机制。建立经营异常名录制度，将未按规定期限公示年度报告、通过登记的住所（经营场所）无法取得联系等的市场主体载入经营异常名录，并在市场主体信用信息公示系统上向社会公示。进一步推进"黑名单"管理应用，完善以企业法人法定代表人、负责人任职限制为主要内容的失信惩戒机制。建立联动响应机制，对被载入经营异常名录或"黑名单"、有其他违法记录的市场主体及其相关责任人，各有关部门要采取有针对性的信用约束措施，形成"一处违法，处处受限"的局面。建立健全境外追偿保障机制，将违反认缴义务、有欺诈和违规行为的境外投资者及其实际控制人列入"重点监控名单"，并严格审查或限制其未来可能采取的各种方式的对华投资。

（三）强化司法救济和刑事惩治。明确政府对市场主体和市场活动监督管理的行政职责，区分民事争议与行政争议的界限。尊重市场主体民事权利，工商行政管理机关对工商登记环节中的申请材料实行形式审查。股东与公司、股东与股东之间因工商登记争议引发民事纠纷时，当事人依法向人民法院提起民事诉讼，寻求司法救济。支持配合人民法院履行民事审判职能，依法审理股权纠纷、合同纠纷等经济纠纷案件，保护当事人合法权益。当事人或者利害关系人依照人民法院生效裁判文书或者协助执行通知书要求办理工商登记的，工商行政管理机关应当依法办理。充分发挥刑事司法对犯罪行为的惩治、威慑作用，相关部门要主动配合公安机关、检察机关、人民法院履行职责，依法惩处破坏社会主义市场经济秩序的犯罪行为。

（四）发挥社会组织的监督自律作用。扩大行业协会参与度，发挥行业协会的行业管理、监督、约束和职业道德建设等作用，引导市场主体履行出资义务和社会责任。积极发挥会计师事务所、公证机构等专业服务机构的作用，强化对市场主体及其行为的监督。支持行业协会、仲裁机构等组织通过调解、仲裁、裁决等方式解决市场主体之间的争议。积极培育、鼓励发展社会信用评价机构，支持开展信用评级，提供客观、公正的企业资信信息。

（五）强化企业自我管理。实行注册资本认缴登记制，涉及公司基础制度的调整，公司应健全自我管理办法和机制，完善内部治理结构，发挥独立董事、监事的监督作用，强化主体责任。公司股东（发起人）应正确认识注册资本认缴的责任，理性作出认缴承诺，严格按照章程、协议约定的时间、数额等履行实际出资责任。

（六）加强市场主体经营行为监管。要加强对市场主体准入和退出行为的监管，大力推进反不正当竞争与反垄断执法，加强对各类商品交易市场的规范管理，维护公平竞争的市场秩序。要强化商品质量监管，严厉打击侵犯商标专用权和销售假冒伪劣商品的违法行为，严肃查处虚假违法广告，严厉打击传销，严格规范直销，维护经营者和消费者合法权益。各部门要依法履行职能范围内的监管职责，强化部门间协调配合，形成分工明确、沟通顺畅、齐抓共管的工作格局，提升监管效能。

（七）加强市场主体住所（经营场所）管理。工商行政管理机关根据投诉举报，依法处理市场主体登记住所（经营场所）与实际情况不符的问题。对于应当具备特定条件的住所（经营场所），或者利用非法建筑、擅自改变房屋用途等从事经营活动的，由规划、建设、国土、房屋管理、公安、环保、安全监管等部门依法管理；涉及许可审批事项的，由负责许可审批的行政管理部门依法监管。

四、保障措施

（一）加强组织领导。注册资本登记制度改革，涉及部门多、牵涉面广、政策性强。按照国务院的统一部署，地方各级人民政府要健全政府统一领导，部门各司其职、相互配合，集中各方力量协调推进改革的工作机制。调剂充实一线登记窗口人员力量，保障便捷高效登记。有关部门要加快制定和完善配套监管制度，统筹推进，同步实施，强化后续监管。建立健全部门间信息沟通共享机制、信用信息披露机制和案件协查移送机制，强化协同监管。上级部门要加强指导、监督，及时研究解决改革中遇到的问题，协调联动推进改革。

（二）加快信息化建设。充分利用信息化手段提升市场主体基础信息和信用信息的采集、整合、服务能力。要按照"物理分散、逻辑集中、差异屏蔽"的原则，加快建设统一规范的市场主体信用信息公示系统。各省、自治区、直辖市要将建成本地区集中统一的市场主体信用信息公示系统，作为本地区实施改革的前提条件。工商行政管理机关要优化完善工商登记管理信息化系统，确保改革前后工商登记管理业务的平稳过渡。有关部门要积极推进政务服务创新，建立面向市场主体的部门协同办理政务事项的工作机制和技术环境，提高政务服务综合效能。各级人民政府要加大投入，为构建市场主体信用信息公示系统、推行电子营业执照等信息化建设提供必要的人员、设施、资金保障。

（三）完善法制保障。积极推进统一的商事登记立法，加快完善市场主体准入与监管的法律法规，建立市场主体信用信息公示和管理制度，防范市场风险，保障交易安全。各地区、各部门要根据法律法规修订情况，按照国务院部署开展相关规章和规范性文件的"立、改、废"工作。

（四）注重宣传引导。坚持正确的舆论导向，充分利用各种媒介，做好注册资本登记制度改革政策的宣传解读，及时解答和回应社会关注的热点问题，引导社会正确认识注册资本认缴登记制的意义和股东出资责任、全面了解市场主体信用信息公示制度的作用，广泛参与诚信体系建设，在全社会形成理解改革、关心改革、支持改革的良好氛围，确保改革顺利推进。

附件：暂不实行注册资本认缴登记制的行业

附件

暂不实行注册资本认缴登记制的行业

序号	名称	依据
1	采取募集方式设立的股份有限公司	《中华人民共和国公司法》
2	商业银行	《中华人民共和国商业银行法》
3	外资银行	《中华人民共和国外资银行管理条例》
4	金融资产管理公司	《金融资产管理公司条例》
5	信托公司	《中华人民共和国银行业监督管理法》
6	财务公司	《中华人民共和国银行业监督管理法》
7	金融租赁公司	《中华人民共和国银行业监督管理法》
8	汽车金融公司	《中华人民共和国银行业监督管理法》
9	消费金融公司	《中华人民共和国银行业监督管理法》
10	货币经纪公司	《中华人民共和国银行业监督管理法》
11	村镇银行	《中华人民共和国银行业监督管理法》
12	贷款公司	《中华人民共和国银行业监督管理法》
13	农村信用合作联社	《中华人民共和国银行业监督管理法》
14	农村资金互助社	《中华人民共和国银行业监督管理法》
15	证券公司	《中华人民共和国证券法》
16	期货公司	《期货交易管理条例》
17	基金管理公司	《中华人民共和国证券投资基金法》
18	保险公司	《中华人民共和国保险法》
19	保险专业代理机构、保险经纪人	《中华人民共和国保险法》
20	外资保险公司	《中华人民共和国外资保险公司管理条例》
21	直销企业	《直销管理条例》
22	对外劳务合作企业	《对外劳务合作管理条例》
23	融资性担保公司	《融资性担保公司管理暂行办法》
24	劳务派遣企业	2013 年 10 月 25 日国务院第 28 次常务会议决定
25	典当行	2013 年 10 月 25 日国务院第 28 次常务会议决定
26	保险资产管理公司	2013 年 10 月 25 日国务院第 28 次常务会议决定
27	小额贷款公司	2013 年 10 月 25 日国务院第 28 次常务会议决定

企业经营范围登记管理规定

（2015 年 8 月 27 日国家工商行政管理总局令第 76 号公布）

第一条 为了规范企业经营范围登记管理，规范企业经营行为，保障企业合法权益，依据有关企业登记管理法律、行政法规制定本规定。

第二条 本规定适用于在中华人民共和国境内登记的企业。

第三条 经营范围是企业从事经营活动的业务范围，应当依法经企业登记机关登记。

申请人应当参照《国民经济行业分类》选择一种或多种小类、中类或者大类自主提出经营范围登记申请。对《国民经济行业分类》中没有规范的新兴行业或者具体经营项目，可以参照政策文件、行业习惯或者专业文献等提出申请。

企业的经营范围应当与章程或者合伙协议规定相一致。经营范围发生变化的，企业应对章程或者合伙协议进行修订，并向企业登记机关申请变更登记。

第四条 企业申请登记的经营范围中属于法律、行政法规或者国务院决定规定在登记前须经批准的经营项目（以下称前置许可经营项目）的，应当在申请登记前报经有关部门批准后，凭审批机关的批准文件、证件向企业登记机关申请登记。

企业申请登记的经营范围中属于法律、行政法规或者国务院决定等规定在登记后须经批准的经营项目（以下称后置许可经营项目）的，依法经企业登记机关核准登记后，应当报经有关部门批准方可开展后置许可经营项目的经营活动。

第五条 企业登记机关依照审批机关的批准文件、证件登记前置许可经营项目。批准文件、证件对前置许可经营项目没有表述的，依照有关法律、行政法规或者国务院决定的规定和《国民经济行业分类》登记。

前置许可经营项目以外的经营项目，企业登记机关根据企业的章程、合伙协议或者申请，参照《国民经济行业分类》及有关政策文件、行业习惯或者专业文献登记。

企业登记机关应当在经营范围后标注"（依法须经批准的项目，经相关部门批准后方可开展经营活动）"。

第六条　企业经营范围中包含许可经营项目的，企业应当自取得审批机关的批准文件、证件之日起 20 个工作日内，将批准文件、证件的名称、审批机关、批准内容、有效期限等事项通过企业信用信息公示系统向社会公示。其中，企业设立时申请的经营范围中包含前置许可经营项目的，企业应当自成立之日起 20 个工作日内向社会公示。

审批机关的批准文件、证件发生变更的，企业应当自批准变更之日起 20 个工作日内，将有关变更事项通过企业信用信息公示系统向社会公示。

第七条　企业的经营范围应当包含或者体现企业名称中的行业或者经营特征。跨行业经营的企业，其经营范围中的第一项经营项目所属的行业为该企业的行业。

第八条　企业变更经营范围应当自企业作出变更决议或者决定之日起 30 日内向企业登记机关申请变更登记。其中，合伙企业、个人独资企业变更经营范围应当自作出变更决定之日起 15 日内向企业登记机关申请变更登记。

企业变更经营范围涉及前置许可经营项目，或者其批准文件、证件发生变更的，应当自审批机关批准之日起 30 日内凭批准文件、证件向企业登记机关申请变更登记。

企业变更经营范围涉及后置许可经营项目，其批准文件、证件记载的经营项目用语与原登记表述不一致或者发生变更的，可以凭批准文件、证件向企业登记机关申请变更登记。

第九条　因分立或者合并而新设立的企业申请从事前置许可经营项目的，应当凭审批机关的批准文件、证件向企业登记机关申请登记；因分立或者合并而存续的企业申请从事前置许可经营项目的，变更登记前已经审批机关批准的，不需重新办理审批手续。

第十条　企业改变类型的，改变类型前已经审批机关批准的前置许可经营项目，企业不需重新办理审批手续。法律、行政法规或者国务院决定另有规定的除外。

第十一条　企业变更出资人的，原已经审批机关批准的前置许可经营项目，变更出资人后不需重新办理审批手续。法律、行政法规或者国务院决定另有规定的除外。

企业的出资人由境内投资者变为境外投资者，或者企业的出资人由境外投资者变为境内投资者的，企业登记机关应当依照审批机关的批准文件、证件重新登记经营范围。

第十二条　不能独立承担民事责任的分支机构（以下简称分支机构），其经营范围不得超出所隶属企业的经营范围。法律、行政法规或者国务院决定另有规定的除外。

审批机关单独批准分支机构经营前置许可经营项目的，企业应当凭分支机构的前置许可经营项目的批准文件、证件申请增加相应经营范围，并在申请增加的经营范围后标注"（分支机构经营）"字样。

分支机构经营所隶属企业经营范围中前置许可经营项目的，应当报经审批机关批准。法律、行政法规或者国务院决定另有规定的除外。

第十三条　企业申请的经营范围中有下列情形的，企业登记机关不予登记：

（一）属于前置许可经营项目，不能提交审批机关的批准文件、证件的；

（二）法律、行政法规或者国务院决定规定特定行业的企业只能从事经过批准的项目而企业申请其他项目的；

（三）法律、行政法规或者国务院决定等规定禁止企业经营的。

第十四条　企业有下列情形的，应当停止有关项目的经营并及时向企业登记机关申请办理经营范围变更登记或者注销登记：

（一）经营范围中属于前置许可经营项目以外的经营项目，因法律、行政法规或者国务院决定规定调整为前置许可经营项目后，企业未按有关规定申请办理审批手续并获得批准的；

（二）经营范围中的前置许可经营项目，法律、行政法规或者国务院决定规定重新办理审批，企业未按有关规定申请办理审批手续并获得批准的；

（三）经营范围中的前置许可经营项目，审批机关批准的经营期限届满，企业未重新申请办理审批手续并获得批准的；

（四）经营范围中的前置许可经营项目被吊销、撤销许可证或者其他批准文件的。

第十五条　企业未经批准、登记从事经营活动的，依照有关法律、法规的规定予以查处。

第十六条　本规定由国家工商行政管理总局负责解释。

第十七条　本规定自 2015 年 10 月 1 日起施行。2004 年 6 月 14 日国家工商行政管理总局令第 12 号公布的《企业经营范围登记管理规定》同时废止。

企业经营异常名录管理暂行办法

（2014 年 8 月 19 日国家工商行政管理总局令第 68 号公布）

第一条 为规范企业经营异常名录管理，保障公平竞争，促进企业诚信自律，强化企业信用约束，维护交易安全，扩大社会监督，依据《中华人民共和国公司登记管理条例》、《企业信息公示暂行条例》、《注册资本登记制度改革方案》等行政法规和国务院有关规定，制定本办法。

第二条 工商行政管理部门将有经营异常情形的企业列入经营异常名录，通过企业信用信息公示系统公示，提醒其履行公示义务。

第三条 国家工商行政管理总局负责指导全国的经营异常名录管理工作。

县级以上工商行政管理部门负责其登记的企业的经营异常名录管理工作。

第四条 县级以上工商行政管理部门应当将有下列情形之一的企业列入经营异常名录：

（一）未按照《企业信息公示暂行条例》第八条规定的期限公示年度报告的；

（二）未在工商行政管理部门依照《企业信息公示暂行条例》第十条规定责令的期限内公示有关企业信息的；

（三）公示企业信息隐瞒真实情况、弄虚作假的；

（四）通过登记的住所或者经营场所无法联系的。

第五条 工商行政管理部门将企业列入经营异常名录的，应当作出列入决定，将列入经营异常名录的信息记录在该企业的公示信息中，并通过企业信用信息公示系统统一公示。列入决定应当包括企业名称、注册号、列入日期、列入事由、作出决定机关。

第六条 企业未依照《企业信息公示暂行条例》第八条规定通过企业信用信息公示系统报送上一年度年度报告并向社会公示的，工商行政管理部门应当在当年年度报告公示结束之日起 10 个工作日内作出将其列入经营异常名录的决定，并予以公示。

第七条　企业未依照《企业信息公示暂行条例》第十条规定履行公示义务的，工商行政管理部门应当书面责令其在 10 日内履行公示义务。企业未在责令的期限内公示信息的，工商行政管理部门应当在责令的期限届满之日起 10 个工作日内作出将其列入经营异常名录的决定，并予以公示。

第八条　工商行政管理部门依法开展抽查或者根据举报进行核查查实企业公示信息隐瞒真实情况、弄虚作假的，应当自查实之日起 10 个工作日内作出将其列入经营异常名录的决定，并予以公示。

第九条　工商行政管理部门在依法履职过程中通过登记的住所或者经营场所无法与企业取得联系的，应当自查实之日起 10 个工作日内作出将其列入经营异常名录的决定，并予以公示。

工商行政管理部门可以通过邮寄专用信函的方式与企业联系。经向企业登记的住所或者经营场所两次邮寄无人签收的，视为通过登记的住所或者经营场所无法取得联系。两次邮寄间隔时间不得少于 15 日，不得超过 30 日。

第十条　被列入经营异常名录的企业自列入之日起 3 年内依照《企业信息公示暂行条例》规定履行公示义务的，可以向作出列入决定的工商行政管理部门申请移出经营异常名录。

工商行政管理部门依照前款规定将企业移出经营异常名录的，应当作出移出决定，并通过企业信用信息公示系统公示。移出决定应当包括企业名称、注册号、移出日期、移出事由、作出决定机关。

第十一条　依照本办法第六条规定被列入经营异常名录的企业，可以在补报未报年份的年度报告并公示后，申请移出经营异常名录，工商行政管理部门应当自收到申请之日起 5 个工作日内作出移出决定。

第十二条　依照本办法第七条规定被列入经营异常名录的企业履行公示义务后，申请移出经营异常名录的，工商行政管理部门应当自收到申请之日起 5 个工作日内作出移出决定。

第十三条　依照本办法第八条规定被列入经营异常名录的企业更正其公示

的信息后，可以向工商行政管理部门申请移出经营异常名录，工商行政管理部门应当自查实之日起 5 个工作日内作出移出决定。

第十四条　依照本办法第九条规定被列入经营异常名录的企业，依法办理住所或者经营场所变更登记，或者企业提出通过登记的住所或者经营场所可以重新取得联系，申请移出经营异常名录的，工商行政管理部门应当自查实之日起 5 个工作日内作出移出决定。

第十五条　工商行政管理部门应当在企业被列入经营异常名录届满 3 年前 60 日内，通过企业信用信息公示系统以公告方式提示其履行相关义务；届满 3 年仍未履行公示义务的，将其列入严重违法企业名单，并通过企业信用信息公示系统向社会公示。

第十六条　企业对被列入经营异常名录有异议的，可以自公示之日起 30 日内向作出决定的工商行政管理部门提出书面申请并提交相关证明材料，工商行政管理部门应当在 5 个工作日内决定是否受理。予以受理的，应当在 20 个工作日内核实，并将核实结果书面告知申请人；不予受理的，将不予受理的理由书面告知申请人。

工商行政管理部门通过核实发现将企业列入经营异常名录存在错误的，应当自查实之日起 5 个工作日内予以更正。

第十七条　对企业被列入、移出经营异常名录的决定，可以依法申请行政复议或者提起行政诉讼。

第十八条　工商行政管理部门未依照本办法的有关规定履行职责的，由上一级工商行政管理部门责令改正；情节严重的，对负有责任的主管人员和其他直接责任人员依照有关规定予以处理。

第十九条　经营异常名录管理相关文书样式由国家工商行政管理总局统一制定。

第二十条　本办法由国家工商行政管理总局负责解释。

第二十一条　本办法自 2014 年 10 月 1 日起施行。2006 年 2 月 24 日国家工商行政管理总局令第 23 号公布的《企业年度检验办法》同时废止。

企业信息公示暂行条例

第一条　为了保障公平竞争，促进企业诚信自律，规范企业信息公示，强化企业信用约束，维护交易安全，提高政府监管效能，扩大社会监督，制定本条例。

第二条　本条例所称企业信息，是指在工商行政管理部门登记的企业从事生产经营活动过程中形成的信息，以及政府部门在履行职责过程中产生的能够反映企业状况的信息。

第三条　企业信息公示应当真实、及时。公示的企业信息涉及国家秘密、国家安全或者社会公共利益的，应当报请主管的保密行政管理部门或者国家安全机关批准。县级以上地方人民政府有关部门公示的企业信息涉及企业商业秘密或者个人隐私的，应当报请上级主管部门批准。

第四条　省、自治区、直辖市人民政府领导本行政区域的企业信息公示工作，按照国家社会信用信息平台建设的总体要求，推动本行政区域企业信用信息公示系统的建设。

第五条　国务院工商行政管理部门推进、监督企业信息公示工作，组织企业信用信息公示系统的建设。国务院其他有关部门依照本条例规定做好企业信息公示相关工作。

县级以上地方人民政府有关部门依照本条例规定做好企业信息公示工作。

第六条　工商行政管理部门应当通过企业信用信息公示系统，公示其在履行职责过程中产生的下列企业信息：

（一）注册登记、备案信息；

（二）动产抵押登记信息；

（三）股权出质登记信息；

（四）行政处罚信息；

（五）其他依法应当公示的信息。

前款规定的企业信息应当自产生之日起 20 个工作日内予以公示。

第七条 工商行政管理部门以外的其他政府部门（以下简称其他政府部门）应当公示其在履行职责过程中产生的下列企业信息：

（一）行政许可准予、变更、延续信息；

（二）行政处罚信息；

（三）其他依法应当公示的信息。

其他政府部门可以通过企业信用信息公示系统，也可以通过其他系统公示前款规定的企业信息。工商行政管理部门和其他政府部门应当按照国家社会信用信息平台建设的总体要求，实现企业信息的互联共享。

第八条 企业应当于每年 1 月 1 日至 6 月 30 日，通过企业信用信息公示系统向工商行政管理部门报送上一年度年度报告，并向社会公示。

当年设立登记的企业，自下一年起报送并公示年度报告。

第九条 企业年度报告内容包括：

（一）企业通信地址、邮政编码、联系电话、电子邮箱等信息；

（二）企业开业、歇业、清算等存续状态信息；

（三）企业投资设立企业、购买股权信息；

（四）企业为有限责任公司或者股份有限公司的，其股东或者发起人认缴和实缴的出资额、出资时间、出资方式等信息；

（五）有限责任公司股东股权转让等股权变更信息；

（六）企业网站以及从事网络经营的网店的名称、网址等信息；

（七）企业从业人数、资产总额、负债总额、对外提供保证担保、所有者权益合计、营业总收入、主营业务收入、利润总额、净利润、纳税总额信息。

前款第一项至第六项规定的信息应当向社会公示，第七项规定的信息由企业选择是否向社会公示。

经企业同意，公民、法人或者其他组织可以查询企业选择不公示的信息。

第十条 企业应当自下列信息形成之日起 20 个工作日内通过企业信用信息公示系统向社会公示：

（一）有限责任公司股东或者股份有限公司发起人认缴和实缴的出资额、出资时间、出资方式等信息；

（二）有限责任公司股东股权转让等股权变更信息；

（三）行政许可取得、变更、延续信息；

（四）知识产权出质登记信息；

（五）受到行政处罚的信息；

（六）其他依法应当公示的信息。

工商行政管理部门发现企业未依照前款规定履行公示义务的，应当责令其限期履行。

第十一条　政府部门和企业分别对其公示信息的真实性、及时性负责。

第十二条　政府部门发现其公示的信息不准确的，应当及时更正。公民、法人或者其他组织有证据证明政府部门公示的信息不准确的，有权要求该政府部门予以更正。

企业发现其公示的信息不准确的，应当及时更正；但是，企业年度报告公示信息的更正应当在每年 6 月 30 日之前完成。更正前后的信息应当同时公示。

第十三条　公民、法人或者其他组织发现企业公示的信息虚假的，可以向工商行政管理部门举报，接到举报的工商行政管理部门应当自接到举报材料之日起 20 个工作日内进行核查，予以处理，并将处理情况书面告知举报人。

公民、法人或者其他组织对依照本条例规定公示的企业信息有疑问的，可以向政府部门申请查询，收到查询申请的政府部门应当自收到申请之日起 20 个工作日内书面答复申请人。

第十四条　国务院工商行政管理部门和省、自治区、直辖市人民政府工商行政管理部门应当按照公平规范的要求，根据企业注册号等随机摇号，确定抽查的企业，组织对企业公示信息的情况进行检查。

工商行政管理部门抽查企业公示的信息，可以采取书面检查、实地核查、网络监测等方式。工商行政管理部门抽查企业公示的信息，可以委托会计师事务所、税务师事务所、律师事务所等专业机构开展相关工作，并依法利用其他政府部门作出的检查、核查结果或者专业机构作出的专业结论。

抽查结果由工商行政管理部门通过企业信用信息公示系统向社会公布。

第十五条　工商行政管理部门对企业公示的信息依法开展抽查或者根据举报进行核查，企业应当配合，接受询问调查，如实反映情况，提供相关材料。

对不予配合情节严重的企业，工商行政管理部门应当通过企业信用信息公示系统公示。

第十六条　任何公民、法人或者其他组织不得非法修改公示的企业信息，不得非法获取企业信息。

第十七条　有下列情形之一的，由县级以上工商行政管理部门列入经营异常名录，通过企业信用信息公示系统向社会公示，提醒其履行公示义务；情节严重的，由有关主管部门依照有关法律、行政法规规定给予行政处罚；造成他人损失的，依法承担赔偿责任；构成犯罪的，依法追究刑事责任：

（一）企业未按照本条例规定的期限公示年度报告或者未按照工商行政管理部门责令的期限公示有关企业信息的；

（二）企业公示信息隐瞒真实情况、弄虚作假的。

被列入经营异常名录的企业依照本条例规定履行公示义务的，由县级以上工商行政管理部门移出经营异常名录；满3年未依照本条例规定履行公示义务的，由国务院工商行政管理部门或者省、自治区、直辖市人民政府工商行政管理部门列入严重违法企业名单，并通过企业信用信息公示系统向社会公示。被列入严重违法企业名单的企业的法定代表人、负责人，3年内不得担任其他企业的法定代表人、负责人。

企业自被列入严重违法企业名单之日起满5年未再发生第一款规定情形的，由国务院工商行政管理部门或者省、自治区、直辖市人民政府工商行政管理部门移出严重违法企业名单。

第十八条　县级以上地方人民政府及其有关部门应当建立健全信用约束机制，在政府采购、工程招投标、国有土地出让、授予荣誉称号等工作中，将企业信息作为重要考量因素，对被列入经营异常名录或者严重违法企业名单的企业依法予以限制或者禁入。

第十九条　政府部门未依照本条例规定履行职责的，由监察机关、上一级政府部门责令改正；情节严重的，对负有责任的主管人员和其他直接责任人员依法给予处分；构成犯罪的，依法追究刑事责任。

第二十条　非法修改公示的企业信息，或者非法获取企业信息的，依照有关法律、行政法规规定追究法律责任。

第二十一条　公民、法人或者其他组织认为政府部门在企业信息公示工作中的具体行政行为侵犯其合法权益的，可以依法申请行政复议或者提起行政诉讼。

第二十二条　企业依照本条例规定公示信息，不免除其依照其他有关法律、行政法规规定公示信息的义务。

第二十三条　法律、法规授权的具有管理公共事务职能的组织公示企业信息适用本条例关于政府部门公示企业信息的规定。

第二十四条　国务院工商行政管理部门负责制定企业信用信息公示系统的技术规范。

个体工商户、农民专业合作社信息公示的具体办法由国务院工商行政管理部门另行制定。

第二十五条　本条例自 2014 年 10 月 1 日起施行。

严重违法失信企业名单管理暂行办法

（2015 年 12 月 30 日国家工商行政管理总局令第 83 号公布）

第一条　为加强对严重违法失信企业的管理，促进企业守法经营和诚信自律，扩大社会监督，依据《企业信息公示暂行条例》等法律法规，制定本办法。

第二条　本办法所称严重违法失信企业，是指违反工商行政管理法律、行政法规且情节严重的企业。

第三条　本办法所称严重违法失信企业名单管理，是指对列入严重违法失信企业名单的企业实施信用约束、部门联合惩戒，并通过企业信用信息公示系统向社会公示。

第四条　国家工商行政管理总局负责指导、组织全国的严重违法失信企业名单管理工作。

县级以上工商行政管理部门负责本辖区的严重违法失信企业名单管理工作。

本办法所称工商行政管理部门，包括履行工商行政管理职能的市场监督管理部门。

第五条　企业有下列情形之一的，由县级以上工商行政管理部门列入严重违法失信企业名单管理：

（一）被列入经营异常名录届满 3 年仍未履行相关义务的；

（二）提交虚假材料或者采取其他欺诈手段隐瞒重要事实，取得公司变更或者注销登记，被撤销登记的；

（三）组织策划传销的，或者因为传销行为提供便利条件两年内受到 3 次以上行政处罚的；

（四）因直销违法行为两年内受到 3 次以上行政处罚的；

（五）因不正当竞争行为两年内受到 3 次以上行政处罚的；

（六）因提供的商品或者服务不符合保障人身、财产安全要求，造成人身伤害等严重侵害消费者权益的违法行为，两年内受到 3 次以上行政处罚的；

（七）因发布虚假广告两年内受到 3 次以上行政处罚的，或者发布关系消费者生命健康的商品或者服务的虚假广告，造成人身伤害的或者其他严重社会不良影响的；

（八）因商标侵权行为 5 年内受到两次以上行政处罚的；

（九）被决定停止受理商标代理业务的；

（十）国家工商行政管理总局规定的其他违反工商行政管理法律、行政法规且情节严重的。

企业违反工商行政管理法律、行政法规，有前款第（三）项至第（八）项规定行为之一，两年内累计受到 3 次以上行政处罚的，列入严重违法失信企业名单管理。

第六条　国家工商行政管理总局或者省、自治区、直辖市工商行政管理部门负责有本办法第五条第一款第（一）项规定情形的企业的严重违法失信企业名单的列入、移出工作。

县级以上工商行政管理部门负责其登记的有本办法第五条第一款第（二）项至第（十）项和第二款规定情形的企业的严重违法失信企业名单的列入、移出工作。

第七条　工商行政管理部门将企业列入严重违法失信企业名单的，应当作出列入决定。列入决定应当包括企业名称、统一社会信用代码／注册号、列入日期、列入事由、权利救济的期限和途径、作出决定机关。

第八条　企业有本办法第五条第一款第（一）项规定情形的，工商行政管理部门应当在企业被列入经营异常名录满 3 年前 60 日内，通过企业信用信息公示系统以公告方式提示其履行相关义务；满 3 年仍未履行相关义务的，自届满之日起 10 个工作日内将其列入严重违法失信企业名单。

企业有本办法第五条第一款第（二）项至第（十）项和第二款规定情形的，工商行政管理部门应当自相关信息在企业信用信息公示系统公示之日起 10 个工作日内将其列入严重违法失信企业名单。

第九条　企业自被列入严重违法失信企业名单之日起满 5 年未再发生第五条规定情形的，由有管辖权的工商行政管理部门移出严重违法失信企业名单。

工商行政管理部门依照前款规定将企业移出严重违法失信企业名单的，应当作出移出决定，并通过企业信用信息公示系统向社会公示。移出决定应当包括企业名称、统一社会信用代码 / 注册号、移出日期、移出事由、作出决定机关。

第十条　依照本办法第五条第一款第（一）项规定被列入严重违法失信企业名单的，工商行政管理部门应当自企业申请之日起 5 个工作日内作出移出决定。

依照本办法第五条第一款第（二）项至第（十）项和第二款规定被列入严重违法失信企业名单的，工商行政管理部门应当自列入严重违法失信企业名单届满之日起 5 个工作日内作出移出决定。

第十一条　企业对被列入严重违法失信企业名单有异议的，可以自公示之日起 30 日内向作出决定的工商行政管理部门提出书面申请并提交相关证明材料，工商行政管理部门应当在 5 个工作日内决定是否受理。予以受理的，应当在 20 个工作日内核实，并将核实结果书面告知申请人；不予受理的，将不予受理的理由书面告知申请人。

工商行政管理部门通过核实发现将企业列入严重违法失信企业名单存在错误的，应当自查实之日起 5 个工作日内予以更正。

第十二条　列入严重违法失信企业名单所依据的行政处罚决定被撤销的，工商行政管理部门应当自行政处罚决定被撤销之日起 30 个工作日内将企业移出严重违法失信企业名单。

第十三条　各级工商行政管理部门对被列入严重违法失信企业名单的企业实施下列管理：

（一）列为重点监督管理对象；

（二）依照本办法第五条第一款第（一）项规定被列入严重违法失信企业名单的企业的法定代表人、负责人，3 年内不得担任其他企业的法定代表人、负责人；

（三）不予通过"守合同重信用"企业公示活动申报资格审核；

（四）不予授予相关荣誉称号。

第十四条　工商行政管理部门应当将列入严重违法失信企业名单的信息记录在该企业的公示信息中，并通过企业信用信息公示系统统一公示。

工商行政管理部门应当将严重违法失信企业名单信息与其他政府部门互联共享，实施联合惩戒。

第十五条　依照本办法第五条第一款第（一）项规定被列入严重违法失信企业名单的企业的法定代表人、负责人，已经担任其他企业的法定代表人、负责人的，有关企业应当依法办理法定代表人、负责人变更登记。通过登记的住所（经营场所）无法取得联系的，有关企业应当依法办理住所（经营场所）变更登记。有关企业未办理法定代表人、负责人变更登记或者住所（经营场所）变更登记的，工商行政管理部门应当依法予以查处。

第十六条　对企业被列入、移出严重违法失信企业名单的决定，可以依法申请行政复议或者提起行政诉讼。

第十七条　工商行政管理部门未依照本办法的有关规定履行职责的，由上一级工商行政管理部门责令改正；情节严重的，对负有责任的主管人员和其他直接责任人员依照有关规定予以处理。

第十八条　严重违法失信企业名单管理相关文书样式由国家工商行政管理总局统一制定。

第十九条　网络交易违法失信行为的管理办法，由国家工商行政管理总局另行制定。

第二十条　本办法由国家工商行政管理总局负责解释。

第二十一条　本办法自 2016 年 4 月 1 日起施行。

中华人民共和国公司登记管理条例

（1994年6月24日中华人民共和国国务院令第156号发布　根据2005年12月18日《国务院关于修改〈中华人民共和国公司登记管理条例〉的决定》第一次修订　根据2014年2月19日《国务院关于废止和修改部分行政法规的决定》第二次修订　根据2016年2月6日《国务院关于修改部分行政法规的决定》第三次修订）

第一章　总则

第一条　为了确认公司的企业法人资格，规范公司登记行为，依据《中华人民共和国公司法》（以下简称《公司法》），制定本条例。

第二条　有限责任公司和股份有限公司（以下统称公司）设立、变更、终止，应当依照本条例办理公司登记。

申请办理公司登记，申请人应当对申请文件、材料的真实性负责。

第三条　公司经公司登记机关依法登记，领取《企业法人营业执照》，方取得企业法人资格。

自本条例施行之日起设立公司，未经公司登记机关登记的，不得以公司名义从事经营活动。

第四条　工商行政管理机关是公司登记机关。

下级公司登记机关在上级公司登记机关的领导下开展公司登记工作。

公司登记机关依法履行职责，不受非法干预。

第五条　国家工商行政管理总局主管全国的公司登记工作。

第二章　登记管辖

第六条　国家工商行政管理总局负责下列公司的登记：

（一）国务院国有资产监督管理机构履行出资人职责的公司以及该公司投资设立并持有50%以上股份的公司；

（二）外商投资的公司；

（三）依照法律、行政法规或者国务院决定的规定，应当由国家工商行政管理总局登记的公司；

（四）国家工商行政管理总局规定应当由其登记的其他公司。

第七条　省、自治区、直辖市工商行政管理局负责本辖区内下列公司的登记：

（一）省、自治区、直辖市人民政府国有资产监督管理机构履行出资人职责的公司以及该公司投资设立并持有50%以上股份的公司；

（二）省、自治区、直辖市工商行政管理局规定由其登记的自然人投资设立的公司；

（三）依照法律、行政法规或者国务院决定的规定，应当由省、自治区、直辖市工商行政管理局登记的公司；

（四）国家工商行政管理总局授权登记的其他公司。

第八条　设区的市（地区）工商行政管理局、县工商行政管理局，以及直辖市的工商行政管理分局、设区的市工商行政管理局的区分局，负责本辖区内下列公司的登记：

（一）本条例第六条和第七条所列公司以外的其他公司；

（二）国家工商行政管理总局和省、自治区、直辖市工商行政管理局授权登记的公司。

前款规定的具体登记管辖由省、自治区、直辖市工商行政管理局规定。但是，其中的股份有限公司由设区的市（地区）工商行政管理局负责登记。

第三章　登记事项

第九条　公司的登记事项包括：

（一）名称；

（二）住所；

（三）法定代表人姓名；

（四）注册资本；

（五）公司类型；

（六）经营范围；

（七）营业期限；

（八）有限责任公司股东或者股份有限公司发起人的姓名或者名称。

第十条　公司的登记事项应当符合法律、行政法规的规定。不符合法律、行政法规规定的，公司登记机关不予登记。

第十一条　公司名称应当符合国家有关规定。公司只能使用一个名称。经公司登记机关核准登记的公司名称受法律保护。

第十二条　公司的住所是公司主要办事机构所在地。经公司登记机关登记的公司的住所只能有一个。公司的住所应当在其公司登记机关辖区内。

第十三条　公司的注册资本应当以人民币表示，法律、行政法规另有规定的除外。

第十四条　股东的出资方式应当符合《公司法》第二十七条的规定，但股东不得以劳务、信用、自然人姓名、商誉、特许经营权或者设定担保的财产等作价出资。

第十五条　公司的经营范围由公司章程规定，并依法登记。

公司的经营范围用语应当参照国民经济行业分类标准。

第十六条　公司类型包括有限责任公司和股份有限公司。

一人有限责任公司应当在公司登记中注明自然人独资或者法人独资，并在公司营业执照中载明。

第四章　设立登记

第十七条　设立公司应当申请名称预先核准。

法律、行政法规或者国务院决定规定设立公司必须报经批准，或者公司经营范围中属于法律、行政法规或者国务院决定规定在登记前须经批准的项目的，应当在报送批准前办理公司名称预先核准，并以公司登记机关核准的公司名称报送批准。

第十八条　设立有限责任公司，应当由全体股东指定的代表或者共同委托的代理人向公司登记机关申请名称预先核准；设立股份有限公司，应当由全体发起人指定的代表或者共同委托的代理人向公司登记机关申请名称预先核准。

申请名称预先核准，应当提交下列文件：

（一）有限责任公司的全体股东或者股份有限公司的全体发起人签署的公司名称预先核准申请书；

（二）全体股东或者发起人指定代表或者共同委托代理人的证明；

（三）国家工商行政管理总局规定要求提交的其他文件。

第十九条　预先核准的公司名称保留期为 6 个月。预先核准的公司名称在保留期内，不得用于从事经营活动，不得转让。

第二十条　设立有限责任公司，应当由全体股东指定的代表或者共同委托的代理人向公司登记机关申请设立登记。设立国有独资公司，应当由国务院或者地方人民政府授权的本级人民政府国有资产监督管理机构作为申请人，申请设立登记。法律、行政法规或者国务院决定规定设立有限责任公司必须报经批准的，应当自批准之日起 90 日内向公司登记机关申请设立登记；逾期申请设立登记的，申请人应当报批准机关确认原批准文件的效力或者另行报批。

申请设立有限责任公司，应当向公司登记机关提交下列文件：

（一）公司法定代表人签署的设立登记申请书；

（二）全体股东指定代表或者共同委托代理人的证明；

（三）公司章程；

（四）股东的主体资格证明或者自然人身份证明；

（五）载明公司董事、监事、经理的姓名、住所的文件以及有关委派、选举或者聘用的证明；

（六）公司法定代表人任职文件和身份证明；

（七）企业名称预先核准通知书；

（八）公司住所证明；

（九）国家工商行政管理总局规定要求提交的其他文件。

法律、行政法规或者国务院决定规定设立有限责任公司必须报经批准的，还应当提交有关批准文件。

第二十一条　设立股份有限公司，应当由董事会向公司登记机关申请设立登记。以募集方式设立股份有限公司的，应当于创立大会结束后 30 日内向公司登记机关申请设立登记。

申请设立股份有限公司，应当向公司登记机关提交下列文件：

（一）公司法定代表人签署的设立登记申请书；

（二）董事会指定代表或者共同委托代理人的证明；

（三）公司章程；

（四）发起人的主体资格证明或者自然人身份证明；

（五）载明公司董事、监事、经理姓名、住所的文件以及有关委派、选举或者聘用的证明；

（六）公司法定代表人任职文件和身份证明；

（七）企业名称预先核准通知书；

（八）公司住所证明；

（九）国家工商行政管理总局规定要求提交的其他文件。

以募集方式设立股份有限公司的，还应当提交创立大会的会议记录以及依法设立的验资机构出具的验资证明；以募集方式设立股份有限公司公开发行股票的，还应当提交国务院证券监督管理机构的核准文件。

法律、行政法规或者国务院决定规定设立股份有限公司必须报经批准的，还应当提交有关批准文件。

第二十二条 公司申请登记的经营范围中属于法律、行政法规或者国务院决定规定在登记前须经批准的项目的，应当在申请登记前报经国家有关部门批准，并向公司登记机关提交有关批准文件。

第二十三条 公司章程有违反法律、行政法规的内容的，公司登记机关有权要求公司作相应修改。

第二十四条 公司住所证明是指能够证明公司对其住所享有使用权的文件。

第二十五条 依法设立的公司，由公司登记机关发给《企业法人营业执照》。公司营业执照签发日期为公司成立日期。公司凭公司登记机关核发的《企业法人营业执照》刻制印章，开立银行账户，申请纳税登记。

第五章　变更登记

第二十六条 公司变更登记事项，应当向原公司登记机关申请变更登记。

未经变更登记，公司不得擅自改变登记事项。

第二十七条 公司申请变更登记，应当向公司登记机关提交下列文件：

（一）公司法定代表人签署的变更登记申请书；

（二）依照《公司法》作出的变更决议或者决定；

（三）国家工商行政管理总局规定要求提交的其他文件。

公司变更登记事项涉及修改公司章程的，应当提交由公司法定代表人签署的修改后的公司章程或者公司章程修正案。

变更登记事项依照法律、行政法规或者国务院决定规定在登记前须经批准的，还应当向公司登记机关提交有关批准文件。

第二十八条 公司变更名称的，应当自变更决议或者决定作出之日起 30 日内申请变更登记。

第二十九条　公司变更住所的，应当在迁入新住所前申请变更登记，并提交新住所使用证明。

公司变更住所跨公司登记机关辖区的，应当在迁入新住所前向迁入地公司登记机关申请变更登记；迁入地公司登记机关受理的，由原公司登记机关将公司登记档案移送迁入地公司登记机关。

第三十条　公司变更法定代表人的，应当自变更决议或者决定作出之日起30日内申请变更登记。

第三十一条　公司增加注册资本的，应当自变更决议或者决定作出之日起30日内申请变更登记。

公司减少注册资本的，应当自公告之日起45日后申请变更登记，并应当提交公司在报纸上登载公司减少注册资本公告的有关证明和公司债务清偿或者债务担保情况的说明。

第三十二条　公司变更经营范围的，应当自变更决议或者决定作出之日起30日内申请变更登记；变更经营范围涉及法律、行政法规或者国务院决定规定在登记前须经批准的项目的，应当自国家有关部门批准之日起30日内申请变更登记。

公司的经营范围中属于法律、行政法规或者国务院决定规定须经批准的项目被吊销、撤销许可证或者其他批准文件，或者许可证、其他批准文件有效期届满的，应当自吊销、撤销许可证、其他批准文件或者许可证、其他批准文件有效期届满之日起30日内申请变更登记或者依照本条例第六章的规定办理注销登记。

第三十三条　公司变更类型的，应当按照拟变更的公司类型的设立条件，在规定的期限内向公司登记机关申请变更登记，并提交有关文件。

第三十四条　有限责任公司变更股东的，应当自变更之日起30日内申请变更登记，并应当提交新股东的主体资格证明或者自然人身份证明。

有限责任公司的自然人股东死亡后，其合法继承人继承股东资格的，公司应当依照前款规定申请变更登记。

有限责任公司的股东或者股份有限公司的发起人改变姓名或者名称的，应当自改变姓名或者名称之日起 30 日内申请变更登记。

第三十五条　公司登记事项变更涉及分公司登记事项变更的，应当自公司变更登记之日起 30 日内申请分公司变更登记。

第三十六条　公司章程修改未涉及登记事项的，公司应当将修改后的公司章程或者公司章程修正案送原公司登记机关备案。

第三十七条　公司董事、监事、经理发生变动的，应当向原公司登记机关备案。

第三十八条　因合并、分立而存续的公司，其登记事项发生变化的，应当申请变更登记；因合并、分立而解散的公司，应当申请注销登记；因合并、分立而新设立的公司，应当申请设立登记。

公司合并、分立的，应当自公告之日起 45 日后申请登记，提交合并协议和合并、分立决议或者决定以及公司在报纸上登载公司合并、分立公告的有关证明和债务清偿或者债务担保情况的说明。法律、行政法规或者国务院决定规定公司合并、分立必须报经批准的，还应当提交有关批准文件。

第三十九条　变更登记事项涉及《企业法人营业执照》载明事项的，公司登记机关应当换发营业执照。

第四十条　公司依照《公司法》第二十二条规定向公司登记机关申请撤销变更登记的，应当提交下列文件：

（一）公司法定代表人签署的申请书；

（二）人民法院的裁判文书。

第六章　注销登记

第四十一条　公司解散，依法应当清算的，清算组应当自成立之日起 10 日内将清算组成员、清算组负责人名单向公司登记机关备案。

第四十二条　有下列情形之一的，公司清算组应当自公司清算结束之日起

30 日内向原公司登记机关申请注销登记：

（一）公司被依法宣告破产；

（二）公司章程规定的营业期限届满或者公司章程规定的其他解散事由出现，但公司通过修改公司章程而存续的除外；

（三）股东会、股东大会决议解散或者一人有限责任公司的股东、外商投资的公司董事会决议解散；

（四）依法被吊销营业执照、责令关闭或者被撤销；

（五）人民法院依法予以解散；

（六）法律、行政法规规定的其他解散情形。

第四十三条　公司申请注销登记，应当提交下列文件：

（一）公司清算组负责人签署的注销登记申请书；

（二）人民法院的破产裁定、解散裁判文书，公司依照《公司法》作出的决议或者决定，行政机关责令关闭或者公司被撤销的文件；

（三）股东会、股东大会、一人有限责任公司的股东、外商投资的公司董事会或者人民法院、公司批准机关备案、确认的清算报告；

（四）《企业法人营业执照》；

（五）法律、行政法规规定应当提交的其他文件。

国有独资公司申请注销登记，还应当提交国有资产监督管理机构的决定，其中，国务院确定的重要的国有独资公司，还应当提交本级人民政府的批准文件。

有分公司的公司申请注销登记，还应当提交分公司的注销登记证明。

第四十四条　经公司登记机关注销登记，公司终止。

第七章　分公司的登记

第四十五条　分公司是指公司在其住所以外设立的从事经营活动的机构。分公司不具有企业法人资格。

第四十六条　分公司的登记事项包括：名称、营业场所、负责人、经营范围。

分公司的名称应当符合国家有关规定。

分公司的经营范围不得超出公司的经营范围。

第四十七条　公司设立分公司的，应当自决定作出之日起 30 日内向分公司所在地的公司登记机关申请登记；法律、行政法规或者国务院决定规定必须报经有关部门批准的，应当自批准之日起 30 日内向公司登记机关申请登记。

设立分公司，应当向公司登记机关提交下列文件：

（一）公司法定代表人签署的设立分公司的登记申请书；

（二）公司章程以及加盖公司印章的《企业法人营业执照》复印件；

（三）营业场所使用证明；

（四）分公司负责人任职文件和身份证明；

（五）国家工商行政管理总局规定要求提交的其他文件。

法律、行政法规或者国务院决定规定设立分公司必须报经批准，或者分公司经营范围中属于法律、行政法规或者国务院决定规定在登记前须经批准的项目的，还应当提交有关批准文件。

分公司的公司登记机关准予登记的，发给《营业执照》。公司应当自分公司登记之日起 30 日内，持分公司的《营业执照》到公司登记机关办理备案。

第四十八条　分公司变更登记事项的，应当向公司登记机关申请变更登记。

申请变更登记，应当提交公司法定代表人签署的变更登记申请书。变更名称、经营范围的，应当提交加盖公司印章的《企业法人营业执照》复印件，分公司经营范围中属于法律、行政法规或者国务院决定规定在登记前须经批准的项目的，还应当提交有关批准文件。变更营业场所的，应当提交新的营业场所使用证明。变更负责人的，应当提交公司的任免文件以及其身份证明。

公司登记机关准予变更登记的，换发《营业执照》。

第四十九条　分公司被公司撤销、依法责令关闭、吊销营业执照的，公司应当自决定作出之日起 30 日内向该分公司的公司登记机关申请注销登记。申请注销登记应当提交公司法定代表人签署的注销登记申请书和分公司的《营业执照》。公司登记机关准予注销登记后，应当收缴分公司的《营业执照》。

第八章　登记程序

第五十条　申请公司、分公司登记，申请人可以到公司登记机关提交申请，也可以通过信函、电报、电传、传真、电子数据交换和电子邮件等方式提出申请。

通过电报、电传、传真、电子数据交换和电子邮件等方式提出申请的，应当提供申请人的联系方式以及通讯地址。

第五十一条　公司登记机关应当根据下列情况分别作出是否受理的决定：

（一）申请文件、材料齐全，符合法定形式的，或者申请人按照公司登记机关的要求提交全部补正申请文件、材料的，应当决定予以受理。

（二）申请文件、材料齐全，符合法定形式，但公司登记机关认为申请文件、材料需要核实的，应当决定予以受理，同时书面告知申请人需要核实的事项、理由以及时间。

（三）申请文件、材料存在可以当场更正的错误的，应当允许申请人当场予以更正，由申请人在更正处签名或者盖章，注明更正日期；经确认申请文件、材料齐全，符合法定形式的，应当决定予以受理。

（四）申请文件、材料不齐全或者不符合法定形式的，应当当场或者在5日内一次告知申请人需要补正的全部内容；当场告知时，应当将申请文件、材料退回申请人；属于5日内告知的，应当收取申请文件、材料并出具收到申请文件、材料的凭据，逾期不告知的，自收到申请文件、材料之日起即为受理。

（五）不属于公司登记范畴或者不属于本机关登记管辖范围的事项，应当即时决定不予受理，并告知申请人向有关行政机关申请。

公司登记机关对通过信函、电报、电传、传真、电子数据交换和电子邮件等方式提出申请的，应当自收到申请文件、材料之日起5日内作出是否受理的决定。

第五十二条　除依照本条例第五十三条第一款第（一）项作出准予登记决定的外，公司登记机关决定予以受理的，应当出具《受理通知书》；决定不予受理的，应当出具《不予受理通知书》，说明不予受理的理由，并告知申请人享有依法申请行政复议或者提起行政诉讼的权利。

第五十三条　公司登记机关对决定予以受理的登记申请，应当分别情况在规定的期限内作出是否准予登记的决定：

（一）对申请人到公司登记机关提出的申请予以受理的，应当当场作出准予登记的决定。

（二）对申请人通过信函方式提交的申请予以受理的，应当自受理之日起15日内作出准予登记的决定。

（三）通过电报、电传、传真、电子数据交换和电子邮件等方式提交申请的，申请人应当自收到《受理通知书》之日起15日内，提交与电报、电传、传真、电子数据交换和电子邮件等内容一致并符合法定形式的申请文件、材料原件；申请人到公司登记机关提交申请文件、材料原件的，应当当场作出准予登记的决定；申请人通过信函方式提交申请文件、材料原件的，应当自受理之日起15日内作出准予登记的决定。

（四）公司登记机关自发出《受理通知书》之日起60日内，未收到申请文件、材料原件，或者申请文件、材料原件与公司登记机关所受理的申请文件、材料不一致的，应当作出不予登记的决定。

公司登记机关需要对申请文件、材料核实的，应当自受理之日起15日内作出是否准予登记的决定。

第五十四条　公司登记机关作出准予公司名称预先核准决定的，应当出具《企业名称预先核准通知书》；作出准予公司设立登记决定的，应当出具《准予设立登记通知书》，告知申请人自决定之日起10日内，领取营业执照；作出准予公司变更登记决定的，应当出具《准予变更登记通知书》，告知申请人自决定之日起10日内，换发营业执照；作出准予公司注销登记决定的，应当出具《准予注销登记通知书》，收缴营业执照。

公司登记机关作出不予名称预先核准、不予登记决定的，应当出具《企业名称驳回通知书》、《登记驳回通知书》，说明不予核准、登记的理由，并告知申请人享有依法申请行政复议或者提起行政诉讼的权利。

第五十五条 公司登记机关应当将公司登记、备案信息通过企业信用信息公示系统向社会公示。

第五十六条 吊销《企业法人营业执照》和《营业执照》的公告由公司登记机关发布。

第九章 年度报告公示、证照和档案管理

第五十七条 公司应当于每年 1 月 1 日至 6 月 30 日，通过企业信用信息公示系统向公司登记机关报送上一年度年度报告，并向社会公示。

年度报告公示的内容以及监督检查办法由国务院制定。

第五十八条 《企业法人营业执照》、《营业执照》分为正本和副本，正本和副本具有同等法律效力。

国家推行电子营业执照。电子营业执照与纸质营业执照具有同等法律效力。

《企业法人营业执照》正本或者《营业执照》正本应当置于公司住所或者分公司营业场所的醒目位置。

公司可以根据业务需要向公司登记机关申请核发营业执照若干副本。

第五十九条 任何单位和个人不得伪造、涂改、出租、出借、转让营业执照。

营业执照遗失或者毁坏的，公司应当在公司登记机关指定的报刊上声明作废，申请补领。

公司登记机关依法作出变更登记、注销登记、撤销变更登记决定，公司拒不缴回或者无法缴回营业执照的，由公司登记机关公告营业执照作废。

第六十条 公司登记机关对需要认定的营业执照，可以临时扣留，扣留期限不得超过 10 天。

第六十一条 借阅、抄录、携带、复制公司登记档案资料的，应当按照规定的权限和程序办理。

任何单位和个人不得修改、涂抹、标注、损毁公司登记档案资料。

第六十二条　营业执照正本、副本样式，电子营业执照标准以及公司登记的有关重要文书格式或者表式，由国家工商行政管理总局统一制定。

第十章　法律责任

第六十三条　虚报注册资本，取得公司登记的，由公司登记机关责令改正，处以虚报注册资本金额5%以上15%以下的罚款；情节严重的，撤销公司登记或者吊销营业执照。

第六十四条　提交虚假材料或者采取其他欺诈手段隐瞒重要事实，取得公司登记的，由公司登记机关责令改正，处以5万元以上50万元以下的罚款；情节严重的，撤销公司登记或者吊销营业执照。

第六十五条　公司的发起人、股东虚假出资，未交付或者未按期交付作为出资的货币或者非货币财产的，由公司登记机关责令改正，处以虚假出资金额5%以上15%以下的罚款。

第六十六条　公司的发起人、股东在公司成立后，抽逃出资的，由公司登记机关责令改正，处以所抽逃出资金额5%以上15%以下的罚款。

第六十七条　公司成立后无正当理由超过6个月未开业的，或者开业后自行停业连续6个月以上的，可以由公司登记机关吊销营业执照。

第六十八条　公司登记事项发生变更时，未依照本条例规定办理有关变更登记的，由公司登记机关责令限期登记；逾期不登记的，处以1万元以上10万元以下的罚款。其中，变更经营范围涉及法律、行政法规或者国务院决定规定须经批准的项目而未取得批准，擅自从事相关经营活动，情节严重的，吊销营业执照。

公司未依照本条例规定办理有关备案的，由公司登记机关责令限期办理；逾期未办理的，处以3万元以下的罚款。

第六十九条　公司在合并、分立、减少注册资本或者进行清算时，不按照规定通知或者公告债权人的，由公司登记机关责令改正，处以1万元以上10万元以下的罚款。

公司在进行清算时，隐匿财产，对资产负债表或者财产清单作虚假记载或者在未清偿债务前分配公司财产的，由公司登记机关责令改正，对公司处以隐匿财产或者未清偿债务前分配公司财产金额 5% 以上 10% 以下的罚款；对直接负责的主管人员和其他直接责任人员处以 1 万元以上 10 万元以下的罚款。

公司在清算期间开展与清算无关的经营活动的，由公司登记机关予以警告，没收违法所得。

第七十条　清算组不按照规定向公司登记机关报送清算报告，或者报送清算报告隐瞒重要事实或者有重大遗漏的，由公司登记机关责令改正。

清算组成员利用职权徇私舞弊、谋取非法收入或者侵占公司财产的，由公司登记机关责令退还公司财产，没收违法所得，并可以处以违法所得 1 倍以上 5 倍以下的罚款。

第七十一条　伪造、涂改、出租、出借、转让营业执照的，由公司登记机关处以 1 万元以上 10 万元以下的罚款；情节严重的，吊销营业执照。

第七十二条　未将营业执照置于住所或者营业场所醒目位置的，由公司登记机关责令改正；拒不改正的，处以 1000 元以上 5000 元以下的罚款。

第七十三条　承担资产评估、验资或者验证的机构提供虚假材料的，由公司登记机关没收违法所得，处以违法所得 1 倍以上 5 倍以下的罚款，并可以由有关主管部门依法责令该机构停业、吊销直接责任人员的资格证书，吊销营业执照。

承担资产评估、验资或者验证的机构因过失提供有重大遗漏的报告的，由公司登记机关责令改正，情节较重的，处以所得收入 1 倍以上 5 倍以下的罚款，并可以由有关主管部门依法责令该机构停业、吊销直接责任人员的资格证书，吊销营业执照。

第七十四条　未依法登记为有限责任公司或者股份有限公司，而冒用有限责任公司或者股份有限公司名义的，或者未依法登记为有限责任公司或者股份有限公司的分公司，而冒用有限责任公司或者股份有限公司的分公司名义的，由公司登记机关责令改正或者予以取缔，可以并处 10 万元以下的罚款。

第七十五条　公司登记机关对不符合规定条件的公司登记申请予以登记，或者对符合规定条件的登记申请不予登记的，对直接负责的主管人员和其他直接责任人员，依法给予行政处分。

第七十六条　公司登记机关的上级部门强令公司登记机关对不符合规定条件的登记申请予以登记，或者对符合规定条件的登记申请不予登记的，或者对违法登记进行包庇的，对直接负责的主管人员和其他直接责任人员依法给予行政处分。

第七十七条　外国公司违反《公司法》规定，擅自在中国境内设立分支机构的，由公司登记机关责令改正或者关闭，可以并处 5 万元以上 20 万元以下的罚款。

第七十八条　利用公司名义从事危害国家安全、社会公共利益的严重违法行为的，吊销营业执照。

第七十九条　分公司有本章规定的违法行为的，适用本章规定。

第八十条　违反本条例规定，构成犯罪的，依法追究刑事责任。

第十一章　附则

第八十一条　外商投资的公司的登记适用本条例。有关外商投资企业的法律对其登记另有规定的，适用其规定。

第八十二条　法律、行政法规或者国务院决定规定设立公司必须报经批准，或者公司经营范围中属于法律、行政法规或者国务院决定规定在登记前须经批准的项目的，由国家工商行政管理总局依照法律、行政法规或者国务院决定规定编制企业登记前置行政许可目录并公布。

第八十三条　本条例自 1994 年 7 月 1 日起施行。

中华人民共和国企业法人登记管理条例

（1988 年 6 月 3 日中华人民共和国国务院令第 1 号发布 根据 2011 年 1 月 8 日《国务院关于废止和修改部分行政法规的决定》第一次修订 根据 2014 年 2 月 19 日《国务院关于废止和修改部分行政法规的决定》第二次修订 根据 2016 年 2 月 6 日《国务院关于修改部分行政法规的决定》第三次修订 根据 2019 年 3 月 2 日《国务院关于修改部分行政法规的决定》修正）

第一章　总则

第一条　为建立企业法人登记管理制度，确认企业法人资格，保障企业合法权益，取缔非法经营，维护社会经济秩序，根据《中华人民共和国民法通则》的有关规定，制定本条例。

第二条　具备法人条件的下列企业，应当依照本条例的规定办理企业法人登记：

（一）全民所有制企业；

（二）集体所有制企业；

（三）联营企业；

（四）在中华人民共和国境内设立的中外合资经营企业、中外合作经营企业和外资企业；

（五）私营企业；

（六）依法需要办理企业法人登记的其他企业。

第三条　申请企业法人登记，经企业法人登记主管机关审核，准予登记注册的，领取《企业法人营业执照》，取得法人资格，其合法权益受国家法律保护。

依法需要办理企业法人登记的，未经企业法人登记主管机关核准登记注册，不得从事经营活动。

第二章　登记主管机关

第四条　企业法人登记主管机关（以下简称登记主管机关）是国家市场监督管理总局和地方各级市场监督管理部门。各级登记主管机关在上级登记主管机关的领导下，依法履行职责，不受非法干预。

第五条　经国务院或者国务院授权部门批准的全国性公司、经营进出口业务的公司，由国家市场监督管理总局核准登记注册。中外合资经营企业、中外合作经营企业、外资企业由国家市场监督管理总局或者国家市场监督管理总局授权的地方市场监督管理部门核准登记注册。

全国性公司的子（分）公司，经省、自治区、直辖市人民政府或其授权部门批准设立的企业、经营进出口业务的公司，由省、自治区、直辖市市场监督管理部门核准登记注册。

其他企业，由所在市、县（区）市场监督管理部门核准登记注册。

第六条　各级登记主管机关，应当建立企业法人登记档案和登记统计制度，掌握企业法人登记有关的基础信息，为发展有计划的商品经济服务。

登记主管机关应当根据社会需要，有计划地开展向公众提供企业法人登记资料的服务。

第三章　登记条件和申请登记单位

第七条　申请企业法人登记的单位应当具备下列条件：

（一）名称、组织机构和章程；

（二）固定的经营场所和必要的设施；

（三）符合国家规定并与其生产经营和服务规模相适应的资金数额和从业

人员；

（四）能够独立承担民事责任；

（五）符合国家法律、法规和政策规定的经营范围。

第八条　企业办理企业法人登记，由该企业的组建负责人申请。

独立承担民事责任的联营企业办理企业法人登记，由联营企业的组建负责人申请。

第四章　登记注册事项

第九条　企业法人登记注册的主要事项：企业法人名称、住所、经营场所、法定代表人、经济性质、经营范围、经营方式、注册资金、从业人数、经营期限、分支机构。

第十条　企业法人只准使用一个名称。企业法人申请登记注册的名称由登记主管机关核定，经核准登记注册后在规定的范围内享有专用权。

申请设立中外合资经营企业、中外合作经营企业和外资企业应当在合同、章程审批之前，向登记主管机关申请企业名称登记。

第十一条　登记主管机关核准登记注册的企业法人的法定代表人是代表企业行使职权的签字人。法定代表人的签字应当向登记主管机关备案。

第十二条　注册资金是国家授予企业法人经营管理的财产或者企业法人自有财产的数额体现。

企业法人办理开业登记，申请注册的资金数额与实有资金不一致的，按照国家专项规定办理。

第十三条　企业法人的经营范围应当与其资金、场地、设备、从业人员以及技术力量相适应；按照国家有关规定，可以一业为主，兼营他业。企业法人应当在核准登记注册的经营范围内从事经营活动。

第五章　开业登记

第十四条　企业法人办理开业登记，应当在主管部门或者审批机关批准后 30 日内，向登记主管机关提出申请；没有主管部门、审批机关的企业申请开业登记，由登记主管机关进行审查。登记主管机关应当在受理申请后 30 日内，做出核准登记或者不予核准登记的决定。

第十五条　申请企业法人开业登记，应当提交下列文件、证件：

（一）组建负责人签署的登记申请书；

（二）主管部门或者审批机关的批准文件；

（三）组织章程；

（四）资金信用证明、验资证明或者资金担保；

（五）企业主要负责人的身份证明；

（六）住所和经营场所使用证明；

（七）其他有关文件、证件。

第十六条　申请企业法人开业登记的单位，经登记主管机关核准登记注册，领取《企业法人营业执照》后，企业即告成立。企业法人凭据《企业法人营业执照》可以刻制公章、开立银行账户、签订合同，进行经营活动。

登记主管机关可以根据企业法人开展业务的需要，核发《企业法人营业执照》副本。

第六章　变更登记

第十七条　企业法人改变名称、住所、经营场所、法定代表人、经济性质、经营范围、经营方式、注册资金、经营期限，以及增设或者撤销分支机构，应当申请办理变更登记。

第十八条　企业法人申请变更登记，应当在主管部门或者审批机关批准后

30 日内，向登记主管机关申请办理变更登记。

第十九条 企业法人分立、合并、迁移，应当在主管部门或者审批机关批准后 30 日内，向登记主管机关申请办理变更登记、开业登记或者注销登记。

第七章 注销登记

第二十条 企业法人歇业、被撤销、宣告破产或者因其他原因终止营业，应当向登记主管机关办理注销登记。

第二十一条 企业法人办理注销登记，应当提交法定代表人签署的申请注销登记报告、主管部门或者审批机关的批准文件、清理债务完结的证明或者清算组织负责清理债权债务的文件。经登记主管机关核准后，收缴《企业法人营业执照》、《企业法人营业执照》副本，收缴公章，并将注销登记情况告知其开户银行。

第二十二条 企业法人领取《企业法人营业执照》后，满 6 个月尚未开展经营活动或者停止经营活动满 1 年的，视同歇业，登记主管机关应当收缴《企业法人营业执照》、《企业法人营业执照》副本，收缴公章，并将注销登记情况告知其开户银行。

第八章 公示和证照管理

第二十三条 登记主管机关应当将企业法人登记、备案信息通过企业信用信息公示系统向社会公示。

第二十四条 企业法人应当于每年 1 月 1 日至 6 月 30 日，通过企业信用信息公示系统向登记主管机关报送上一年度年度报告，并向社会公示。

年度报告公示的内容以及监督检查办法由国务院制定。

第二十五条 登记主管机关核发的《企业法人营业执照》是企业法人凭证，除登记主管机关依照法定程序可以扣缴或者吊销外，其他任何单位和个人不得收缴、扣押、毁坏。

企业法人遗失《企业法人营业执照》、《企业法人营业执照》副本，应当在国家企业信息公示系统声明作废，申请补领。

《企业法人营业执照》、《企业法人营业执照》副本，不得伪造、涂改、出租、出借、转让或者出卖。

国家推行电子营业执照。电子营业执照与纸质营业执照具有同等法律效力。

第二十六条 企业法人办理开业登记、变更登记，应当按照规定缴纳登记费。开业登记费按注册资金总额的 1‰缴纳；注册资金超过 1000 万元的，超过部分按 0.5‰缴纳；注册资金超过 1 亿元的，超过部分不再缴纳。登记费最低额为 50 元。变更登记费的缴纳数额由国家工商行政管理局规定。

第九章 事业单位、科技性的社会团体从事经营活动的登记管理

第二十七条 事业单位、科技性的社会团体根据国家有关规定，设立具备法人条件的企业，由该企业申请登记，经登记主管机关核准，领取《企业法人营业执照》，方可从事经营活动。

第二十八条 根据国家有关规定，实行企业化经营，国家不再核拨经费的事业单位和从事经营活动的科技性的社会团体，具备企业法人登记条件的，由该单位申请登记，经登记主管机关核准，领取《企业法人营业执照》，方可从事经营活动。

第十章 监督管理

第二十九条 登记主管机关对企业法人依法履行下列监督管理职责：

（一）监督企业法人按照规定办理开业、变更、注销登记；

（二）监督企业法人按照登记注册事项和章程、合同从事经营活动；

（三）监督企业法人和法定代表人遵守国家法律、法规和政策；

（四）制止和查处企业法人的违法经营活动，保护企业法人的合法权益。

第三十条　企业法人有下列情形之一的，登记主管机关可以根据情况分别给予警告、罚款、没收非法所得、停业整顿、扣缴、吊销《企业法人营业执照》的处罚：

（一）登记中隐瞒真实情况、弄虚作假或者未经核准登记注册擅自开业的；

（二）擅自改变主要登记事项或者超出核准登记的经营范围从事经营活动的；

（三）不按照规定办理注销登记的；

（四）伪造、涂改、出租、出借、转让或者出卖《企业法人营业执照》、《企业法人营业执照》副本的；

（五）抽逃、转移资金，隐匿财产逃避债务的；

（六）从事非法经营活动的。

对企业法人按照上述规定进行处罚时，应当根据违法行为的情节，追究法定代表人的行政责任、经济责任；触犯刑律的，由司法机关依法追究刑事责任。

第三十一条　登记主管机关处理企业法人违法活动，必须查明事实，依法处理，并将处理决定书面通知当事人。

第三十二条　企业法人对登记主管机关的处罚不服时，可以在收到处罚通知后 15 日内向上一级登记主管机关申请复议。上级登记主管机关应当在收到复议申请之日起 30 日内作出复议决定。申请人对复议决定不服的，可以在收到复议通知之日起 30 日内向人民法院起诉。逾期不提出申诉又不缴纳罚没款的，登记主管机关可以按照规定程序申请人民法院强制执行。

第三十三条　企业法人被吊销《企业法人营业执照》，登记主管机关应当收缴其公章，并将注销登记情况告知其开户银行，其债权债务由主管部门或者清算组织负责清理。

第三十四条　主管部门、审批机关、登记主管机关的工作人员违反本条例规定，严重失职、滥用职权、营私舞弊、索贿受贿或者侵害企业法人合法权益的，应当根据情节给予行政处分和经济处罚；触犯刑律的，由司法机关依法追究刑事责任。

第十一章　附则

第三十五条　企业法人设立不能独立承担民事责任的分支机构，由该企业法人申请登记，经登记主管机关核准，领取《营业执照》，在核准登记的经营范围内从事经营活动。

根据国家有关规定，由国家核拨经费的事业单位、科技性的社会团体从事经营活动或者设立不具备法人条件的企业，由该单位申请登记，经登记主管机关核准，领取《营业执照》，在核准登记的经营范围内从事经营活动。

具体登记管理参照本条例的规定执行。

第三十六条　本条例施行前，具备法人条件的企业，已经登记主管机关核准登记注册的，不再另行办理企业法人登记。

第三十七条　本条例施行细则由国家市场监督管理总局制定。

第三十八条　本条例自 1988 年 7 月 1 日起施行。1980 年 7 月 26 日国务院发布的《中外合资经营企业登记管理办法》，1982 年 8 月 9 日国务院发布的《工商企业登记管理条例》，1985 年 8 月 14 日国务院批准、1985 年 8 月 25 日国家工商行政管理局发布的《公司登记管理暂行规定》同时废止。